国家自然科学基金项目“新型城镇化的空间效应与区域政策工具组合创新”（41571121）阶段性研究成果
浙江省软科学研究计划项目“浙江省城市治理工具的空间效应研究”（2021C35105）阶段性研究成果

中国城镇化进程中的政策工具适配性研究

马宁宁　著

中国财经出版传媒集团
中国财政经济出版社

图书在版编目（CIP）数据

中国城镇化进程中的政策工具适配性研究／马宁宁著．--北京：中国财政经济出版社，2022.6
ISBN 978-7-5223-1409-9

Ⅰ.①中…　Ⅱ.①马…　Ⅲ.①城市化-社会政策-研究-中国　Ⅳ.①F299.21

中国版本图书馆 CIP 数据核字（2022）第 074338 号

责任编辑：牛婧丽　　　　责任校对：徐艳丽
封面设计：孙俪铭　　　　责任印制：张　健

中国财政经济出版社 出版
URL：http：//www.cfeph.cn
E-mail：cfeph@cfeph.cn

社址：北京市海淀区阜成路甲 28 号　邮政编码：100142
营销中心电话：010-88191522
天猫网店：中国财政经济出版社旗舰店
网址：https：//zgczjjcbs.tmall.com
北京财经印刷厂印刷　各地新华书店经销
成品尺寸：170mm×240mm　16 开　13.5 印张　211 000 字
2022 年 6 月第 1 版　2022 年 6 月北京第 1 次印刷
定价：56.00 元
ISBN 978-7-5223-1409-9
（图书出现印装问题，本社负责调换，电话：010-88190548）
本社质量投诉电话：010-88190744
打击盗版举报热线：010-88191661　QQ：2242791300

摘　要

中国的城镇化是人类历史上规模最大的现代化转型过程，中国用了30年的时间走完了西方发达国家上百年的城镇化历程，走出了一条中国特色的新型城镇化道路。2017年，中国城镇人口7.9亿人，人口城镇化率已达57.35%，流动人口2.45亿人。在如此大规模的人口基数下，城乡二元结构失衡、贫富差距拉大、生态环境污染、资源耗竭等问题不断将中国的城镇化推向风口浪尖。党的十六大提出中国特色的城镇化道路，党的十八大进一步推出新型城镇化，中国城镇化的治理理念一直在转变，政府所推进的城镇化模式也不断在优化。中国目前走的是一条以人为本、以增强城市就业吸纳能力为支撑、以农业转移人口市民化为重点、以建设绿色低碳城市为保障、以改革开放为动力的高效、包容、可持续的新型城镇化道路。为了推动这一城镇化模式的发展，国家出台了一系列公共政策，在一些方面已经取得了长足的进步，但也有许多城镇化政策效果并不如预期一般卓越。要实现城镇化的发展目标，不能忽视城镇化政策的执行环节，而政策工具是政策执行的核心。因此，研究中国城镇化进程中政策工具的适配性，总结政策工具选择与应用的一般规律，创新、组合、优化城镇化政策工具，对于正确引导中国城镇化发展方向、提高中国城镇化发展水平，具有重要的理论价值与现实意义。

如何利用政策工具的工具性为城镇化政策执行提供理论依据与技术支持，如何应用合理恰当的政策工具实践城镇化政策以及传导与扩散政策工具效用，如何通过创新、组合、优化政策工具在提升中国城镇化进程中政策工具适配性的同时实现城镇化发展的政策目标，是本书研究的核心所在。围绕着政策工具适配性这一核心，本书着重从以下五个方面进行了研究。（1）系统梳理了城镇化与政策工具的耦合关系，通过探索中国城镇化与政策工具的耦合阶段、耦合机制，掌握政策工具是如何在耦合互动中推动城镇化发展，打破思维定式，为城镇化政策执行提供新的逻辑，为城镇化进程中政策工具的深入研究奠定基础。（2）解析中国城镇化进程中主要政策工具的属性、特征、功能以及适用情况，观察城镇化进程中公共政策的走向与政策工具的演进，揭示城镇化进程中政策工具发展与更替的脉络；运用内容分析法构建中国城镇化进程中政策工具量化分析框架，选取2000—2018年出台的153项与城镇化发展相关的公共政策，对政策工具进行频数统计与分析，呈现中国城镇化进程中政策工具的选择与应用状况；明确中国城镇化进程中不同类型政策工具的角色和定位，深刻认识政府对政策工具选择与应用的偏好与局限。（3）实证分析中国城镇化进程中政策工具的实际效用，选取财政工具作为实证研究的对象，基于2007—2015年中国30个省级行政区域的面板数据，建立空间计量模型，对中国城镇化进程中政策工具的影响效用进行测算；采用空间偏微分方法进一步分析政策工具在城镇化进程中产生的跨区域的空间溢出效应，探究城镇化进程中政策工具在多大程度上、以何种方式影响着中国区域内以及区域间的城镇化进程，为研究政策工具的传导、扩散以及优化提供依据。（4）分析中国城镇化进程中政策工具的传导机制与扩散模式，揭示政策工具在区域内传导与区域间扩散的实质。探索不同类型政策工具如何利用媒介目标确保城镇化政策从产生、运行到终结不偏离政策执行方案，模拟城镇化进程中政策工具的传导机制，分析政策工具传导过程中是哪些因素限制了政策工具效用的发挥，分析中国城镇化进程中效仿扩散、竞争扩散、社会扩散、权威扩散四种政策工具扩散机理，以及垂直扩散模式、平行扩散模式、回溯扩散模式、混合扩散模式四种扩散模式。（5）提出进一步优化中国城镇化进程中政策工具的对策建议。在分析城镇化进程中政策工具选择、应用、传导、扩散影响因素的基础上，提出了政策工具创新理论模型和创新路径；构建了“内在元素—外在维度—组合形式”三位一体的政策工具组合模型；构建了具有中国特色的城镇化政策工具箱，通过合理的工具箱结构，使政府可以根据城镇化的不同情况灵活而从容地从政策工具箱内选择并运用适配性的政策工具或政策工具组合。

基于上述研究，本书在以下三个方面做出了具有创新性的工作。（1）利用定性与定量相结合的政策文本分析方法，构建了中国城镇化进程中政策工具选择与应用的二维分析框架，直观地呈现了城镇化政策体系中政策工具选择与应用的情况，根据政策工具频数统计结果与分布，客观分析了城镇化进程中政府对政策工具选择与应用的偏好与局限。（2）结合空间计量模型对中国城镇化进程中政策工具效用和空间溢出效应进行分析，通过 Moran 指数检验证明了中国城镇化发展的空间自相关与空间依赖性；通过空间误差模型、空间滞后模型的构建与分析，探究了中国城镇化进程中政策工具在多大程度上影响着区域内城镇化的发展，并以何种方式在区域之间产生政策工具效用的空间溢出。（3）以提升中国城镇化进程中政策工具的适配性为核心，创建了“内在元素—外在维度—组合形式”三位一体的政策工具组合模型和创新扩散网络为关键的政策工具创新模型，进一步完善与优化了城镇化政策工具箱的内容与结构，构建了具有中国特色的城镇化政策工具箱。

中国的城镇化进程中仍然存在着一些无法权衡的利益、难以调解的社会矛盾、区域之间发展的失衡以及复杂多变的现实问题。因此，不断优化组合与创新政策工具、着力提升中国城镇化进程中政策工具的适配性，是推动国家治理体系和治理能力现代化的重要途径，是实现中国城镇化发展政策目标的必由之路。

关键词：城镇化；政策工具；适配性；政策工具组合；政策工具创新

目　录

第1章　绪　论 ………………………………………… (1)
1.1　研究背景与研究意义 …………………………… (2)
1.2　国内外研究综述 ………………………………… (6)
1.3　研究思路与方法 ………………………………… (19)
1.4　本书的创新点 …………………………………… (24)

第2章　中国城镇化进程中政策工具研究的基本概念与理论基础 ………………………………… (25)
2.1　政策工具相关概念 ……………………………… (25)
2.2　城镇化相关概念 ………………………………… (34)
2.3　适配性相关概念 ………………………………… (46)
2.4　理论基础 ………………………………………… (47)
2.5　小结 ……………………………………………… (56)

第3章　城镇化与政策工具的耦合关系 ……………… (57)
3.1　公共政策、政策环境与政策工具的相关性 …… (57)
3.2　城镇化与政策工具的耦合关系 ………………… (61)
3.3　城镇化与政策工具的耦合机制 ………………… (68)
3.4　小结 ……………………………………………… (76)

第4章　中国城镇化进程中政策工具的选择与应用 …… (78)
4.1　中国城镇化进程中的政策工具箱 ……………… (78)
4.2　中国城镇化进程中公共政策与政策工具的演进 … (83)
4.3　中国城镇化进程中政策工具的选择与应用 …… (87)
4.4　小结 ……………………………………………… (102)

第 5 章 中国城镇化进程中政策工具效用分析 …………… (105)
5.1 变量选择与数据说明 …………………………………… (106)
5.2 空间自相关检验 ………………………………………… (114)
5.3 空间计量模型的建构与分析 …………………………… (119)
5.4 空间溢出效应分解 ……………………………………… (123)
5.5 小结 ……………………………………………………… (126)

第 6 章 中国城镇化进程中政策工具的传导与扩散 ……… (128)
6.1 中国城镇化进程中政策工具的传导 ………………… (128)
6.2 中国城镇化进程中政策工具的扩散 ………………… (143)
6.3 小结 ……………………………………………………… (152)

第 7 章 中国城镇化进程中政策工具优化组合与创新 …… (155)
7.1 中国城镇化进程中政策工具适配性影响因素分析 ……… (156)
7.2 城镇化政策工具的创新 ………………………………… (161)
7.3 城镇化政策工具优化组合 ……………………………… (168)
7.4 中国城镇化进程中政策工具箱的构建 ………………… (174)
7.5 小结 ……………………………………………………… (183)

第 8 章 结论与未来研究展望 ……………………………… (186)
8.1 主要结论 ………………………………………………… (186)
8.2 未来研究展望 …………………………………………… (190)

参考文献 ……………………………………………………… (191)

第1章

绪　论

中国的城镇化是人类历史上规模最大的现代化转型过程，与美国的高科技并列被誉为影响21世纪人类发展进程的两大关键因素。自中华人民共和国成立以来，中国城镇化虽然成就显著，但城乡二元结构失衡、贫富差距拉大、生态环境污染、资源耗竭等问题也将城镇化推向风口浪尖。2012年，党的十八大开启了传统城镇化向新型城镇化的转变，党的十八届三中全会更是进一步落实了中国要走一条以人为本、以增强城市就业吸纳能力为支撑、以农业转移人口市民化为重点、以建设绿色低碳城市为保障、以改革开放为动力的高效、包容、可持续的城镇化道路。然而，在城镇化发展模式的转变过程中，必须认清一个客观事实，即所有的社会变革都需要一系列的公共政策来实现，而公共政策的实践则需要具有适配性的政策工具才能更好地达成政策目标。

每一项公共政策都是政府经过谨慎设计与深思熟虑后出台的，但并不代表政策效果就能如预期一般卓越，政策执行的任何环节都可能出现执行走样或无力的局面，政策自身不断衍生问题的境况，也使他们陷入“政策悖论”之中。[①] 政策工具是政策执行的核心，政策工具的适配性决定了政策执行的可行性与有效性。中国“三高一低”的传统城镇化所致的破

① 黄红华．统筹城乡就业中的政策工具选择与优化［D］．杭州：浙江大学，2009.

碎的生态环境、割裂的城市空间迫切需要修复，因此，提升城镇化进程中政策工具的适配性是保证中国城镇化政策目标实现的重要前提，是推动健康、包容、可持续的城镇化发展的重要手段，是实现中国治理体系与治理能力现代化的重要途径。

1.1 研究背景与研究意义

1.1.1 研究背景

中国正处于经济转型升级的关键时期，城镇化是推进国家现代化与社会发展的重要途径。要推进中国的城镇化进程，单纯追求城镇化的快速发展并非解决之道。既要遵循一般的城镇化规律，又要充分考虑中国的具体国情，新型城镇化是中国实现城镇化与现代化的重要路径。然而，如何推进传统城镇化向新型城镇化的过渡，如何有效地执行公共政策推进城镇化的发展，如何提升政策工具的可行性、有效性与适配性以实现城镇化发展的政策目标，是研究中国城镇化进程中政策工具适配性的大前提。

(1) 中国城镇化研究的瓶颈逐步显现

城镇化研究一直是中国政学各界关注的焦点，随着中国城镇化建设实践的不断发展，学术界对城镇化的研究与未来发展的预测不断深入。城镇化本身就是一个循序渐进的发展过程，其对政治、经济、社会、生态、文化、历史等多个方面的影响都是不同的，复杂的时代背景要求城镇化研究必须与时俱进。从传统城镇化过渡到新型城镇化，学术界对城镇化研究的视角也在转变，随着大数据时代的到来，中国学者对城镇化的探究亦在不断努力地适应全球化发展的新趋势，但是城镇化研究却逐步显现瓶颈：借鉴西方国家的经验，强调以更优的城市空间布局与发展形态来推进城市化，忽略中国具体国情的限制，对大中型城市的关注仍然多于小城镇，理论成果与现实相脱节的现象仍然存在；中国城镇化研究领域覆盖面广泛，但针对部分城镇化后进地区，由于研究条件受限，相应的研究甚少，致使城镇化研究体系不够完整；针对同样的或相似的城镇化问题，经常反复使用同一种理论方法来论证与研究，缺乏动态与辩证的研究思路，部分研究成果存在千篇一律的情况，缺少较新的研究视角与研究方法。中国城镇化的发展要求城镇化政策的科学性、有效性以及预见性，需要城镇化理论与实践的切实融合才能避免政策执行的偏差，突破城镇化研究的瓶颈也是推动中国城镇化发展的客观需要。

(2) 政策工具在城镇化政策执行中没有得到充分利用

在中国政府的公共管理实践中，政策工具的应用还属于较新的尝试，实际的政策执行者缺乏对政策工具概念的认识，并没有认清政策工具在政策执行中对政策目标达成所产生的影响。对于政策执行工具性的强调，主要停留在学术界的研究，而实际的政策工具只能在公共政策的实际执行中起到潜移默化的作用。在中国的城镇化进程中，政府缺乏对政策工具以及工具途径的重视，导致中国城镇化政策工具形式单一、功能性不强，很难满足中国城镇化发展的需求。政策工具的概念更多出现在理论探讨中，缺少与公共政策实践的结合，政策执行部门与具体的执行者对政策工具理解与掌握的偏差同样影响着政策目标的实现。尤其在城镇化进程中，政策问题与政策环境相对复杂，如果在政策执行中缺少适配性政策工具的合理应用，必然会影响城镇化政策的执行效果。

(3) 中国的城镇化发展需要具有适配性的政策工具与完善的政策工具箱

中国传统的城镇化发展模式引发了一系列问题，其中，生态环境的破坏、社会成员的福利水平与城镇化发展的不同步、城乡两极分化、贫富差距拉大等问题阻碍了中国城镇化的发展进程。因此，城镇化与现代化的发展更需要成熟、高效的公共政策以及具有适配性的政策工具来解决城镇化所面临的矛盾和问题，才有可能在更高层面上实现区域经济、社会、环境的可持续发展。利用经济地理学知识、政策科学知识、公共管理知识和经济社会治理知识的交叉融合，研究中国城镇化进程中政策工具的适配性，创新、组合、优化中国城镇化进程中的政策工具，完善政府的城镇化政策工具箱。具有适配性的政策工具及政策工具箱有利于中国城镇化政策的顺利执行，以及中国城镇化发展政策目标的实现。

1.1.2 研究意义

(1) 理论意义

①拓宽中国城镇化研究的广度和深度

城镇化是一个不断发展变化的社会进程，城镇化的研究不能局限于传统的研究视角，需要不断拓宽城镇化研究的广度和深度。目前，国内学者对于城镇化的研究集中在城镇化的特征、路径选择、协调发展、动力机制、城镇化进程中地方政府行为、财税政策以及区域层面的城镇化发展战略等方面。本书以中国城镇化进程中政策工具适配性研究为视角，尝试将政策科学、公共管理、经济地理学与社会治理多学科知识交叉融合，以适配性为切入点，探索并深化中国的城镇化研究，引导政府将城镇化发展的政策意图转化为可行的公共政策方案，运用政策科学与政策执行理论进一步拓宽城镇化研究的广度和深度。

②推动政策工具的组合与创新研究

中国政策工具研究起步较晚，有关政策工具的研究主要集中在政策工具的内涵、类型、选择、评价等方面，应用范围多局限于环保政策与金融财政方面，在公共管理领域尚未形成系统的研究体系。本书在探索政策工具如何推动中国城镇化发展的基础上，结合城镇化进程中公共政策的实践，尝试进行政策工具的优化组合与创新研究，提高政策工具组合与创新研究的可行性与科学性。

③形成中国城镇化进程中政策工具传导与扩散的研究

以往的政策工具研究关注政策工具的选择问题。学者们普遍认为，政策工具的功能与所针对的政策问题是否匹配是政策工具成功与否的关键。毋庸置疑，政策工具的选择是至关重要的，但是在实际的政策执行过程中工具的功能是否能够完全发挥，是否能产生决策者所预期的政策效果，有赖于政策工具的应用。因此，本书基于中国城镇化的政策背景，探索政策工具与城镇化之间的相关性，厘清政策工具作用于城镇化发展的多种形式，尝试形成中国城镇化进程中政策工具传导与扩散的研究，深入探索政策工具在城镇化进程中是以何种路径进行传导，以及在区域内、区域间以何种方式进行扩散，为政策工具适配性的优化提供一般性的经验借鉴。

（2）实践价值

①优化中国城镇化进程中政策工具的适配性

中国的城镇化是人类历史上规模最大、速度最快、涉及面最广的城镇化，城镇化进程中出现的问题也与其他国家不同，如何高效、高质地解决城镇化中产生的复杂而多样化的问题，一直是中国政府面临的挑战。本书立足于政策执行与政策工具的视角，重新审视中国城镇化发展中政府的治理模式与政策执行能力，通过探索中国城镇化进程中公共政策与政策工具的演进发展以及当前城镇化政策工具选择与应用的情况，推动政策工具的组合、创新以及政策工具适配性的优化。厘清城镇化与政策工具的耦合关系，合理运用适配性的政策工具去引导城镇化发展中公共政策的执行，实现中国城镇化水平和质量的稳步提升。

②实现中国城镇化进程中区域协同治理

近年来，中国各地扎实推进新型城镇化建设，努力实现从传统城镇化向新型城镇化的转型升级，实践的发展离不开理论指导，实践的发展推动着理论创新。中国城镇化发展带来区域统筹发展与城市群一体化，并不是单一的区域治理就可以实现的，各城市群之间的协调与互动是关键。中国城镇化进程中政策工具不仅可以在区域内对城镇化的发展产生效用，而且可以跨区域实现政策工具效用的扩散，是一种打破区域间壁垒的重要工具。不同区域之间的行政部门在适配性政策工具的作用下可以实现协调配合与区域的协同治理，对于未来中国城镇化的发展、城乡之间、区域之间的协调发展具有重要的科学意义和实践价值。

③ 有效提升中国城镇化进程中政府的政策执行力

在中国城镇化进程中，无论是在社会治理方面，还是在公共产品的提供上，地方政府的行为与政策实践影响着城镇化发展的质量。所以，地方政府政策执行力的提升不仅是对中央政府负责，更关乎广大人民群众的切身利益。政府执行力的提升是政策科学与政策执行理论的重中之重，政策工具在政府公共行政实践中被证明是行之有效的，是提升政府执行力的关键。本书将基于政策工具的基本原理，对中国城镇化政策工具的内涵、分类、效用、传导、扩散进行规律性总结，在公共政策—政策环境—政策工具的相互影响与耦合中寻找公共部门在中国城镇化进程中的角色与定位，通过适配性政策工具的有效利用提升地方政府的政策执行力。

1.2 国内外研究综述

政策工具，又称为政府工具、治理工具，与经济学、社会学、政治学以及行政学都有深厚的渊源。尤其在公共行政学术界，工具途径被西方公共管理学者视为一个重要的理论范畴，政策工具理论的兴起与工具途径的发展密不可分。早在20世纪80年代，政策工具学已经发展成为一门成熟的分支学科。本书将政策工具与城镇化发展的适配性作为研究的核心，在收集整理国内外政策工具研究文献的基础上，分别从政策工具原理、政策工具适配性以及城镇化政策工具研究现状与发展动态等方面，对学术界已有的研究成果进行总结与评述。

1.2.1 政策工具原理研究

1953年，美国政治学家达尔和林德布洛姆在《政治、经济和福利》中首次将“工具性”运用到公共政策中，指出了政策工具的基本原理，该著作被视为政策工具理论的起源。早期的政策工具一般专注于特定的政策领域，将政策工具赋予具体的、专一的含义应用于某一研究领域，对政策工具原理的研究并不深厚，直到新治理理论的兴起，将公共行政与公共政策的重点从“分析”转移到“工具使用”的研究上，西方学术界开始对政策工具原理进行深入探究。1983年，胡德的《政府工具》成为政策工具研究史上第一块里程碑，该著作代表着政策工具基本理论逐渐形成完整的理论框架，进而发展成为独立的分支学科。

本书将政策工具原理的研究分为以下几个方面：

(1) 政策工具概念研究

政策工具概念研究主要是指纯粹地针对政策工具的意识形态领域进行探索，丰富政策工具的理论意义。从国外的研究成果来看，林格林认为，政策工具是政策活动的一种集合，它表明了一些类似的特征，关注的是对社会过程的影响和治理，一些非正式的活动也可以被看作政策工具。但是，林格林定义的弊端在于“政策”与“工具”之间模糊的界限。与之相反，英格汉姆把政策工具界定为探讨政策问题与政策方案之间因果关系的过程。[①] 艾莫尔（1987）对政策工具的内涵与实质进行探讨，认为政策工具是连接政策与目标的重要桥梁，是一种达成政策目标权威性的选择。[②] 豪利特（1991）指出，为达成政策目标，政府通常会选择多种处理手法，但在具体实施过程中只有合适的手段才能确保公共政策的实现。[③] 萨拉蒙（2002）倾向于具体政策工具的分析，他视政策工具为一种可辨识的手段，通过这种手段公共组织得以解决某些公共问题。[④] 彼得斯和冯尼斯潘认为，政策工具应用的焦点在于政策产出或政策效果的实现，不同的工具类型分别构造了不同的政策活动，同样也引发了问题并产生不同的效果。[⑤] 他们将政策工具的内涵划分为三种经典的观点，即政策说、过程说与工具说。时至今日，这三种政策工具经典的概念界定仍然影响着国内外学者对政策工具概念的理解。

从国内来看，政策工具理论的研究起步较晚，早期国外政策工具概念的引入也是作为一种专门的工具术语应用于特定领域。进入 21 世纪后，学术界对政策工具研究的视角开始逐渐变化，从探索特定的政策工具向政策工具的实质与深层的运行原理转变，政策工具的研究开始上升到理论层面。张成福（2003）首先规范了工具理论的基本概念，认为政府治理工具是能够影响目标群体意愿，将治理目标转变为实际行动的手段和机制，并且系统阐述了治理工具的划分、特点、应用以及发展趋势，是最早成体系的政策工具理论研究。他指出了政策工具的治理性，强调工具是实现政策目标的一种机制。陈振明（2004）对政策工具的研究出现于《政府工

---

① INGRAHAM P W. Toward More Systematic Consideration of Policy Design [J]. Policy Studies Journal, 1987, 15: 611 -628.

② ELMORE R F. Instruments and Strategy in Public Policy [J]. Policy Studies Review, 1987, 3: 118 -211.

③ HOWLETT M. Policy Instruments, Policy Styles, and Policy Implementation: National Approaches to Theories of Instrument Choice Policy [J]. Studies Journal, 1991, 19: 597 -566.

④ SALAMON L M. The Tools of Government: a Guide to the New Governance [M]. Oxford: Oxford University Press, 2002: 19 -25.

⑤ 彼得斯，冯尼斯潘．公共政策工具：对公共管理工具的评价［M］．第1版．北京：中国人民大学出版社，2007：14—15.

具研究与政府管理方式改进》一文中，更加强调“工具性”，认为政府工具就是指政府实现其管理职能的手段和方式，该文以总结政府工具的演进过程为总体脉络，对以往的研究成果进行梳理，形成了具有代表性的政府工具研究范式，不仅陈述了政府工具选择与应用的理论依据，而且从实践层面分析了政府工具选择的运用效果。卢霞（2005）进一步对政策工具进行理论研究，梳理了公共行动工具的特征、公共问题解决模式以及多种维度下的政策工具分类。陈振明、经纬（2006）在《政府工具研究的新进展》中重新整理了国内外政府工具研究的主题，探讨了政府工具研究方向从工具特性向工具选择的转变，认为相比功效，政治性对政府工具选择的影响更大，并且不能将公共政策工具与公共管理之间的研究分离，只有整合才能进一步推动政府管理方式的变革。[①] 吕志奎则将政策工具归纳为政府能够用以实现特定政策目标的一系列机制、手段、方法与技术。[②] 张璋认为，政府治理工具是政府为解决公共问题而采用的可辨别的行动机制。[③] 纵观近年来国内学者对政策工具概念的研究，虽然基于西方三种经典政策工具概念之上，但也提出了自己不同的观点，多数学者以“手段、机制”来定义政策工具。

（2）政策工具的分类研究

政策工具的分类研究在西方学术界一直是颇具争议的研究范畴。胡德（1983）将解决公共问题的手段总结为信息、财政、权威与组织，这四种手段构成了政策工具的结构框架，同时，将政策工具的选择问题归结为政治层面的意识形态问题，解绑了政策工具与技术和理论层面的关联性。德·布鲁金和坦霍伊维尔霍夫（1991）则认为，对待政策工具应该持批判与怀疑的态度，并且提出了第二代政策工具——多侧面的政策工具、激励性的政策工具、指标性的政策工具、关注个人的政策工具、沟通的政策工具，提出政策工具应通过微调、网络化与结构升级等方式进行创新性研究。萨瓦斯（2000）首次将“民营化”列为调解公私关系重要的政策工

---

① 陈振明，经纬．政府工具研究的新进展［J］．东南学术，2006（11）：22—29.

② 吕志奎．公共政策工具的选择：政策执行研究的新视角［J］．太平洋学报，2006（05）：7—16.

③ 张璋．理性与制度：政府治理工具的选择［M］．第1版．北京：国家行政学院出版社，2006：19—20.

具，从工具的内涵、分类、选择逐渐向具体政策工具的开发与运用过渡。[①] 迈克尔·豪利特、拉米什（2006）依据政府权力直接介入的程度，将政策工具划分为强制性工具、混合工具和志愿工具。[②] 国外这些经典的政策工具分类研究奠定了当前许多政策工具分类研究的基础。

国内应用较多的政策工具分类方法是2009年陈振明提出的政策工具三分法，即市场化工具、工商管理工具、社会化手段，为国内学者划分政策工具类型提供了重要依据，是我国政策工具研究史上重要的里程碑，代表了中国学者对政策工具分类的权威性探索。其他国内学者对于政策工具分类也作出过不同程度的贡献。曹原（2009）对政策工具的发展历史和分类重新进行了梳理，提出了政策工具分类的困难不仅在于工具类别的丰富与交叉，而且在于静态的分类习惯导致政策工具分类的僵化。[③] 徐媛媛（2011）对国内外政策工具的分类进行了整理，认为政策工具分类可以独立成为一种理论，并在前人研究的基础上尝试以“资源”作为新分类标准，对政策工具进行分类。[④] 国内学者对政策工具分类的梳理更多沿袭国外学者的分类标准，有关政策工具专门的分类研究并不丰富，更多的是罗列国外学者的分类研究成果，再结合中国实际提出一些政策工具分类方法。

（3）政策工具的“工具性”研究

随着西方政策工具的兴起，“工具性”最早的应用一般专注于特定的政策领域，将政策工具赋予具体的、专一的含义应用于某一研究领域，20世纪中后期集中体现在经济领域。布里克（1968）探讨了一种美国政府用于解决人力资源与个人贫困问题的政策工具——联邦补助与其他财政收入的共享工具，解释了功能性补助金、负所得税和个人所得税减免计划等政策工具的应用。也有许多学者将政策工具作为一个专门术语应用在价格机制与控制系统等范畴，这对后期政策工具研究产生一定的影响。20世

① 萨瓦斯．民营化与公私部的伙伴关系［M］．第1版．北京：中国人民大学出版社，2002：18—20.

② 豪利特，拉米什．公共政策研究：政策循环与政策子系统［M］．第1版．生活·读书·新知三联书店，2006：142—143.

③ 曹原．政策工具发展历史及其分类探讨［J］．现代商贸工业，2009（13）：55—58.

④ 徐媛媛．政策工具分类理论的述评与建构［J］．淮海工学院学报（社会科学版·社会经纬），2011（10）：12—17.

纪末政策工具研究在荷兰与德国尤其盛行，美国学者盖伊·彼特斯和荷兰学者冯尼斯潘主编的《公共政策工具——对公共管理工具的评价》[①]（1998）把政策工具理论研究推向一个新的高度。该论文集基于鹿特丹大学举办的政策工具学术研讨会，从三个方面阐述当时政策工具理论的发展：第一，陈述了政策工具理论的研究现状，罗列了不同学者对于政策工具类型的划分；第二，重点强调了政策工具的选择理论，尤其是政治性对于政策工具选择的影响；第三，提出政策环境与政策工具之间的动态关系，强调政策工具并非一经选定就固定不变。

国内“工具性”的研究早期也是集中于金融和经济领域。1985 年，陈昭（1985）提出中国人民银行的两大政策工具——对专业银行的放款与存款准备制度。[②] 穆峰（1985）介绍了东南亚国家中央银行的货币政策工具，对西方国家、东南亚国家与中国的货币政策环境进行了对比，分析了几种常用货币政策工具的实际适用性。[③] 殷孟波（1986）提出货币政策工具会依不同的金融条件而有所不同，总结了中国货币政策工具的主要类型和相互关系。[④] 何冬祥（1988）探讨了中国通货膨胀的现象以及如何通过公共政策有效控制通货膨胀的政策，认为政策工具的合理选择是解决货币和财政政策“双扩张”的重要途径。[⑤] 顾建光（2006）认为，推动政策工具理论发展的原动力在于不同学科之间的交叉，尤其是公共管理、法学与经济学三者的互动，指出想要系统、协调地分析政策工具必须明确政策工具在具体实践中对政策目标的作用机制。[⑥] 姜国兵（2008）提出的公共政策工具的五大主题，即地位、类型、选择、评估与创新对政策工具理论体系的完善与系统化作出了贡献。[⑦] 梁国越（2010）分析了政策工具应用

---

① 彼得斯，冯尼斯潘. 公共政策工具：对公共管理工具的评价［M］. 第 1 版. 北京：中国人民大学出版社，2007：7—12.

② 陈昭. 论我国中央银行的两大政策工具［J］. 中央财政金融学院学报，1985（04）：19—22.

③ 穆峰. 东南亚国家中央银行的货币政策工具［J］. 金融研究，1985（06）：56—57.

④ 殷孟波. 对我国货币政策工具的一点认识［J］. 中央财政金融学院学报，1986（05）：31—35.

⑤ 何冬祥. 控制通货膨胀的政策及政策工具的选择［J］. 福建论坛（经济社会版），1988（12）：15—18.

⑥ 顾建光. 公共政策工具研究的意义、基础与层面［J］. 公共管理学报，2006（04）：58—61.

⑦ 姜国兵. 对公共政策工具五大主题的理论反思［J］. 理论探讨，2008（11）：133—136.

的背景，认为只有把握好政策背景才能科学选择政策工具以及有效治理，提出了政策工具应用背景优化的有效途径。① 田润宇（2015）利用偏好、过程与工具的理论框架诠释政府行为模式，认为中国地方政府的行为模式是以主动主导为主的政府偏好、强调精英政策的政府过程以及强制性工具居多的政策工具互补统一的行为模式。② 韦彩玲（2016）认为，网络治理是当前政府改革的重要趋势，政策工具与政策网络的关系密不可分，论证了网络复杂性对工具效用的影响，指出政策工具在中国进入新时代之际必须得到创新才能解决日益涌现的新问题和新矛盾。③ 随着政策工具基本理论框架的逐渐完善，国内学者越发关注不同类型政策工具的“工具性”，尤其强调政策工具的功能在政策工具的选择与应用中的重要性。

政策工具的基础原理与一般规律一直是学术界研究的重点，但是国内学者大多数研究成果引自国外相关工具研究成果，缺乏国内与国外政策工具研究背景与工具特殊性的区分，政策工具理论本土化程度较低，研究视角也主要局限于政策工具的内涵、类型、特征、功能、工具性等方面，理论创新仍不足。

1.2.2 政策工具适配性研究

如何选择合适的、可行的政策工具应用于政策执行中，如何让政策工具适配政策目标，是近些年政策工具基本原理研究的重点，本书将政策工具适配性研究主要分为以下几个方面：

(1) 政策工具选择研究

克里斯托弗·胡德认为，工具选择并非一种技术上的操作，而是“一种信仰上或政治上的事物”，选择的形成取决于资源约束、政治压力、法律约束，以及从过去的工具失败中得到的教训。林德和彼得斯列举了五个在政策工具选择中的决定性因素，政策工具的特征是政策工具选择的关

① 梁国越．论我国政策工具应用背景的优化［J］．广东青年干部学院学报，2010（03）：32—37.

② 田润宇．当代中国地方政府行为模式分析：政府偏好—政府过程—政府工具视角［J］．2015（05）：32—34.

③ 韦彩玲．政策网络中的政策工具选择研究［J］．陕西行政学院学报，2016（01）：56—63.

键，包括资源密集度、目标、政治风险、对国家行为的约束。迈克尔·豪利特与拉米什提出的政策工具选择综合模型认为，国家计划能力与政策子系统复杂程度影响着政策工具的选择。萨拉蒙引入强制性、直接性、自治性、可见性四个维度来定位政策工具，指出政策工具是一种能够使公共问题得以解决、公共行政得以实现的确定手段，针对如何将工具价值转为政策目标进行详细阐述。①

随着21世纪多学科的交叉与渗透，国外政策工具选择的研究不胜枚举，政策工具研究作为一种有效的工具途径在公共行政、经济以及社会领域都有所建树。理查德和安东尼奥（2008）等人认为，地方政策工具的选择反映了冲突的利益和对经济和政治压力反应之间的平衡，通过政治市场框架研究了政府在管理土地占用上如何选择政策工具。② 伊琳娜（2014）探索了国家监管政策工具，将政策工具目的、功能、原则、方法、组织、信息、分析、金融和经济支持以及法律框架完整地通过示意图表示出来，尤其对国家监管政策工具的科学原则进行了充实与创新，促进了国家的经济发展一体化。③ 理查德（2014）探讨了可再生能源的政策类型、政策工具和政策部署，利用美国1990—2008年的面板数据与效果向量分解模型，阐述了政策工具对可再生资源监管机构与立法机构的不同影响。④ 谢弗·布伦达（2015）通过建立有效的政策工具，以改善天然气单一供应源的国家现状，提高供应的安全性，保护国家所有权的能源基础设施，完善能源安全体系。⑤

国内学者对政策工具的选择研究同样是百花齐放。崔先维（2009）等人认为，渐进主义是政策过程中重要的分析工具与方法，运用渐进主义探析政策工具选择问题，认为工具选择必须基于现实问题的解释之上，拒

---

① SALAMON L M. The Tools of Government: a Guide to the New Governance [M]. Oxford: Oxford University Press, 2002: 19 -25.

② ANTONIO R C. Government's Choice of Policy Tools in Managing Land [J]. Policy Studies, 2008, 30: 68 -79.

③ ELENA W. Research on the Relationship between National Regulatory Tools and Economic Development Integration [J]. The American Political Science Review, 2014, 48: 43 -56.

④ RICHARD C. Impact of Panel Data Policy Tools on Renewable Resources Regulators and Legislatures in the United States from 1990 to 2008 [J]. European Economic Review, 2014, 55: 431 -450.

⑤ BRENDA S. The Application of Effective Policy Instruments in the National Energy Security System [J]. Environmental Science & Policy, 2015, 46: 33 -51.

绝天马行空的创新，强调渐进状态下政策工具的改进与应用。[①] 唐贤兴（2009）提出的“运动式治理”，实际上是政府在面对工具选择困境时而产生的一种创新型政策工具，通过分析政府在工具选择与动员能力两个维度来论证运动式治理作为治理工具存在的可行性与必要性。[②] 傅学良、刘淑华和王晓田（2010）等人研究了在推动低碳经济中国外常用的政策工具，通过对其作用进行评析来启发国内低碳化经济发展的方向。[③]《政策工具选择研究：基于理性与政策网络的视角》是近年来鲜有的政策工具选择理论研究的专著，杨代福（2016）在重新梳理工具理论的基础上，构建了理性与政策网络双重视角的政策工具模型，并利用该模型实证研究了中国房地产宏观调控问题。[④]

（2）政策工具应用研究

西方国家政策工具应用研究多用于政治经济领域中，研究主要集中于工具的利用，尤其是货币工具如何推动经济与金融的发展。萨内蒂和弗朗西斯科（2011）根据国会议员模型（MP）观察到劳动失业的波动和就业空缺的冲击，但引入劳动政策工具后可以在一定程度上缓解这一现象，认为劳动政策工具的设计是必不可少的。[⑤] 佩雷斯·古巴（2012）设计出一个尚未开发的货币政策工具——非对称融资工具，探索了中央银行如何利用存款和贷款利率这种政策工具，以控制存款机构对超额储备的需求。[⑥] 基斯、阿尔奇迪（2015）等人通过探讨国家货币干预政策工具，辩证地看待2015年瑞士银行放弃瑞士法郎与欧元所导致的外汇市场的短期混乱

---

① 崔先维．渐进主义视阈中政策工具的选择［J］．行政论坛，2010（09）：14—19.

② 唐贤兴．政策工具的选择与政府的社会动员能力：对“运动式治理”的一个解释［J］．学习与探索，2009（03）：26—29.

③ 傅学良，刘淑华，王晓田．国外发展低碳经济的政策工具选择［J］．政党论坛，2010（21）：78—82.

④ 杨代福．政策工具选择研究：基于理性与政策网络的视角［M］．第1版．北京：中国社会科学出版社，2016：19—23.

⑤ ZANETTI T，FRANCESCO C. The Fluctuation of Unemployment and the Impact of Job Vacancies in the MP Model［J］. Public Administration，2011，8：35－65.

⑥ PERES C. How do Asymmetric Financing Tools Control Deposit Institutions' Demand for Excess Reserves［J］. Technological Forecasting and Social Change，2012，35：157－169.

现象。[①] W. 大卫（2008）发表的《环境政策工具在石油使用中的应用》全面评估了加利福尼亚的石油计划，深入讨论了废物管理政策工具的设计背景，认为社区工具可以帮助减少社会上润滑油的使用总量，促进资源再利用。[②] 尼尔（2013）指出了全球气候变化下的水文生态问题以及不同的科学政策与操作工具对水管理的影响，并提出了一个结合了生态系统响应模型的自适应政策工具框架，以改善水资源共享与生态环境的现状。[③]

国内学者则主要探讨了具体政策背景下政策工具的应用，部分学者还试图进行定量基础上的实证分析。朱春奎（2011）等人重点讨论了公共服务创新过程中政策工具的选择、优化，选取了民办教育、城镇医疗改革等案例分析我国公共政策与政策工具的发展脉络，提供更优的政策建议与工具设计方案。[④] 吴合文（2011）关注于高等教育中政策工具的研究，创新性地将强制维度、直接/间接维度、自动/管理维度、可见性/不可见性维度作为高等教育政策工具的区分维度。[⑤] 胡仙芝（2015）探讨了在中国不同环境治理项目中政策工具理论的应用，并且总结了在特定案例中政策工具选择、应用以及创新的普遍性规律与特殊性。[⑥] 刘志林、景娟和满燕云（2016）等人探讨了可支付住房的政策依据、制度基础、造成目标，政府通过政策模型与政策工具直接干预住房建设，探讨美国、英国、中国香港等实际案例，对国际经验进行总结与借鉴。[⑦]

---

① KEYTH, ARCHIE D. National Monetary Intervention Policy Tool: Swiss Bank Abandoning Swiss Franc and Euro [J]. Research Policy, 2015, 75: 70 - 85.

② DAVID W. Application of Environmental Policy Tools in Oil Use, McGill Queens University Press, 2008: 89 - 93.

③ KIM N. The Ecosystem Response Model Improves Water Resources Sharing and Ecological Environment [J]. Renewable and Sustainable Energy Reviews, 2013, 52: 64 - 72.

④ 朱春奎. 政策网络与政策工具：理论基础与中国实践 [M]. 第1版. 上海：复旦大学出版社，2011：22—28.

⑤ 吴合文. 高等教育政策工具分析 [M]. 第1版. 北京：北京师范大学出版社，2011：46—48.

⑥ 胡仙芝. 环境政策工具理论及应用研究 [M]. 第1版. 北京：群言出版社，2015：78—90.

⑦ 刘志林，景娟，满燕云. 保障性住房政策国际经验：政策模型与工具 [M]. 第1版. 北京：商务印书馆，2016：135—149.

(3) 政策工具组合与创新研究

赖华东、蔡靖方（2007）提出，为实现区域政策目标必须组合政策工具，将传统工具划分为宏观、微观以及协调政策工具，形成了区域具体政策工具的组合模型。[①] 徐媛媛、严强（2011）将公共政策工具的选择及组合作为一个有规律可循的分析框架，强调只有工具设计、选择与组合方案得到政策目标群体的认可，才能够实现公共政策实施的高效与优化。[②] 龚勤林、何芳（2014）创新性地提出利用政策工具来校正区域经济活动的外部性，认为单一工具难以实现校正，将区域工具组合形成政策工具箱，并以京津冀地区的雾霾治理为例验证工具组合的实际效用。[③] 张家健、赵冰（2014）将产业技术升级、碳排放税、碳排放交易制度、公私合作模式、提高汽车使用成本等工具列为低碳经济发展中的创新型政策工具，认为实际政策执行中应逐渐将重心从强制性政策工具转移到市场工具。[④] 郭宏宝、朱志勇（2016）通过构建理论模型，研究管制政策与税收政策组合的次优改进及其实现方法，对产生较大边际外部成本的行为予以管制，组合税收与管制政策工具，发挥组合功效影响税率的设定，进而实现税收与管制政策的协同。[⑤] 黄曼、朱桂龙和胡军燕（2016）等人主要针对创新政策工具进行了评析，认为政策工具的创新必须将宏观与微观相结合，强制性逐渐过渡到自愿性，尤其注意政策工具的阶段性与适配性。[⑥]

根据对国内相关政策工具适配性研究的整合情况，不难发现中国政策工具研究虽然起步较晚，但在学术界的关注度比较高，处于理论引进与个

---

① 赖华东，蔡靖方．主体功能区的区域政策工具选择与组合策略：基于主体功能区分类区域政策的思考［J］．珠江经济，2007（05）：44—49.

② 徐媛媛，严强．公共政策工具的类型、功能、选择与组合：以我国城市房屋拆迁政策为例［J］．南京社会科学，2011（12）：45—49.

③ 龚勤林，何芳．区域经济活动外部性校正的区域政策工具组合与创新［J］．经济体制改革，2014（03）：67—73.

④ 张家健，赵冰．我国向低碳经济转轨的措施：兼谈以市场为基础的政策工具创新［J］．商业时代，2014（05）：12—17.

⑤ 郭宏宝，朱志勇．环境政策工具组合的次优改进效应［J］．首都经济贸易大学学报，2016（02）：32—35.

⑥ 黄曼，朱桂龙，胡军燕．创新政策工具分类选择与效应评价［J］．中国科技论坛，2016（01）：26—29.

案检验的阶段。政策工具的研究领域大多局限于环保政策与金融财政方面，在公共管理领域尚未形成系统的研究体系。具体领域内政策工具的研究多集中于政策工具的选择，大多数学者将公共政策成败的根本归于政策工具的合理选择，却忽略了政策工具应用对政策产出与政策效用的影响，有关政策工具的运行机制、作用形式等方面问题有待进一步拓展研究。

1.2.3 城镇化政策工具研究

国外有关城镇化的研究起步较早，工业革命使得国外城镇化进程早于中国，城镇化的研究自然先于中国，具有多元的研究视角与学科背景，在研究的深度与广度上都更加成熟。本书主要探讨中国城镇化进程中的政策工具适配性，由于国情的特殊性，主要以收集和整理中国具有针对性的城镇化政策工具研究文献为主。

目前，政策工具在中国属于新兴的研究领域，应用于城镇化背景下的政策工具研究成果主要涉及以下两个方面：

（1）城镇化政策工具的选择研究

陈壮志（2008）提出了政策工具在新农村建设中应用的必要性，从目标、特性、背景、以往工具与意识形态五个方面解析政策工具的选择与应用。① 黄红华（2009）指出，城乡统筹发展的难点已经逐渐从制度转移到具体政策，需要稳定的政策工具来坐实政策的有效性，从政策环境、政策目标分析到政策工具，剖析了政策工具如何在统筹城乡就业中产生作用，并且提出了工具组合的可能性。② 丁社教（2010）探讨了推进农民工子女接受国家义务教育过程中政策工具的选择，指出规制政策工具的重要性，家庭社区工具、自愿性组织工具等其他政策工具可以配合使用。③ 孙刚印（2011）认为，城镇化水平是影响城乡一体化政策工具选择的重要因素，依据城镇化水平的高低将不同城市划分为初级、中级、高级三种地

---

① 陈壮志．社会主义新农村建设中的政策工具选择［J］．安康学院学报，2008（05）：78—84.

② 黄红华．统筹城乡就业中的政策工具：以浙江省湖州市为例［J］．中国行政管理，2009（02）：56—63.

③ 丁社教．农民工子女义务教育政策工具选择研究综述［J］．西南民族大学学报，2010（07）：12—15.

区，并比较了三种地区的政策工具，指出城乡一体化的实现必须依靠不同类型政策工具的组合与和谐应用来实现。① 杨华、王会（2015）分析了“政府兜底”现象在城镇化进程中的社会根源，指出在处理农村社会冲突时不能只重视政策工具的有效性和易操作性，必须针对总体社会情境作出理性的政策工具选择。② 覃耀坚（2015）认为，城镇生态环境治理存在垄断、政企二维以及多元联治的三种模式，不同模式的特征为政策工具的选择提供了依据和范围，尤其强调了生态资源的性质对政策工具选择的影响。③

（2）城镇化政策工具的优化创新研究

胡存智（2009）指出，城乡一体化进程中二元结构体制与资源无法自由流动，而可以打破这一僵局的正是经过创新的政策工具，巧妙地运用“换地权益书”可以保障土地要素在城乡间的自由流动，促进土地双向流动，破除城乡二元结构。④ 王清、王磊（2010）将中国政策工具的变迁视为工具强制性程度逐渐由高转低的过程，认为当代政策工具的主要创新就是将强制转变为许可，并以中国户口迁移体制的转变为例，分析户籍政策中所使用的政策工具转变与创新的过程，提出影响工具创新的重要因素在于政府与市场力量的对比。⑤ 朱春奎、舒皋甫和曲洁（2011）等人以豪利特政策工具的三分法作为城镇医疗改革中政策工具的划分标准，阐述了1978—2009 年中国城镇医疗改革不同阶段的政策工具，指出在医疗改革过程中政策工具类型在不断扩充和丰富，其中，混合型政策工具利用率最高，自愿性工具的使用频率也在不断增加。⑥ 谢宝富（2011）实证分析了

---

① 孙刚印．推进城乡一体化的政策工具选择：基于城市化进程不同阶段的分析［J］．党政干部学刊，2011（03）：14—19.

② 杨华，王会．“政府兜底”：农村社会冲突管理中的政策工具选择［J］．国家行政学院学报，2015（04）：25—31.

③ 覃耀坚．城镇生态环境治理的政策工具选择［J］．黑龙江生态工程职业学院学报，2015（01）：55—59.

④ 胡存智．构建城乡土地自由流动的政策工具：以换地权益书保障土地要素返流的探索［J］．中国土地科学，2009（12）：22—24.

⑤ 王清，王磊．政策工具创新：从强制到许可：以当代中国城市户口迁移制为例［J］．中国行政管理，2010（03）：40—49.

⑥ 朱春奎，舒皋甫，曲洁．城镇医疗体制改革的政策工具研究［J］．公共行政评论，2011（02）：18—25.

我国城乡接合地区三种调控人口流动的政策工具——以房管人、以证管人、以业控人，强调“智能管理”在政策执行中的重要性，对暂住证等具体工具提出有效的完善途径。[①] 柳俊丰（2013）认为，新生代农业转移人口对于优化中国社会结构与实现城乡融合具有特殊的意义，在实证分析的基础上提出了四种政策工具——权威、信息、组织、财政，提出了城镇化与市民化的互动互促的对策。[②] 李文娟（2013）指出货币政策工具可以作为城镇化发展的金融支持，在城市建设、农产品贸易、创新信贷等方面都起到了至关重要的作用，提出了金融激励+政府担保的城镇化政策工具组合。[③] 孟惊雷、樊千（2015）认为“公私合作”（PPP）模式将会对中国城镇化中公共事业、基础设施的发展提到决定性的作用，重点强调了PPP模式的制度环境建设与法律关系问题，在总结失败案例时提出了对政策工具与法律体系支撑的需求。[④]

通过文献的收集整理发现，中国城镇化背景下的政策工具研究并不多，而且多集中于户籍政策、城乡就业、公共产品、市民化问题等方面政策工具的实证研究。无论从城镇化的视角还是从政策工具理论的应用来看，该领域的研究尚存在以下些许不足。

第一，单一视角的实证研究居多，缺乏政策工具理论的系统分析与深入探讨。学者们多以“政策工具”作为研究途径对城镇化进程中相关公共问题进行探索，研究成果只覆盖了一部分城镇化发展领域，涉及面比较窄。根据研究现状可以看出，对城镇化中政策工具的基本特征与现状描述、分析的研究居多，深入探讨政策工具的工具性内涵与政府如何运用的研究较少，缺少更为系统深入的研究，研究影响力不足。

第二，政策工具界定不一，存在偷换概念的现象。学术界对政策工具的界定主要存在三种导向，即政策说、工具说、过程说。但是，在整理相关文献时发现，一些研究成果中政策工具的概念界定不清，论述过程中政

---

① 谢宝富．“以房管人”“以证管人”“以业控人”——城乡接合部流动人口管理的三大政策工具［J］．河北学刊，2011（03）：45—49.

② 柳俊丰．新生代农民工市民化的政策工具选择［J］．长春理工大学学报，2013（04）：32—36.

③ 李文娟．灵活运用货币政策工具 积极支持城镇化建设［J］．大庆社会科学，2013（10）：94—99.

④ 孟惊雷，樊千．PPP模式在中国新型城镇化中的应用研究：基于法律视角［J］．北方经贸，2015（05）：3—9.

策工具的概念被偷换，对工具性能、功效过分强调，忽视了政策工具理论的基本原理。

第三，政策工具选择研究多于工具应用研究。政策工具的相关研究更多关注于具体政策工具的功能与效用，将研究视角停留在决策者对政策工具的分析与选择上，缺少政策执行者对政策工具应用的分析。大多数学者强调，政策工具能否顺利实现政策目标的关键在于政策工具性能与政策问题是否匹配。但是在实际的政策执行中，政策工具的功能是否能够完全发挥，是否能产生工具决策者所预期的政策效果，一切有赖于政策工具的应用。部分研究成果只采用了政策工具学中较为浅显的理论观点，对政策工具理论的掌握存在偏差，过分强调具体政策工具的功能与效用，政策工具理论的应用不够深入。

以往的研究成果表明，城乡二元化的顽疾与日益复杂的政策环境使中国城镇化道路的持续发展更为艰难，提高了对政府职能转变与行政能力的要求，使中国城镇化进程中政策工具适配性的提升与政策工具箱的完善变得更为迫切。本书拟在前人研究的基础上，深化政策工具理论在城镇化中的应用，在厘清中国城镇化与政策工具耦合关系的基础上，分析中国城镇化进程中政策工具的演进、现状与效用，总结城镇化政策工具在区域内的传导机理与跨区域的扩散模式，进一步优化与创新中国城镇化进程中的政策工具，提升中国城镇化进程中政策工具的适配性，实现城镇化发展的政策目标。

1.3 研究思路与方法

1.3.1 研究思路

(1) 研究目标

以中国城镇化进程中政策工具适配性作为切入点，在厘清城镇化与政策工具耦合关系的基础上，从中国城镇化进程中公共政策与政策工具的演进出发，梳理与阐述中国城镇化进程中主要政策工具的功能与适应范围，并运用内容分析法对中国城镇化的公共政策文本进行量化分析，剖析中国城镇化进程中政策工具选择与应用的现状，进而对政策工具在区域内的工具效用以及区域之间的溢出效应进行空间计量分析，尝试对中国城镇化进程中政策工具在区域内的传导机理与跨区域的扩散模式进行规律性总结，最后提出政策工具组合、创新与优化等政策工具适配性提升的方案，建构具有中国特色的城镇化政策工具箱，进一步实现高效、包容与可持续的中国城镇化发展。

（2）研究内容

第 1 章，绪论。提出了中国城镇化进程中政策工具适配性的研究框架，阐述中国城镇化进程中政策工具适配性研究的原因、背景与意义，对已有的研究文献进行整理、分析与评述，确认与细化中国城镇化进程中政策工具适配性研究的思路、方法与技术路线。

第 2 章，中国城镇化进程中政策工具研究的基本概念与理论基础。对城镇化、政策工具、政策环境、政策目标、适配性等研究中的相关概念进行界定，阐述用于支撑中国城镇化进程中政策工具适配性研究的基本理论，为中国城镇化进程中政策工具适配性研究的开展奠定基础。

第 3 章，城镇化与政策工具的耦合关系。要想对中国城镇化进程中的政策工具进行深入研究，必须先明确城镇化与政策工具之间存在何种耦合关系，以及目前中国城镇化与政策工具的耦合处于何种阶段，二者的耦合机制如何运行，掌握政策工具是如何在耦合互动中推动城镇化发展。

第 4 章，中国城镇化进程中政策工具的选择与应用。首先，对中国城镇化政策工具箱中的主要政策工具进行整理和解析，分析每种政策工具的特征、功能以及适用情况；其次，观察中国城镇化进程中公共政策的走向与政策工具的演进，揭示中国城镇化政策工具发展与更替的整体脉络；最后，构建中国城镇化进程中政策工具的量化分析框架，剖析中国城镇化进程中政策工具的选择与应用现状。

第 5 章，中国城镇化进程中政策工具效用分析。为了进一步探究中国城镇化进程中政策工具在多大程度上、以何种方式影响着区域内与区域间的城镇化进程，选取中国城镇化中典型的混合型政策工具——财政工具作为实证研究对象，基于 2007—2015 年中国 30 个省级行政单位的面板数据，建立空间计量模型，对中国城镇化进程中政策工具的影响效用进行测算，采用空间偏微分方法进一步分析政策工具在城镇化进程中产生的跨区域的空间溢出效应。

第 6 章，中国城镇化进程中政策工具的传导与扩散。通过第 5 章对中国城镇化发展所具备的空间自相关与空间依赖性的论证，可以看出政策工具的效用不仅可以在区域内传导，并且在不同程度上向周边区域扩散。本章通过揭示政策工具在区域内传导与区域间扩散的实质，探索政策工具实现中国城镇化发展政策目标的传导路径与扩散模式。

第 7 章，中国城镇化进程中政策工具优化组合与创新。首先分析了影响中国城镇化进程中政策工具选择、应用以及传导扩散的因素。在此基础上，从政策工具组合与创新两个方面展开中国城镇化进程中政策工具适配性的优化研究。从农业转移人口市民化、城乡一体化、城镇化布局、城市可持续发展四个方面，选择合适的政策工具、政策工具组合，并以合理的结构组建中国城镇化政策工具箱，使政府可以针对城镇化进程中的不同政策问题灵活而从容地在政策工具箱内选择运用适配性的政策工具或政策工具组合。

第 8 章，结论与未来研究展望。基于中国城镇化进程中政策工具的适配性问题的系统研究，对主要结论进行总结。然而，目前研究仍存在一些许无法解决的问题，一方面表现为复杂的政策执行环境对政策工具适配性的影响，另一方面缺少对不同政策工具之间相关性的研究。希望随着数据收集和统计技术的提高，可以在未来的深入探讨中找出政策工具高效或失灵的具体节点，进一步提升政策工具组合与创新模型的可行性、有效性和科学性。

(3) 技术路线图

基于研究思路与内容，设计技术路线图，如图 1-1 所示。

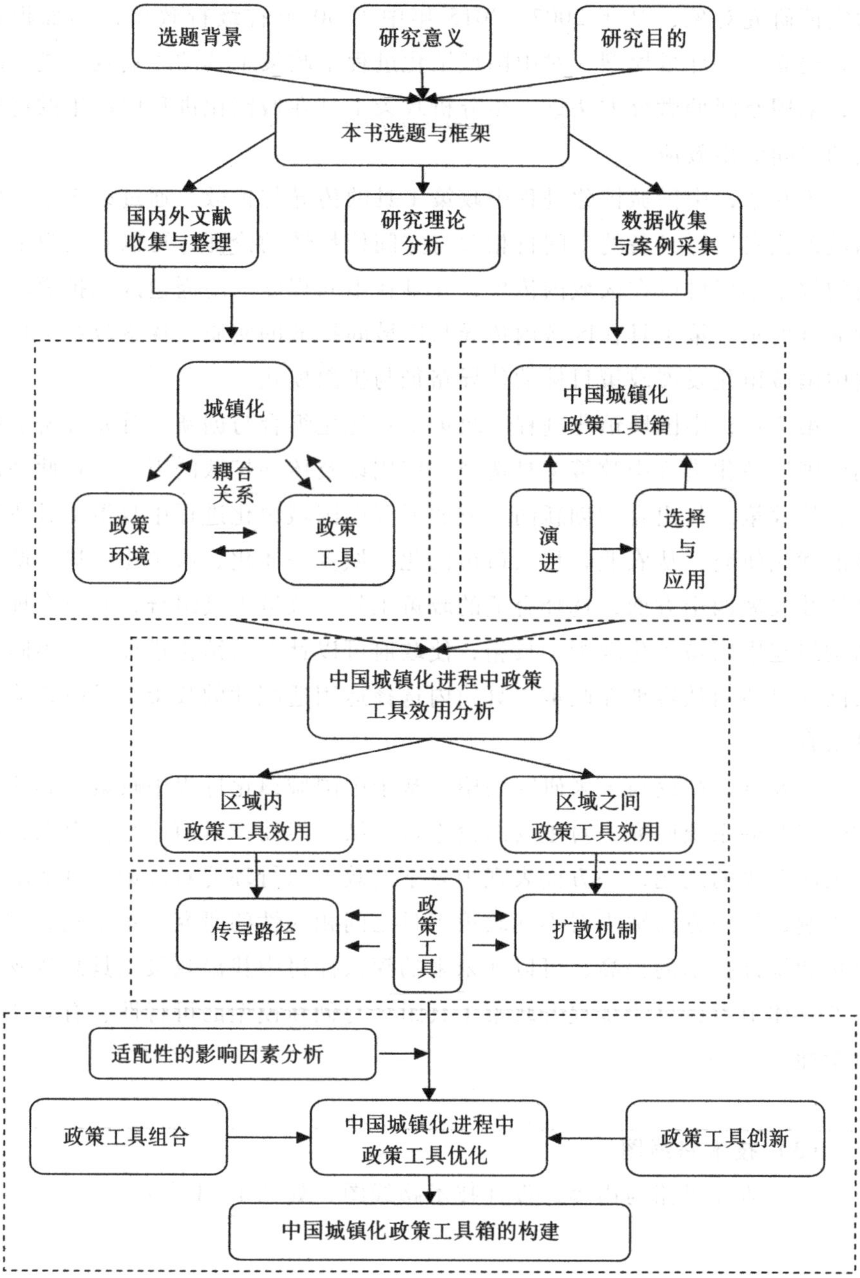
选题背景
研究意义
研究目的
本书选题与框架
国内外文献收集与整理
研究理论分析
数据收集与案例采集
城镇化
耦合关系
政策环境
政策工具
中国城镇化政策工具箱
演进
选择与应用
中国城镇化进程中政策工具效用分析
区域内政策工具效用
区域之间政策工具效用
传导路径
政策工具
扩散机制
适配性的影响因素分析
政策工具组合
中国城镇化进程中政策工具优化
政策工具创新
中国城镇化政策工具箱的构建

图 1-1　技术路线图

1.3.2 研究方法

(1) 系统分析法

本书将城镇化与政策工具的耦合、适配过程作为一个系统整体，认为政策效果是由两者相互作用而产生的，要想实现政策产出的最大化，应当用系统的眼光看待城镇化与政策工具的相关性，将耦合关系、空间效用、作用形式作为系统分析的出发点，探究城镇化进程中的政策工具，为中国的城镇化发展寻找具有适配性的政策工具及其应用路径。

(2) 比较分析法

本书通过将城镇化政策工具在时间与空间上的异同进行比较分析，不仅全面认识与了解了中国城镇化政策工具演进与发展的脉络，并且比较与分析了不同地域的城镇化发展水平和政策工具效用，从而探究中国城镇化进程中政策工具的本质、规律，有针对性地对政策工具的适配性进行比较研究。

(3) 文本分析法

文本分析法是一种对文本内容进行分析的定量与定性相结合的研究方法，通过量化分析特定词语和概念在文本或文本集中出现的频次、含义和相互之间的关系，来分析研究内容的属性、特点、现状以及所蕴含的启示。本书以中国城镇化的公共政策文本为分析对象，经过样本选择、二维分析框架建构、文本编码以及频数统计、分布、分析对中国城镇化进程中政策工具选择与应用情况进行研究，为进一步分析政策工具效用与适配性提供理论依据。

(4) 数理建模方法

第一，基于中国省级面板数据，运用因子分析法测算中国各省级行政区域的城镇化水平，图解中国城镇化发展水平的空间分布格局，利用*Moran* 指数对其进行全局空间自检验，以实证的方式将中国城镇化发展的空间格局与时间演进相结合进行系统分析。

第二，构建中国城镇化进程中财政工具效用的空间计量模型，选取二值邻接矩阵与地理距离空间权重矩阵，建立空间误差模型与空间滞后模型，对比分析财政工具对中国城镇化发展的影响效用。在此基础上，运用空间回归偏微分方法分解空间溢出效应，研究财政工具效用在城镇化进程中所产生的跨区域的空间扩散特征。

1.4 本书的创新点

第一，利用定性与定量相结合的政策文本分析方法，构建了中国城镇化进程中政策工具选择与应用的二维分析框架，直观地呈现了城镇化政策体系中政策工具选择与应用的情况，根据政策工具频数统计结果与分布，客观分析了城镇化进程中政府对政策工具选择与应用的偏好与局限。

第二，结合空间计量模型对中国城镇化进程中政策工具效用和空间溢出效应进行分析，通过 *Moran* 指数的检验证明了中国城镇化发展的空间自相关与空间依赖性；通过空间误差模型、空间滞后模型的构建与分析，探究了中国城镇化进程中政策工具在多大程度上影响着区域内城镇化的发展，并以何种方式在区域之间产生政策工具效用的空间溢出。

第三，以提升中国城镇化进程中政策工具的适配性为核心，创建了“内在元素—外在维度—组合形式”三位一体的政策工具组合模型和创新扩散网络为关键的政策工具创新模型，进一步完善与优化了城镇化政策工具箱的内容与结构，构建了具有中国特色的城镇化政策工具箱。

第 2 章

中国城镇化进程中政策工具研究的基本概念与理论基础

政策工具是连接政策目标与政策效果的桥梁，工具性带来的政策效果与潜在价值不仅直接推动着中国城镇化发展政策目标的实现，而且对中国公共管理方式的改革创新也是巨大的挑战。本章在界定政策工具与城镇化的基本概念的基础上，阐述用于支撑中国城镇化进程中政策工具适配性研究的基本理论，为研究工作的进一步开展奠定基础。

2.1 政策工具相关概念

本书针对中国城镇化进程中的政策工具展开研究，政策工具通常被视为实现政策目标的手段集合，工具的应用亦离不开政策环境，因此，首先对政策目标、政策环境与政策工具的概念进行界定。

2.1.1 政策目标

爱德华·奎德假定，政策目标是既定的，即在公共政策的制定中，针对具体政策问题，政策制定者通常会提出自己想要达到的目的，并且根据这个目的设计、比较和选择公共政策方案。[①] 但这种假定在实际政策执行中会产生偏差，因为这种既定的政策目标在一般情况下只能用抽象语言来表述，而政策制定者眼中的目标与政策执行者眼中的目标很难完全一致，由于两者在理解、认知、利益、价值等方面的差距，使政策目标的边缘模糊化。普雷斯曼指出："政策目标总是具有这样突出的性质——多元的、相互冲突的和含糊的。"

本书从政策执行与政策工具的视角出发，将政策目标定义为政策执行者为处理具体政策问题而采取的行动，所要达到的目的和效果，贯穿于政策制定、政策执行、政策评估以及政策终结整个过程，是公共政策的出发点和落脚点，是政策工具的选择、应用与创新的主要依据。根据是否作用于目标群体，政策目标可以分为直接目标和间接目标；根据政策周期的长短，政策目标可以分为长期目标和短期目标；根据目标是否可以量化，政策目标可以分为无形目标和具体指标；根据政策目标是否重叠、冲突，政策目标可以分为独立目标、共享目标和冲突目标。政策目标是复杂的，有可能同一政策中就包含以上所有目标，因此，在具体政策执行中能否厘清与确定政策目标决定了公共政策的成败。

2.1.2 政策环境

政策工具的应用离不开客观的政策环境。格斯顿指出："公共政策就是对某些事物承担的义务，为了使政策得到贯彻，适当的政府机构就必须致力于将新法律与新计划转变为实务。"[②] 可以看出，政策行为的要求来源并产生于政策环境，通过政策环境传递到公共政策系统，政策与环境之间存在着紧密的输入—输出关系。换言之，公共政策的产生与执行从某种意义上来讲就是公共政策与政策环境的互动过程，如果脱离了政策环境，孤立地看待公共政策或者政策工具就会变成"纸上谈兵"，导致政策与工具的施行缺少客观性与可行性。所以，政策环境是公共政策中的重要元素，不仅对政策的主客体，而且对政策执行与政策工具选择的深远影响都

---

① 陈振明．公共政策学：政策分析的理论、方法和技术［M］．第1版．北京：中国人民大学出版社，2004：114—115.

② 格斯顿．公共政策制定［M］．第1版．重庆：重庆出版社，2001：103—104.

是毋庸赘言的。

政策环境的概念起源于行政生态学，行政生态学将公共政策与政策环境之间的互动比作“生物与环境之间所进行的物质与能量的交换”，认为无论是生物与环境之间还是公共政策与政策环境之间所追求的都是一种动态平衡。行政生态学认为，掌握这种平衡正是探索政策环境作用的关键。所谓政策环境，就是指影响政策产生、存在和发展的一切因素的总和。[①]一般来说，政策环境包括内部环境和外部环境。内部环境是指影响公共政策形成、执行以及评价等过程的组织内部条件或背景，但是因各个组织的特点不同却不能一概而论。因此，通常所讲的政策环境只涉及外部环境。政策外部环境可分为政治、经济、社会和文化及自然环境等，政策环境因素无所不包，充满变数。

公共政策处于各种政策环境之中，并为环境所左右；反之，公共政策的施行也影响着政策环境。公共政策对环境有着明显的依存关系，它通过对来自环境的压力作出反应来制定政策，并通过政策的执行回应环境的压力，同时通过选择不同的政策工具改变着外部环境，最后达到新的平衡。[②] 同样的公共政策与政策工具应用于不同的政策环境，产生的政策效果会截然不同。所以，任何公共政策的制定与政策工具的选择都要考察具体的政策环境以及该环境所具有的特殊性。

2.1.3　政策工具

政策工具（policy tools），通常又被称为政府工具或治理工具（governing tools）。政策工具的概念随着 20 世纪 90 年代末西方新治理理论的兴起进入学术界，国内外对于政策工具概念的界定存在不同观点。

国外学者对于政策工具概念的界定主要集中于三个方面。第一，政策说，即政策工具就是公共政策。以林格林等人为代表，认为政策工具是政策活动的一种集合，它表明了一些类似的特征，关注的是对社会过程的影响和治理，一些非正式的活动也可以被看作政策工具。第二，过程说，即政策工具是实现政策目标的过程，以英格汉姆和霍莱特等人为代表。霍莱特指出，为达成政策目标，政府通常选择多种处理手法，但在具体实施过

---

① 陈振明．政策科学［M］．第 1 版．北京：人民大学出版社，1998：149—150.

② 陶学荣．公共政策学［M］．第 1 版．大连：东北财经大学出版社，2012：81—85.

程中，只有合适的手段才能确保公共政策的实现。英格汉姆把政策工具界定为探讨政策问题与政策方案之间的因果关系的过程。第三，工具说，即政策工具是实现政策目标与解决公共问题的方法或手段，以彼得斯和萨拉蒙等人为代表。彼得斯和冯尼斯潘认为，政策工具应用的焦点在于政策产出或政策效果的实现，不同的工具类型分别构造了不同的政策活动，同样也引发了问题并产生不同的效果。① 萨拉蒙倾向于具体政策工具的分析，他视政策工具为一种可辨识的手段，通过这种手段，公共组织得以解决某些公共问题。②

国内学者对政策工具概念的理解逐步深化。张成福将“政府治理工具”界定为：把政府实质性的治理目标或政策目标转化为具体的行动，以改变政策目标群体的行为，从而最终实现政策目标的手段和机制。③ 他指出了政策工具的治理性，强调工具是实现政策目标的一种机制。陈振明则更强调“工具性”，认为政策工具就是指政府实现其管理职能的手段和方式。④ 吕志奎则将政策工具归纳为政府能够用以实现特定政策目标的一系列机制、手段、方法与技术。⑤ 张璋认为，政府治理工具是政府为解决公共问题而采用的可辨别的行动机制。⑥ 综合近年来国内学者对政策工具概念的界定，可以看出国内学者对于政策工具的理解更倾向于“手段与机制”。

本书赞同国内大多数学者对政策工具的定位，认为政策工具是指应用于公共政策执行中，为了实现政策目标而采用的行为方式。不同的是，本书认为政策工具不仅仅是一系列具体或抽象的手段、方式、方案与机制的集合，还应该是适用于既定政策环境下合理的、动态的、灵活的行为方式，强调的是政策执行与政策目标之间有效互动的客观规律以及政策工具

---

① 彼得斯，冯尼斯潘．公共政策工具：对公共管理工具的评价［M］．北京：中国人民大学出版社，2007：14—15.

② SALAMON L M. The New Governance and the Tools of Public Action：an Introduction［J］. The Fordham Urban Law Journal，2001，28（05）：1611－1674.

③ 张成福．论政府治理工具及其选择［J］．公共行政，2003（01）：24—27.

④ 陈振明．政府工具导论［M］．第1版．北京：北京大学出版社，2009：12—28.

⑤ 吕志奎．公共政策工具的选择：政策执行研究的新视角［J］．太平洋学报，2006（05）：7—16.

⑥ 张璋．理性与制度：政府治理工具的选择［M］．第1版．北京：国家行政学院出版社，2006：19—20.

与公共政策之间的适配性。

（1）政策工具分类

政策工具的分类是政策工具研究中最先要讨论的问题，也是政策工具选择与应用的基础。实践中的政策工具种类繁多，无论想要针对何种政策环境背景下的政策工具进行选择与应用，都必须在了解政策工具类型与功能的基础之上。众多中西方学者都为政策工具的分类作出过贡献，分类依据的不同与政策背景的差异使不同学者对政策工具类型的划分不尽相同。最早出现的、较为权威的是科臣提出的 64 种一般化政策工具。被学者经常引用的是萨拉蒙以政府支出为标准划分的支出型工具、非支出型工具。西方政府组织的官方文件中最常见的是霍莱特的三分法——强制型工具、混合型工具、自愿型工具。中国学者陈振明提出了政策工具三分法，即市场化工具、工商管理工具、社会化手段，代表了中国学者对政策工具分类的权威性探索。学术界对于政策工具的分类一直以来并没有统一的标准，然而，无论是不同的划分依据，还是学者对政策工具性质的不同观点，为人们理解政策工具理论提供了更多视角。表 2－1 中列举了学术界常见的政策工具分类。

表 2－1　　常见的政策工具分类

代表人物		政策工具分类
国外学者	罗威、达尔、林德布洛姆	强制性工具、非强制性工具
	狄龙	管制性工具、财政激励工具、信息转移工具
	彼得斯、德伦	法律工具、经济学工具、交流工具
	罗斯威尔、泽福德	供给面政策工具、环境面政策工具、需求面政策工具
	麦克唐纳尔、艾莫尔	命令性工具、激励性工具、能力建设工具、系统变化工具
	霍莱特、拉米什	强制型工具、混合型工具、自愿型工具
	萨拉蒙	支出性工具、非支出性工具
	欧文·E. 休斯	供应、补贴、生产、管制
	乔丹、乌泽尔、济托	强制性工具、市场工具、信息装置、志愿协议
	布鲁金、坦霍伊维尔霍夫	多侧面的政策工具、激励性的政策工具、指标性的政策工具、关注个人的政策工具、沟通的政策工具
	施奈德、英格拉穆	权威、诱因、能力建设、符号、规劝

续表

代表人物		政策工具分类
国内学者	张成福	市场工具、财政性工具、管制性工具、非市场机制工具
	陈振明	市场化工具、工商管理工具、社会化手段
	陶学荣	经济性工具、行政性工具、管理性工具、政治性工具、社会性工具
	李允杰、丘昌泰	市场与经济诱因、保险计划、自我管制、征收费用与赋税、教育、信息揭露与传播媒体、定期报告服从的状况、执照核发、许可证制度、标准设定、处罚、检测、裁决

资料来源：根据已有文献整理所得。

任何一种政策工具的分类都存在局限：一方面，在实际分类过程中无法完全遵循精准的“排他性”与“穷尽性”的分类原则，这也使政策工具分类的研究一直成为学术界探讨的难题；另一方面，几乎没有任何一种政策工具只包含一种功能或特性，更多情况下很难准确定位政策工具的类型。近年来，单纯以分类为主题的政策工具研究已经越来越少，政策工具分类的研究更多服务于政策工具的选择与应用，很多学者也打破了“互斥穷尽”的分类法则，针对不同的公共政策或政策环境对实际应用中的政策工具进行类型划分，以便深入探究具体政策工具的选择与应用。

根据政策工具的性质，可以划分为抽象政策工具和具体政策工具；根据政策工具的主体功能，可以将其划分为法律制度政策工具、管理政策工具、建设政策工具、财政政策工具、市场政策工具、信息政策工具和社会政策工具；借鉴霍莱特工具三分法，根据政府干预程度从低到高，可以划分为自愿型、混合型和强制型政策工具。

本书将三种政策工具的分类方法集合起来，形成政策工具分类图谱（见图2－1）。

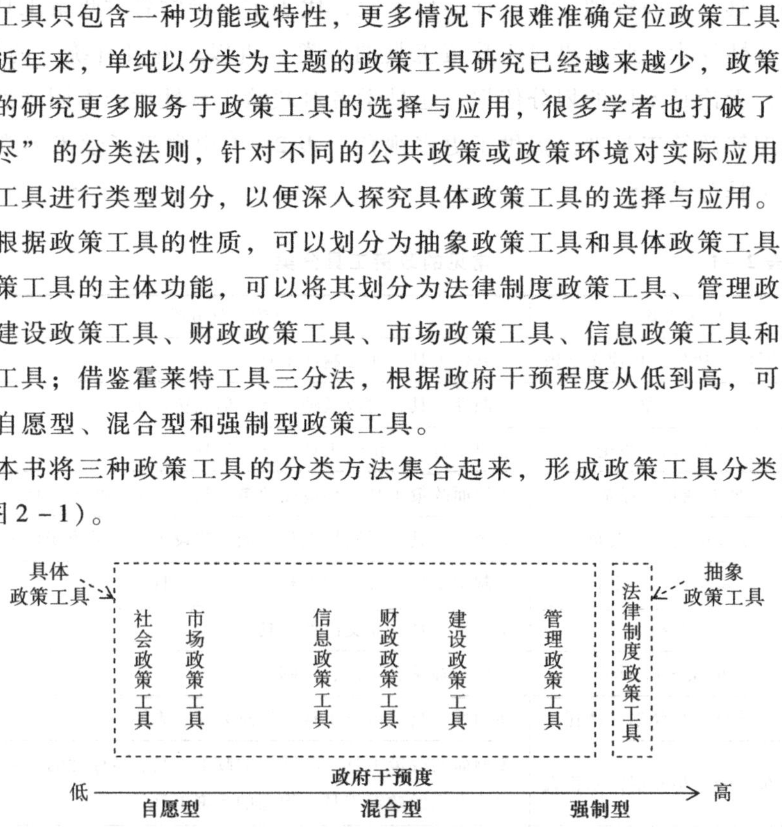

图2－1 政策工具分类图

①强制型政策工具

强制型政策工具通常由政府直接提供，并且直接作用于政策客体或目标群体，政府干预程度比较高。法律制度工具和管理工具都具有这样的特征，因此属于强制型政策工具。其中，法律制度政策工具是抽象政策工具，是一种政府所利用的抽象行为手段，代表着公共政策执行的方针与方案，不仅是政策执行的基础，而且也是其他具体政策工具（社会政策工具、信息政策工具、市场政策工具、财政政策工具、建设政策工具、管理政策工具）应用的基础。

②自愿型政策工具

自愿型政策工具的主要特征就是，不受或很少受到政府干预，期望中的任务是在自愿的基础上完成的，政府经常有意识地放置一些公共问题，因为他们相信市场、家庭及社会组织是解决问题的最佳渠道。[①] 市场工具和社会工具是主要的自愿型政策工具。

③混合型政策工具

混合型政策工具的政府干预程度适中，在运行过程中虽然会受到一定程度的政府部门的介入，但同时也会给予目标群体选择和参与的余地，介于强制型和自愿型二者之间，兼具两者的特征。财政工具通过调整公共服务与公共产品的相对价格来影响目标群体的行为与意向，是典型的混合型政策工具。信息工具与建设工具也同样属于混合型政策工具。

不得不强调，完全强制或绝对自愿的政策工具几乎不存在。政策工具本身包含了复杂的功能和属性，每种工具应用于实际情况中都会产生不同的效果，因此，无法单纯根据工具特性来判断政策工具的可行性、有效性或适用性。同时，每种政策工具都存在着局限性，绝大多数工具在一定程度上是可以被替代的。

（2）政策工具选择

在公共政策领域，工具性的研究是学术界惯用的方法，其关注的是以人或人组成的社会共同体作为主体，采用何种手段能够达成有效的集体活动，能够使社会共同体所存在的环境得以进步与改善。所以，政策工具的

① 豪莱特，拉米什．公共政策研究：政策循环与政策子系统［M］．第1版．生活·读书·新知三联书店，2006：89—121．

选择与应用是一个必须面对的问题，在现实的政策实践中，种种因素都在影响着政策工具的选择，政策工具的效用也需要在工具应用的实践中不断加以检验。政策工具的选择绝对不是一个简单的计算过程，恰当的政策工具选择不是凭空出现的，探寻影响政策工具的因素与如何选择政策工具一直是学术界研究的重点，但在学者们的讨论中并不存在唯一或统一的政策工具选择标准。

霍莱特、拉米什以国家计划能力的大小与子系统的复杂性作为基本变量设立了“政策工具选择的综合模型”。彼得斯建构了以观念（idea）、制度（institutions）、利益（interests）、个人（individuals）、国际环境（international environment）为主体因素的“5I”政策工具选择框架。中国学者张成福认为，政策工具选择需要考虑七个因素：不同工具都存在优缺点，并无绝对的优劣；公共利益是政策工具选择的基本出发点；工具选择必须基于多元理性；针对不同政策工具，选择与评估的标准应该是多元的；多元利害关系人必须纳入考虑；不同政策工具的效果取决于各种因素，并不完全取决于工具本身；当代社会公共问题的复杂性使得任何单一的政策工具都不足以完全解决某一公共问题。

政策工具的选择问题一直都是政策工具研究的重点，但是以往的研究更多地视政策工具为静态和独立的工具个体，只探讨其功能与作用，却忽略了政策工具实际上是一种动态的政策执行手段。本书认为，政策工具的选择贯穿整个政策过程，并不仅仅局限于政策执行阶段。政策问题的识别、议程设置与方案的选择乃至政策的制定与合法化过程，都牵涉对政策工具的甄别、区分、比较与讨论。同时，鉴于工具应用背景的不同，还不得不考虑到政策工具是否存在选择的余地。

（3）政策工具应用

政策目标代表着国家政府想要达到的理想状态，它必须通过政策工具的应用才能顺利实现。政策工具是政策执行的核心，没有政策工具，再优秀的政策方案也举步维艰。因此，选择合适的政策工具通常被学术界认为是政策设计的关键。然而，本书认为，即使政策工具是经过事前的缜密思考与精确设计，但是，选出正确的政策工具并不代表政策的成功，亦无法保证政策工具应用的效果。根据政策积累法则，当政策工具被证明是不太成功的，那么，修改或者替换政策工具就成为政策执行者的第一反应。必须知道，政策工具的任何改变都会导致严重的交易成本，强行改变已经固有的执行模式，打破与政策对象原有的协作默契，都可能会引发公共政策的巨大转折。所以，如何实现政策目标，确保政策制定者所选工具的可行性，很大程度上依赖于政策工具的应用。

工具主义的过分强调会限制政策工具的应用。有些学者将政策工具比喻为政策执行中必要的“锤子”“扳手”，认为政策工具是可以完全被政策执行者所掌控的技术和手段。但是，在实践中，政策执行者关于政策工具的知识是有限的，其操控政策工具的能力也会受到实际的限制，如果过分强调政策工具的功能、技术，政策执行者反倒会成为他们所使用工具的牺牲品，限制政策工具效用的发挥。政策工具的应用者与目标群体对工具的实际效用也存在着相当的影响。一项公共政策在出台过程中通常会涉及很多行政部门，不同部门之中的政策工具的应用者具有自身的价值观念和判断标准，自然对政策工具也具有自身的偏好。有的时候，政策工具是共享的。但更多的时候，政策工具是彼此冲突的。如何在不同部门之间实现一种协调，是政策工具最大化实现政策目标的关键。同时，政策工具的应用需要通过目标群体来完成，目标群体的意见、观点与态度都是推动政策工具应用的重要因素。

政策工具的应用同样不是一劳永逸的。一些政策工具在应用一段时间后，政策对象开始熟悉并找到政策工具的应对方法，工具的效用会随着时间的推移而缩小。因此，不能静止地看待政策工具的应用，必须将工具应用视为动态政策过程中的组成部分，无论是出于社会需要，还是对政策工具变革效果的考虑，政策工具是需要不断地加以调整和替代的。在实际的政策执行中，政策工具的应用应具有灵活性和广泛性，并不局限于政策方案中固有设定的工具范围。政策工具的选择和应用在政策过程中是不可分的，政策工具选择的正确与否决定着公共政策的效果，而政策工具的应用是否得当同样关乎公共政策的成败。但是，当政策工具缺乏选择的余地，或面对固有政策工具得不到合理替代的情况下，如何实现既定的政策目标，则需要政策工具应用的艺术。

（4）政策工具组合

政策工具组合是指当单一政策工具无法实现公共政策目标时，两种或多种政策工具根据政策环境以及目标群体的需求，按照一定原则组合以实现工具效用最大化的有机工具组合模块。必须强调的是，政策工具组合并不是多种类型政策工具简单地叠加，而是通过政策目标与政策工具的交叉分割来实现协调性与连贯性，其意在创建一个新的政策领域和量身定制的机构以提升公共部门之间的协调性。① 所以，政策工具组合必须结合公共政策与行政管理实践，遵循一定的组合原则，尽可能消除由于决策者偏好所导致的决策偏差，实现有机工具组合模块中一项政策工具对另外一项所产生的互动、协同与对比。

中国学者张成福指出，在中国日益变化的社会背景下，公共问题的复杂性、差异性使得任何公共政策的实现与公共问题的解决都不能仅靠单一的政策工具就可奏效，同一政策目标可以由不同类型的政策工具或者多种政策工具的组合来实现，找出蕴藏在变化之中的政策工具组合是政策工具理论的新突破。

政策工具类型及形式众多，各种不同形式的政策工具的组合在数学排列或理论上可以形成数目庞大的工具模块。所以，通常政策工具组合不存在统一及固定的工具组合模块，政策工具组合往往是针对不同公共政策与政策工具类型，遵循一定的政策工具组合原则，并且匹配具体政策环境而存在的。政策工具组合的有效性直接依赖于政策目标的实现与政策问题的解决。加之，政策工具组合原本就是“组合拳”，在效果上不能“输给”任何单一的政策工具。

2.2 城镇化相关概念

城镇一般是指“城市”和“镇或镇市”，最早出现于9000多年前，它是人类社会进步的象征和文明的标志。当人类社会生产力发展到一定阶段，各个国家都先后走上了城镇化的道路。中国的城镇化是人类历史上规

---

① JEROEN J L, CANDEL R B. Toward a Processual Understanding of Policy Integration [J]. Policy Science, 2016, 3: 1-21.

模最大的人口迁移和现代化转型过程。

(1) 城镇化

城镇化，又称城市化，中国台湾学者称之为都市化，均译于英文urbanization，即“使之变成城市的过程”。有些学者认为城市化、城镇化、都市化几种说法中，概念是存在差异的。《中华人民共和国城市规划法》中规定，城市是指国家行政建制设立的直辖市、市、镇，因此，本书认为城镇化与城市化是等同的，故全书统一使用“城镇化”。

从不同的学科角度出发，城镇化概念存在不同的界定：地理学认为，城镇化是城镇地域不断扩展和城市空间与布局的变动过程，即农村地域向城市地域转变的过程；人口学认为，城镇化是农村人口向城市人口转变的过程；人类学认为，城镇化是指农村生活方式向城市生活方式转变的过程。虽然不同的研究视角产生了城镇化内涵上的差异，但是并不相互抵触。城镇化过程本身就是一种复杂的、影响深远的社会经济变化过程，不仅包括人口的城镇化、地域的城镇化、生活方式的城镇化、职业的城镇化，而且还包括了城镇的经济、社会、技术变革在城镇等级体系中的扩散进入农村地区。所以，城镇化可以综合地表述为人类生产与生活方式由农村型向城市型转化的历史过程，主要表现为农村人口转化为城市人口以及城市不断发展完善的过程。

简而言之，城镇化是人口迁移与现代化的转型过程，即社会变化与进步的一种客观进化过程。从实质上来看，城镇化发展是社会的进化，问题在于这种社会进化同时所带来的社会失序与社会矛盾，而只有解决这些社会问题与矛盾，城镇化才得以发展。所以，本书选取中国城镇化的研究背景，就是致力于运用适配性的政策工具解决城镇化发展带来的种种社会问题。

(2) 城镇化发展模式

要充分理解城镇化的概念，必须分清不同的城镇化发展模式。中国的城镇化发展模式主要有以下三种：

第一，自然城镇化，是指普通乡村当人口增长、集聚达到一定程度时，打破了原有的乡村格局与规模，自发地转变成为中心村落，进而发展成为城镇、城市的社会变迁过程，这种城镇化模式的前提是不受政府政策引导与干涉。自然城镇化具有典型的自发性，是最为原始的城镇化形式，但完全脱离政府管制的城镇化极可能导致无序的、病态的城镇化。因此，政府运用“有形的手”干预和引导城镇化的发展方向、规模和速度，传统城镇化模式应运而生。

第二，传统城镇化，是在工业化背景下发展起来的，以土地扩张和经济发展为主要目标的城镇化模式。在过去很长的一段时间，中国走的是一条传统城镇化发展路径，学术界评价传统城镇化方式为“三高一低”，即高资源消耗、高碳排放、高污染、低效。传统城镇化过分追求城镇化增长速度、过分注重以地生财、过分激进的城镇化方式使整个社会都陷入亚健康状态，诱发了环境破坏、资源流失、交通拥堵、社会冲突、差别待遇等一系列负效应。

第三，新型城镇化，由党的十八大正式提出。经过十多年的理论研究与实践探索，学术界、政界对转变城镇化发展途径、走新型城镇化道路已经达成了共识。2014 年中国正式出台了首部城镇化规划——《国家新型城镇化规划（2014—2020 年)》。城镇化发展既有普世共性的发展规律可循，更有不同国情特色的道路抉择，党的十八大确定中国将走一条新型城镇化道路。新型城镇化道路是指利用社会主义基本经济制度的独特优势，更加充分地发挥市场配置资源的基础作用，更加有效地健全政府校正市场失灵的调控手段，扬“人口多”之长，避“资源少”之短，走经济高效、社会包容和环境可持续的城镇化道路。①

不同于传统城镇化，新型城镇化并不是单纯地将农村用地划归城市，鼓励农民工进城，单纯扩大城区范围和城市人口规模，而是将推广现代城市生活方式作为根本目的之一，将中小城镇的现代化发展纳入鼓励范围，把农村地区新型社区纳入城镇体系，鼓励有条件的地区促进农村人口集中居住，促进城乡一体化。推进新型城镇化最主要的是推进“人的城镇化”，真正消除因城乡地域、户籍等差异所造成的各种待遇差距。

(3) 中国城镇化公共政策体系

中国城镇化公共政策是由党和政府为实现城镇化发展而出台的一系列

① 国务院发展研究中心课题组．中国新型城镇化道路、模式和政策 [M]．第 1 版．北京：中国发展出版社，2014：55—63.

经过实践检验具有普遍规律性的城镇化经验与准则，是中国城镇化发展道路的行动纲领和战略方针。中国城镇化公共政策体系（见图 2－2）内容丰富，主要由农业转移人口市民化、城乡一体化、城镇化布局与城市可持续发展四个方向的公共政策组成，涉及改革开放 30 多年来住房和城乡建设部、人力资源和社会保障部、财政部、教育部、生态环境部、农业农村部等国务院以及直属部门发布的 400 多项政策法规。其中，2014 年 3 月 18 日由中共中央、国务院印发的《国家新型城镇化规划（2014—2020 年）》是目前指导中国城镇化发展的宏观性、战略性、基础性规划。

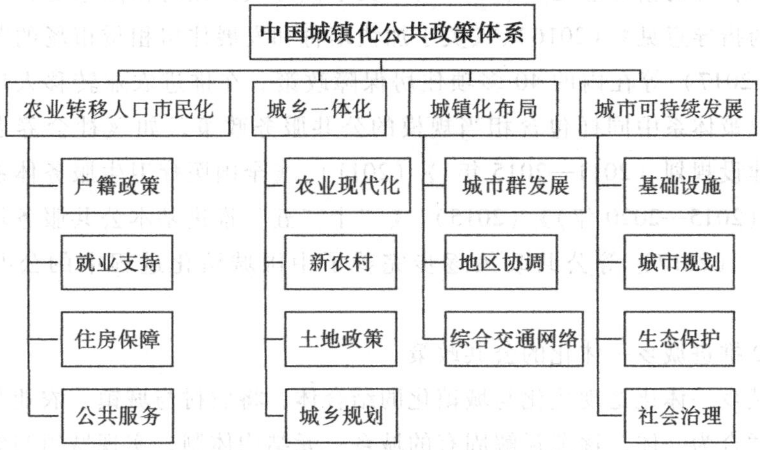

图 2－2　中国城镇化公共政策体系

①推进农业转移人口市民化的公共政策

农业转移人口市民化是农业人口转移进入城镇后，可以在职业转变的同时获得与城镇户籍居民均等一致的社会身份和权利，能够公平公正地享受城镇公共资源和社会福利，全面参与政治、经济、社会和文化活动，实现经济立足、社会接纳、身份认同和文化交融。中国所走的城镇化道路强调“人的城镇化”，因此，推进农业转移人口市民化的相关政策在中国城镇化政策体系中占据着不可动摇的重要地位。

改革开放以来，中国政府逐渐扭转了对农村人口进入城镇发展的态度。1984 年《国务院关于农民进入集镇落户问题的通知》逐渐向农民开放了城镇的大门，时至今日，《国务院关于进一步推进户籍制度改革的意见》（2014）取消了农业户口与非农业户口性质区分，建立居住证制度等一系列法律制度工具的优化为越来越多的农业转移人口提供了合法的社会身份。近些年，政府不断为农业转移人口进入城镇打造优质的就业环境，陆续出台了《国务院办公厅关于进一步做好改善农民进城就业环境工作的通知》（2004）、《国务院关于解决农民工问题的若干意见》（2006）、《国务院关于进一步做好为农民工服务工作的意见》（2014）等相关政策。2017年，又印发的《“十三五”促进就业规划》鼓励劳动者就业创业能力的全面升级，与农业现代化、工业化、信息化形成中国城镇化发展的合力。

2000年至今，国务院、住房和城乡建设部发布了包括《关于改善农民工居住条件的指导意见》（2007）、《国务院办公厅关于保障性安居工程建设和管理的指导意见》（2011）、《关于做好城镇住房保障家庭租赁补贴工作的指导意见》（2016）、《关于加快培育和发展住房租赁市场的若干意见》（2017）等在内的40多项住房保障政策。在推进农业转移人口市民化的政策体系中同样包含相当规模的公共服务政策，如《社会养老服务体系建设规划（2011—2015年）》（2011）、《全国医疗卫生服务体系规划纲要（2015—2020年）》（2015）、《“十三五”推进基本公共服务均等化规划》（2017）等公共政策逐步完善了中国城镇化进程中的公共服务体系。

②推进城乡一体化的公共政策

城乡一体化是现代化与城镇化的结合体，将农村与城镇、农业与工业逐渐糅合为一体，逐渐瓦解固有的城乡二元结构体制，实现城镇与农村的互补与平等，促进城乡经济社会协调与全面发展。中国农业现代化、新农村、土地以及城乡规划政策为城乡一体化提供了体制性保障，并且初见成效。在《农业科技发展纲要（2001—2010年）》（2001）、《全国现代农业发展规划（2011—2015年）》（2011）、《中共中央 国务院关于全面深化农村改革加快推进农业现代化若干意见有关政策措施分工的通知》（2014）等政策文件的基础上，2016年国务院颁发了《全国农业现代化规划（2016—2020年）》（2016），为部署中国第十三个五年规划提出了推动农业现代化与城乡一体化的重要方向。

从《中共中央 国务院关于推进社会主义新农村建设的若干意见》（2005）、《中共中央 国务院关于积极发展现代农业扎实推进社会主义新农村建设的若干意见》（2007），到《国务院办公厅关于改善农村人居环境的指导意见》（2014）、《关于做好农村最低生活保障制度与扶贫开发政策有效衔接的指导意见》（2016）、《关于创新农村基础设施投融资体制机制的指导意见》(2017),新农村政策体系的重点逐渐从产业转型过渡到农业人口素质与人居环境的优化和发展上,进一步加大了城乡融合的力度。城镇化的发展离不开土地政策,如何高效利用有限的土地资源需要土地政策与规划来保障。《中共中央关于推进农村改革发展若干重大问题的决定》(2008)提出新一轮农村土地流转制度,2017 年 1 月发布的《全国国土规划纲要(2016—2030 年)》进一步强调乡村土地的利用、规划与管控,要求全面推进各类低效农用地整治,调整优化农村居民点用地布局,规范开展城乡建设用地增减挂钩。

③优化城镇化布局的公共政策

"十二五"规划中提出"两横三纵"城镇化布局,即构建以陆桥通道、沿长江通道为两条横轴,以沿海、京哈京广、包昆通道为三条纵轴,以轴线上城市群和节点城市为依托、其他城镇化地区为重要组成部分,大中小城市和小城镇协调发展的"两横三纵"城镇化战略格局。"十三五"规划在"两横三纵"的城镇化布局基础上,加强中心城市的辐射带功能,提出与周边城镇高效通勤和一体发展以及都市圈的形成。同时,因地制宜发展特色鲜明、产城融合、充满魅力的小城镇以及提升边境口岸城镇功能。仅 2016 年国务院就对成渝城市群、长江三角洲城市群、哈长城市群作出发展规划的批复,东部地区优化提升,中西部地区培育发展是中国优化城镇化布局的主要政策导向。

《国家新型城镇化规划(2014—2020 年)》(2014)要求强化综合交通运输网络,将城市群之间、城市之间、城镇之间联通,推进交通一体化与各类城市协调发展。2017 年国务院印发的《"十三五"现代综合交通运输体系发展规划》进一步明确构建中国综合网络交通的目标,到 2020 年基本建成安全、便捷、高效、绿色的现代综合交通运输体系,基本实现交通运输现代化,补充与完善了中国有关城镇化布局的政策体系。

④提高城市可持续发展能力的公共政策

城市的可持续发展要求以不危害后代以及其他城市为前提,目的在于追求城市经济发展与人口、资源、环境之间的和谐发展。早在 21 世纪初中国政府就颁发了可持续发展行动纲领,但是,针对提高城市的可持续发展能力的公共政策首次出现于《全国资源型城市可持续发展规划(2013—2020 年)》,该规划强调城镇化进程中资源型城市的可持续发展的长效机制的完善与优化。《国家新型城镇化规划(2014—2020 年)》

(2014）则提出了“以综合承载能力为支撑，提升城市可持续发展水平”，其中包括就业支撑、城市空间格局、基础设施完善、城市规划、新型城市发展、社会治理等方面的政策内容。

在“十三五”规划的推动下，2016年国务院先后印发了《“十三五”生态环境保护规划的通知》《“十三五”控制温室气体排放工作方案的通知》《“十三五”节能减排综合工作方案的通知》。2016年年底的《中国落实2030年可持续发展议程创新示范区建设方案》又将中国提高城市可持续发展能力的政策推向一个新的高度，丰富了中国城镇化公共政策体系。

（4）中国城镇化发展政策目标

政策目标是一切公共政策的出发点，也是落脚点。在整个政策体系中，中国城镇化政策目标起到推动城镇化发展的动力作用，影响着政策工具的选择、应用与创新。从政策制定的角度来看，政策目标取决于政策问题，城镇化中纷繁复杂的政策问题决定了当前中国城镇化发展政策目标的多样性与层次性。第一，提高城镇化水平与质量。到2020年，常住人口城镇化率达到60%左右，户籍人口城镇化率达到45%左右，户籍人口城镇化率与常住人口城镇化率差距缩小2个百分点左右，努力解决“三个1亿人”问题。第二，改善城镇人居环境。稳步推进公共服务、社会保障、就业环境、保障性住房等相关城镇化公共产品的覆盖面，保证城镇空气质量、生态环境以及水源安全，实现城市管理人性化、智能化，打造优质的城镇人居环境。第三，优化城镇化格局。以“两横三纵”作为城镇化的主体格局，推动“东中一体”，发展中西部地区，促进集聚经济与人口能力的发展，加强中心城市的辐射作用，发展小城镇，形成城市群体系为支撑的城市规模结构。第四，完善中国城镇化体制机制。在完善中国城镇化政策体系的基础上，不断改革户籍、财政、土地、财政金融以及社会保障等制度机制，尽可能消除阻碍城镇化有序发展的体制机制障碍。

在实际的城镇化进程中，政策目标的概念边界通常是模糊的，具体政策目标也不免会出现重叠、冲突、难以量化等现象，为了更清晰地了解中国城镇化发展政策目标，为城镇化发展水平分析的研究铺垫，本书整理汇总了“十二五”规划至“十三五”规划期间本书研究所需的国家城镇化发展具体的政策指标，详见表2-2至表2-6。

表2-2　《国家新型城镇化规划（2014—2020年）》相关政策指标

<table>
<tr><th colspan="2">政策指标</th><th>2020年目标</th><th colspan="2">政策指标</th><th>2020年目标</th></tr>
<tr><td rowspan="5">城镇化水平</td><td rowspan="2">常住人口城镇化率（%）</td><td rowspan="2">≈60</td><td rowspan="5">基本公共服务</td><td>农民工随迁子女接受义务教育比例（%）</td><td>≥99</td></tr>
<tr><td>城镇失业人员、农民工、新成长劳动力免费接受基本职业技能培训覆盖率（%）</td><td>≥95</td></tr>
<tr><td rowspan="3">户籍人口城镇化率（%）</td><td rowspan="3">≈45</td><td>城镇常住人口基本养老保险覆盖率（%）</td><td>≥90</td></tr>
<tr><td>城镇常住人口基本医疗保险覆盖率（%）</td><td>98</td></tr>
<tr><td>城镇常住人口保障性住房覆盖率（%）</td><td>≥23</td></tr>
<tr><td rowspan="5">基础设施</td><td>百万以上人口城市公共交通占机动化出行比例（%）</td><td>60</td><td rowspan="5">资源环境</td><td>人均城市建设用地（平方米）</td><td>≤100</td></tr>
<tr><td>城镇公共供水普及率（%）</td><td>90</td><td>城镇可再生能源消费比重（%）</td><td>13</td></tr>
<tr><td>城市污水处理率（%）</td><td>95</td><td>城镇绿色建筑占新建建筑比重（%）</td><td>50</td></tr>
<tr><td>城市生活垃圾无害化处理率（%）</td><td>95</td><td>城市建成区绿地率（%）</td><td>38.9</td></tr>
<tr><td>城市家庭宽带接入能力（Mbps）</td><td>≥50</td><td>地级以上城市空气质量达到国家标准的比例（%）</td><td>60</td></tr>
</table>

资料来源：中共中央国务院．国家新型城镇化规划（2014—2020年）[A]．2014-3-6.

表2-3　"十三五"时期生态环境保护主要指标

指标			2020年目标	累计	属性
生态环境质量	1. 空气质量	地级及以上城市空气质量优良天数比率（%）	>80	—	约束性
		细颗粒物未达标的地级及以上城市浓度下降（%）	—	18	约束性
		地级及以上城市重度及以上污染天数比例下降（%）	—	25	预期性
	2. 水环境质量	地表水质量达到或好于Ⅲ类水体比例（%）	>70	—	约束性
		地表水质量劣Ⅴ类水体比例（%）	<5	—	约束性
		重要江河湖泊水功能区水质达标率（%）	>80		预期性
		地下水质量极差比例（%）	≈15	—	预期性
		近岸海域水质优良（一、二类）比例（%）	≈70	—	预期性
	3. 土壤环境质量	受污染耕地安全利用率（%）	≈90	—	约束性
		污染地块安全利用率（%）	90以上	—	约束性

续表

指标			2020年目标	累计	属性
生态环境质量	4. 生态状况	森林覆盖率（%）	23.04	1.38	约束性
		森林蓄积量（亿立方米）	165	14	约束性
		湿地保有量（亿亩）	≥8	—	预期性
		草原综合植被盖度（%）	56		预期性
		重点生态功能区所属县域生态环境状况指数	>60.4	—	预期性
污染物排放总量	5. 主要污染物排放总量减少（%）	化学需氧量	—	10	约束性
		氨氮	—	10	
		二氧化硫	—	15	
		氮氧化物	—	15	
	6. 区域性污染物排放总量减少（%）	重点地区重点行业挥发性有机物	—	10	预期性
		重点地区总氮	—	10	预期性
		重点地区总磷	—	10	
生态保护修复	7. 国家重点保护野生动植物保护率（%）		>95	—	预期性
	8. 全国自然岸线保有率（%）		≥35	—	预期性
	9. 新增沙化土地治理面积（万平方公里）		—	10	预期性
	10. 新增水土流失治理面积（万平方公里）		—	27	预期性

资料来源：中共中央国务院．“十三五”生态环境保护规划［A］．2016－11－24．

表2－4　“十三五”时期基本公共服务领域主要发展指标

政策指标		2020年目标	政策指标		2020年目标
基本公共教育	九年义务教育巩固率（%）	95	基本社会保险	基本养老保险保率（%）	90
	义务教育基本均衡比例（%）	95		基本医疗保险保率（%）	>95
基本劳动就业创业	城镇新增就业人数（万人）	>5000	基本社会服务	养老床位中护理型床位比例（%）	30
	农民工职业技能培训（万人次）	4000		生活不能自理特困人员集中供养率（%）	50

续表

政策指标		2020 年目标	政策指标		2020 年目标
基本医疗卫生	孕产妇死亡率（1/10 万人）	18	基本公共文化教育	公共图书馆年流通人次（亿）	8
	婴儿死亡率（‰）	7.5		文化馆年服务人次（亿）	8
	5 岁以下儿童死亡率（‰）	9.5		广播、电视人口综合覆盖率（%）	>99
基本住房保障	城镇棚户区住房改造（万套）	2000		国民综合阅读率（%）	81.6
	建档立卡贫困户、低保户、农村分散供养特困人员、贫困残疾人家庭等 4 类重点对象农村危房改造（万户）	585		经常参加体育锻炼人数（亿人）	4.35
			残疾人基本公共服务	困难残疾人生活补贴和重度残疾人护理补贴覆盖率（%）	>95
				残疾人基本康复服务覆盖率（%）	80

资料来源：中共中央国务院．“十三五”推进基本公共服务均等化规划［A］．2017－1－23.

表 2－5　“十三五”时期现代综合交通运输体系发展相关政策指标

政策指标		2020 年目标	政策指标		2020 年目标
基础设施	铁路营业里程（万公里）	15	运输服务	动车组列车承担铁路客运量比重（%）	60
	高速铁路营业里程（万公里）	3.0		民航航班正常率（%）	80
	铁路复线率（%）	60		建制村通客车率（%）	99
	铁路电气化率（%）	70		公路货运车型标准化率（%）	80
	公路通车里程（万公里）	500		集装箱铁水联运量年均增长率（%）	10
	高速公路建成里程（万公里）	15		城区常住人口 100 万人以上城市建成区公交站点 500 米覆盖率（%）	100
	内河高等级航道里程（万公里）	1.71			
	沿海港口万吨级及以上泊位数（个）	2527	智能交通	交通基本要素信息数字化率（%）	100
	民用运输机场数（个）	260		铁路客运网上售票率（%）	70
	通用机场数（个）	500		公路客车 ETC 使用率（%）	50
	建制村通硬化路率（%）	99	绿色安全	交通运输 CO_2 排放强度下降率（%）	7*
	城市轨道交通运营里程（公里）	6000		道路运输较大以上等级行车事故死亡人数下降率（%）	20*
	油气管网里程（万公里）	16.5			

注：＊指与“十二五”时期期末相比。

资料来源：中共中央国务院．“十三五”现代综合交通运输体系发展规划［A］．2017－2－3.

表 2-6 “十三五”时期国家老龄事业发展和养老体系建设主要指标 单位：%

政策指标		2020 年目标	政策指标		2020 年目标
社会保障	基本养老保险参保率	90	养老服务	政府运营的养老床位占比	不超过 50
	基本医疗保险参保率	稳定在 95 以上		护理型养老床位占比	不低于 30
健康支持	老年人健康素养	10	精神文化生活	建有老年学校的乡镇（街道）比例	50
	二级以上综合医院设老年病科比例	35 以上		经常性参与教育活动的老年人口比例	20 以上
	65 岁以上老年人健康管理率	70	社会参与	老年志愿者注册人数占老年人口比例	12
投入保障	福彩公益金用于养老服务业的比例	50 以上		城乡社区基层老年协会覆盖率	90 以上

资料来源：中共中央国务院．“十三五”国家老龄事业发展和养老体系建设规划［A］．2017-2-28.

政策目标总是围绕着“是什么”和“应该是什么”两大主题，它不仅影响着政策工具的选择，更是检验政策工具适配性的重要尺度。中国城镇化发展政策目标及具体指标的整理分析，为更加透彻地评估中国城镇化水平与适配性政策工具的选择应用提供了依据。

（5）中国城镇化发展政策环境

新型城镇化规划中提出要通过营造新的“制度环境”“政策环境”激发社会活力，推动中国城镇化的发展。政策环境与公共政策、政策工具之间存在着密不可分的关系，在政策系统的输入与输出过程中，政策环境影响整体的动态平衡。任何脱离了政策环境的公共政策都失去了存在的意义。洞悉中国城镇化发展进程中的政策环境，是研究城镇化政策工具适配性的前提和基础。

①自然地理环境

中国城镇化滞后于工业化的特殊国情使城镇化进程中地理自然环境成为影响城镇化发展的重要因素，对中国城镇化进程中的公共政策的制定与政策工具的选择起到决定性作用。空气污染、土地占用、城市垃圾、水污染、资源稀缺等都是中国城镇化进程中地理自然环境的常态。其中，以雾霾为首的空气污染最为显著与棘手。近年来，随着新型城镇化的推进，中国的自然环境已经逐渐得到改善。2016年11月24日国务院发布的《“十三五”生态环境保护规划》数据显示，2015年全国338个地级以上城市细颗粒物（PM2.5）年均浓度为50微克/立方米，城市污水处理率提高到了92%，城区生活垃圾无害化处理率达到94.1%，7.2万个村庄实施环境综合整治，1.2亿多农村人口直接受益。中国当前的自然环境仍然存在着不可持续、底子薄弱等矛盾，环境质量有待提高，绿色低碳的城镇化发展势在必行。

②政治与制度环境

政治与制度环境是公共部门在制定公共政策与选择政策工具所要参考的首要因素。党的十八大报告提出走中国特色的新型城镇化道路，继而中央经济工作会议连续两年提出走集约、智能、绿色、低碳的新型城镇化道路。党中央、国务院又于2014年批准实施《国家新型城镇化规划（2014—2020年）》。纵观党和国家历年来对推进城镇化发展的态度可以看出，中国对于城镇化发展的重视度是极高的，尤其是党的十八大以来国务院出台的有关城镇化的正式文件有100多部，涉及城镇化管理的多个领域，为中国城镇化的发展提供了较好的政治与制度环境。

③经济环境

中国的城镇化政策必然基于一定的经济条件和经济要求上产生，服务于城镇化经济，促进整体经济发展。中国城镇化政策的制定与实施离不开现有的社会生产方式和生产活动，只有政策与环境形成平衡的输入输出关系，才不会造成政策环境的失调。2015年城乡居民收入的数据表明，中国居民人均可支配收入21966元，比上年名义增长8.9%。城镇居民人均可支配收入31195元，比上年增长8.2%；农村居民人均可支配收入11422元，比上年增长8.9%。虽然整体上呈现增长的态势，但各个城市的城镇化水平与经济环境水平仍然参差不齐，跨度也较大。

④社会文化环境

人是有意识、有思想的行为个体，所以一定的意识形态必然会成为政策环境的组成元素。通常来讲，思想、观念、价值、心理、宗教、舆论等都应包括在内。随着城镇化的发展，社会文化环境也在日益变化，从农村人口盲目涌向城镇发展成农民工返乡热潮，从社会地位底层的农民工发展成劳动力市场的主要力量。无论是城市居民还是农村人口，人们对于城镇化以及城镇化所带来的种种现象都开始客观看待，在思想、价值、观念上，两者的距离逐渐拉近，但是差异性仍然以不同的方式、不同的程度存在着。

政策环境包罗万象，拥有复杂的特性，涉及多元利益的权衡，必须以综合的眼光来看待。尤其在研究政策工具与城镇化的适配过程中，政策环境是影响中国城镇化进程中政策工具适配性的重要因素。因此，本书的研究必须置身于城镇化发展进程中不同层面的政策环境中，全面评估公共政策和政策工具对城镇化发展进程中各个层面的影响，绝不能只见树木，不见森林，片面强调或单独以某一方面的政策环境作为政策工具的决策依据。

2.3 适配性相关概念

适配性是指事物之间相互适应与配合的一种关系，它不仅体现出主体之间静态的适应状态，更强调它们之间动态的配合过程。近些年来，适配性的概念逐渐被引入学术界，尤其是经济学、管理学领域，很多学者意识到“不适配”实际上是很多问题的症结所在，而“如何适配”则成为解决诸多问题的重要手段。本书将适配性放入中国城镇化进程中的政策工具研究之中，分析当前的政策工具是否适配中国的城镇化进程，探索如何通过提高中国城镇化进程中政策工具的适配性来实现城镇化发展的政策目标。

一般来说，政策工具适配性主要强调工具的合理性、可行性以及有效性，因此本书认为，判断与分析城镇化进程中政策工具的适配性应该从以下三个问题入手：

第一，政策工具是否与城镇化形成耦合？

耦合是适配性的基础。事物之间只有开始互动耦合，才可能形成适配的关系，因此城镇化的发展必然是基于城镇化与政策工具之间这种耦合关系之上的。当城镇化与政策工具之间形成一定的耦合关系，两者之间的耦合程度便成为判定与分析城镇化进程中政策工具适配性的起点，只有掌握政策工具是如何在耦合互动中推动城镇化的发展，才能够有针对性地强化政策工具的工具性，增加政策工具的灵活性，提升政策工具的适配性。

第二，政策工具是否满足中国城镇化的客观需要？

政策工具的选择通常是国家治理能力与治理形式的一种客观体现，而政府选择与应用的政策工具是否满足当前中国城镇化发展的客观需要便体现出了政策工具适配性的高低。并不是合理的政策工具就能够被政策执行者与目标群体所接受，满足中国城镇化的客观需要是城镇化政策工具选择与应用的前提，与中国客观国情不适配的政策工具不仅不会成为城镇化发展的助力，而且可能会影响政策的有效执行从而导致城镇化公共政策的终结。

第三，在城镇化进程中政策工具的应用是否产生效用？

效用是评价政策工具适配性最为直观的价值标准。当政策工具的应用一定程度上促进了政策目标的实现，那么这种政策工具一定是适配于该项公共政策的。因此，在分析与研究中国城镇化政策工具适配性的过程中，必须探究中国城镇化进程中政策工具在多大程度上、以何种方式影响着区域内与区域间城镇化发展进程。基于不同政策工具在城镇化进程中所体现出的效用特征，增加城镇化政策工具的正效用、减少负效用，是提升中国城镇化进程中政策工具适配性的关键。

2.4 理论基础

2.4.1 新治理理论

新治理理论出现于 20 世纪 90 年代末，正式将“政策工具”带入了公共管理学术界，它强调利用政策工具的广泛应用解决新世界的公共问题，以此形成新的公共管理研究范式。新治理理论建立在传统的公共治理理论之上，糅入了“工具”这项新元素，寻求以整个知识体系的更新发展服务于政策制定者、执行者以及涉及在政策问题之中的多元利益群体，提出不同于以往的新途径和新方法重塑政府治理模式。新治理理论的核心在于公共目标的实现过程中将公共行政与公共政策的重点从“分析”转移到“工具使用”的研究中，通过公共政策工具的运用与发展改变公共管理和公共问题解决的本质，通过合法化的行政手段来处理自由市场体制日益增加的缺陷。

新治理理论将政策分析从单个项目或组织转移到完成项目所要用到的工具和技术上，意味着在不考虑工具所属领域的情况下，数量众多的不同公共项目中所要使用的基本工具其实是有限的。这种工具选择及其相关问题对政策执行的后果有着直接影响，为“后政策”制定阶段提供了一个清晰的思路。

新治理理论打破了传统行政理论与私有化理论之间的矛盾。传统行政过分强调对行政组织内部结构的优化，而私有化理论尽可能地使政府管理外部化。新治理理论则提出了“网络组织”，鼓励拥有共同目标的利益群体共同进入公共问题的解决环节中。

新治理理论强调网络组织的主体可以自觉地解决公共问题，不用等着政府去行动，私人部门应该采取更加主动的姿态。将责任分散于网络组织结构中的所有成员，加强利益群体之间的合作，激发他们解决公共问题的主动性。

新治理理论将关注点从管理技术和官僚组织的控制转移到授权技术上。对公共管理人员来说，最大的挑战就是在复杂的网络组织结构中，如何通过搭配恰当的政策工具引导相互独立的个体进行合作，有效地实现共同目标。

基于新治理理论有关“工具性”的观点，本书提出中国城镇化进程中政策工具适配性研究的选题。原因在于，政策工具的广泛运用正在成为解决公共问题的一条新途径。新治理理论认识到现代公共行动的合作性，同时也明白合作中蕴藏的巨大挑战。在这个范式变迁中，不同的工具具有自身的特征，这些特征在公共项目运作中起着独特的作用。通过对网络组织中参与主体扮演角色及角色性质的确定，工具的选择运用成为“后政策”制定阶段的研究主题。政策工具的广泛运用在面对扩大选择范围和众多的潜在资源可供利用时，推动了公共问题的解决，为公共政策的执行打开了新的局面，提供了更多的手段与方法。

2.4.2　城镇化理论

本书将中国的城镇化作为政策背景，研究如何选择与利用适配性的政策工具，以便更好地实践中国城镇化政策，实现城镇化发展的政策目标。因此，研究的开展必须建立在城镇化的理论基础之上。

（1）农业发展论

农业发展论认为，城镇化的发展源于农业的发展，由于农业发展使得农作物产量增加，农产品在自给自足基础上有了剩余，减少了直接从事农业人口的数量，而从农业解放出来的这部分人则向城市转移，在城市谋求非农业生产作业和生计。亚当·斯密在《国富论》中亦强调了农业发展对城市化的推动，指出“要先增加农业产品的剩余，才谈得上城市的建设”。重农主义者 Giovanni Botero 在《城市论：论城市伟大之原因》中，对城市展开了系统分析，分析了城市存在的基础，特别分析了农业生产与城市发展的关系。农业发展是城镇化发展的原动力，而农业人口向城镇转移也是城镇化发展的必然产物，农业发展论为本书探究中国城镇化进程中的农业转移人口市民化及一般规律提供了理论基础。

（2）工业发展论

工业发展论认为，工业化是现代城市化的根本动力，工业化的快速发展必然带来城市化的加速发展。从世界范围来看，工业革命最早始于英国，为此，英国的城镇化也开始得最早，城镇化所有程度亦遥遥领先。进入 19 世纪，法、德、美、葡等国相继完成了工业革命，西方国家的城镇化进程相继展开。第二次世界大战后，工业化开始在发展中国家的城镇化中显示出强劲优势，而在发达国家的城镇化中作用强度有所减弱。尽管对于城镇化水平已经很高，且处于后工业化阶段的西方发达国家来讲，工业化与城镇化的关系逐渐趋弱。

工业化推动了工业产业的集中，并强化了城市的中心地位，使城市经济成为国民经济的主导。以大工业为基础的城市经济成为国家经济生活的主体，生产力前进的动力和中心从农村转移到城市。工业化使城市经济关系和生活方式逐渐渗透到农村，不断瓦解自给自足的自然经济与小商品经济，使其日益社会化和商品化，以适应城市和现代工业发展的要求，其结果必然使农村居民在各个方面同市场、同城市发生越来越紧密的联系，从而改变着他们的生活习惯、文化传统以及物质和文化生活。工业发展论指出了城镇化进程中产业集聚与经济发展、城镇化发展之间的相关性，为经济城镇化提供了系统的诠释，也为本书探讨如何利用适配性政策工具推动区域经济一体化，带动城乡一体化与城市群统筹发展铺垫了理论基础。

（3）空间结构理论与中心—边缘理论

保罗·克鲁格曼通过解释空间经济与国际贸易的关系，建立了空间结构模型，认为集聚导致个体城市规模扩展的原因主要有需求、外部经济和产业地方化以及专业化三个方面。需求对城市化的影响主要表现在生产者愿意将企业或生产基地设立在需求量大并且原料运输方便的地方，即聚集最容易发生的地方。外部经济主要表现在劳动力市场共享、专业化投入、服务、知识以及信息流动等都将对城市的扩张与发展产生重要影响。产业地方化以及专业化对城市化的影响在于，一旦一个地方的专业化格局出现，这种格局由于积累循环的自我实现机制而被锁定，从而使市场因为活动集聚而进一步扩大。空间结构理论提出的城镇化的空间特征，正是本书研究中国城镇化进程中政策工具的空间相关性和空间依赖性的理论基础。

为本书提供灵感与理论基础的还有弗里德曼所提出的中心—边缘理论。美国规划学家弗里德曼将一定的地域空间分为“核心区”和“边缘区”，认为经济发展是不连续的，但又是通过逐步累积的创新过程而实现的。核心区集聚或扩散资源要素、引导或支配边缘区，谋求区域经济的一体化发展，其实质就是为了最大化边际效益，对有限的资源重新进行空间配置。核心区能够对边缘区域施加影响，除了核心区的原有创新活动比较活跃而由此成为区域经济发展的源头外，还具有使边缘区服从或依附的权威或权力。边缘区不断接受核心区的创新信息，参加创新活动，自身也会生成新的核心区。弗里德曼认为，经济活动的空间组织通常具有强烈的极化效应和扩散效应，中心区和边缘区相互依存机制的形成，是通过中心区自身经济的不断强化与对边缘区的支配实现的。弗里德曼所提出的扩散理论正是本书推导政策工具在城镇化进程中传导路径与扩散机理的原理，在中心—边缘理论的观点下，本书进一步在空间视角上提出了四种城镇化进程中政策工具的扩散模式。

2.4.3 政策工具理论

政策工具理论，起源于新治理理论。政策执行的复杂性以及政策的失败导致人们对政策执行工具或手段的反思，实际的政策执行对工具方面知识需求开始增长，福利国家的失败以及政府工作的低效率，同样导致人们需要对工具途径的政治及意识形态上的支持。随着当代社会科学实践性的增强，特别是应用性社会科学领域日益介入政府的政策和管理实践，导致学者们对工具性知识产生了更多的追求。本书的研究基于“运用工具性解决政策问题”的想法，认为政策工具是公共管理实践中具有科学性、应用性的管理模式的延伸，工具性的应用或许能够成为解决公共行政效率的关键。因此，首先借鉴了政策工具四种经典的研究途径。

(1) 政策工具的研究途径

①工具主义

又被称为古典途径，认为政策工具是一种效能与可信度已经得到证明，在可预见的环境中只要使用得当可以促使失败的政策转向成功的手段。这种工具主义倾向于强调政策工具的重要性，认定绝大多数政策工具的功能是可靠的，关注工具的特质和特征，以便确定、修正和扩展一组“通用”工具，这些工具可以适用于广泛的范围，可以在不同的束缚下取得最佳的绩效。

②过程主义

认为政策工具并没有普遍的适用性，不支持任何处于某一具体背景或具体问题之外的政策工具，合适的政策工具不过是具体决策情境的一个功能，有赖于多元、以问题为导向的过程的结果。过程主义强调可重复的政策工具开发过程，而非处于孤立状态的政策工具的特征，假设任何挑选出来的政策工具都可能会受到实际运用中复杂过程的影响，并不只是概念性的工具设计。

③备用主义

将绩效与工具直接挂钩，认为政策工具的选择应该根据它们的绩效特征在多大程度上满足解决某一具体问题的要求，一旦政策目标明确，直接在相关政策工具中找到最为匹配的政策工具。该学派认为政策工具的研究包括两个方面：一方面是构建实际政策问题所在的政策环境；另一方面是针对政策问题、政策环境选择合适政策工具的方法。所以，政策工具绩效的高低直接与政策工具和政策环境的匹配度相挂钩。

④构造主义

认为工具代表了一种社会形成的实践形式，其意义和合法性是在时间过程中构造与再构造出来的。在构造主义者看来，对于政策工具与政策问题的理解是一个主观的过程，不仅受到决策者专业背景的影响，而且受到社会环境的限制。也就是说，政策工具的意义必定是被建立起来的，有的时候则是协商的结果，这种协商是任何政策工具与政策问题相互匹配的前提条件。具体的工具在政策执行中并不起决定性作用，而政策环境、系统、网络、过程等会影响、打破政策工具的选择与运行情况。随之，政策工具的“工具性”逐渐消失。

政策工具理论是本书开展城镇化政策工具研究以及设计技术路线的基础，而政策工具的设计能否适配中国城镇化进程也是本书研究工作的重中之重。当一些被采用的政策工具贴上了无效的标签，人们自然合乎逻辑地转向其他政策工具。如何选择政策工具、运用政策工具、评估政策工具都不是独立的问题，人们应通过对所需效果和环境的仔细考察，在政策工具箱中作出理性的决策。

（2）政策工具的选择模型

为了深入地研究政策工具的适配性，为中国城镇化选择更加合理、可行的政策工具，本书还参考了政策工具的经典选择模式。胡德认为，不管是自上而下的政策设计，还是从传统的自下而上的公共行政的视角看待政策执行过程，当具体形式或内容需要被赋予政府决策时，都不可避免地涉及从政策工具箱里挑选出几种可用的工具。[①] 因此，如何选择适配性的政策工具，西方学者提出三种经典的政策工具选择模型。

①经济学模型

新古典主义经济学家只赞成将政策工具运用在纯公共产品的提供上，认为其他可能性下政策工具的使用都会扭曲市场，并导致次优的结果。新古典主义主要依靠公共选择理论来解释政策工具的选择，他们认为在一个

① LINDER S H, PETERS B G. The Logic of Public Design: Linking Policy Actors and Plausible Instruments [J]. Knowledge in Society, 1991, 4: 125 -151.

民主政体中，选民、政治家和官僚的自利行为会越来越倾向于私人活动的管制和国有化，所以要把不同类型的政策工具与成本和收益的分布模式匹配起来是相当困难的，必须区分政府是愿意举债还是要避免因此而受到的指责。大多数工具都可以用于这两种目的，但选择哪一个目的取决于非常特殊的因素，并且受当时环境因素的影响也很大。福利经济学家对国家干预的更大程度的认同使其对政策工具的选择有了更为系统的分析，倾向于把工具选择当成一种严格的技术上的操作，评估各种工具的特征，与不同类型的市场失灵匹配，估计政策工具的相对成本，选择能够最有效地克服所面对的市场失灵的工具。

②政治学模型

布鲁斯·多尔恩所假定的政策工具选择理论是基于所有政策工具与技术都是可以替代的基础之上的，他认为在一个自由的民主社会，政府倾向于使用最没有强制性的工具，但为了克服社会对于有效管制的抵触，在必要的时候可能会将强制性“升级”。林德和彼得斯列举了五个在政策工具选择中的决定性因素：政策工具的特征是政策工具选择的关键，包括资源密集度、目标、政治风险、对国家行为的约束；国家的政策风格和政治文化以及社会分裂的程度对政策工具的选择有决定性的影响；工具的选择受限于所关心的机构的组织文化及其与客户和其他机构的联系；政策问题所处的环境、时间以及行动主体的范围也会影响政策工具的选择；政策工具的选择在一定程度上仍然是决策者的主观选择，这种选择基于他们的专业背景、制度关系以及认知因素。

③综合模型

迈克尔·豪利特与拉米什提出的政策工具选择综合模型（见图 2 - 3）将经济学家和政治学家对政策工具选择的原理与见解融为一体，将政策工具的类型缩减到四种：市场工具；家庭、社区；管制工具、公共企业、直接规定；混合工具。政策工具选择的综合模型将两个相互联系的总体变量引入了政策工具选择原理：一是国家计划能力的大小，或者说国家可以影响社会行为主体的组织能力的大小；二是政策子系统的复杂性，特别是政府在执行其计划和政策时，所面对的行动主体的数量和类别。

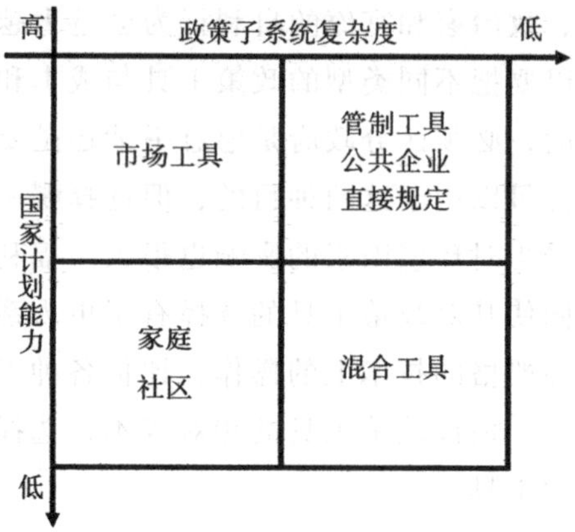

图 2-3 政策工具选择综合模型

政策工具选择综合模型认为，国家计划能力与政策子系统复杂程度的高低客观影响着政策工具的选择。如果想要使用基于市场的工具以及管制的或直接规定的政策工具，则需要有高水平的国家计划能力，因为市场是一个受到高度争议的政策工具，它受到那些可能在市场运作中失败出局的人的反对。当国家缺乏政策能力时，它倾向于使用激励工具或宣传工具，或者依靠现有的自调节工具、基于社群的工具或基于家庭的工具。然而，在这些种类中，对一个特定工具的选择最终不仅取决于国家计划能力，而且还取决于子系统的复杂程度。因此，在实现一个复杂子系统的过程中，涉及为数众多、相互矛盾的群体时，实行市场工具或者自调节工具的政策比较有利，这种政策可以很好地处理多方行动主体和多方利益的关系。而在行动主体数量较少而且子系统不那么复杂的情况下，政府就可以选择直接工具或混合工具。

本书所提出的城镇化政策工具的分类是基于豪利特的政策工具选择综合模型中的观点，将工具属性与特征融入政策工具的分类中，将政策工具适配性的探讨拓展到“单纯将政策目标与方法的匹配”之外，认为行之有效的政策工具不仅可以促进政策目标的实现，而且可以循序渐进地改变政策环境，适配性并不是政策工具选择的唯一标准，却是推动政策工具研究的核心问题。

2.4.4 耦合理论

耦合（coupling）来源于物理学，描述的是物质之间的一种状态，如互相咬合的齿轮或彼此影响的磁场。“耦合”通常被定义为“两个或两个以上的系统或两种运动方式之间通过各种相互作用而彼此影响以致联合起来的现象，是在各子系统间的良性互动下，相互依赖、相互协调、相互促进的动态关联关系”。以物理学现象为例，放大器级与级之间信号的逐级放大量是通过阻容耦合或变压器耦合实现的，通过磁场的耦合可以使两个线圈之间产生互感。耦合一般分为多场耦合、能量耦合、数据耦合、标记耦合、控制耦合、外部耦合、公共耦合、内容耦合、非直接耦合等多种类型，以系统论、控制论、耗散结构理论、协同学、系统动力学等系统科学理论作为基础，主要研究耦合系统关系的协调、反馈和发展的机理和机制。

换言之，耦合就是互动，非常适合用来描述两种或多种事物之间的动态关系，不仅仅局限于物理学，也常被应用于其他学科的研究领域。生态学中最早提出耦合概念的是学者任继周，他在 1994 年探讨荒漠—绿洲草地农业系统时指出，“两个或两个以上性质相近似的生态系统具有相互契合的趋势。当条件成熟时，它们可以结合为一个新的、高一级的结构功能体，即系统耦合。系统耦合的一般意义在于它能够使得系统内部的催化潜势、位差潜势、多稳定潜势及管理潜势得以充分发挥，可以使得耦合系统所包含的各组分之间的功能相互补充，而今显著提高系统的生产力水平”。如今经济学中大量地应用了耦合理论，研究成果主要集中于生态—经济系统的耦合、科技—经济系统的耦合、环境—经济系统的耦合、虚拟经济—实体经济的耦合以及产业集群—区域经济系统的耦合。经济学中耦合关系与耦合机理的研究通过不断探索系统之间与系统内部各模块之间的关系，为其他学科的相关耦合性问题提供了理论和方法指导。

耦合理论是中国城镇化进程中政策工具适配性研究的起点，也是终点。“耦合”的概念将系统内部的联系、矛盾、协调与整体体现得淋漓尽致，不仅反映出系统中不同要素之间相互互动、协调的过程，也反映出其间互相约束、耦合的过程，通过分析要素间耦合程度的高低总结系统具体运作的模式与一般规律。城镇化理论与政策工具理论为中国城镇化进程中政策工具适配性的研究提供的是理论上的观点，而耦合理论提供的是研究城镇化与政策工具之间耦合性、适配性的方法，打破传统的思维定式，用一种非线性、非均衡和非确定的耦合方式运用于研究中，揭示城镇化发展过程中蕴含的矛盾以及解决之道，为城镇化问题解决方式提供新的逻辑角度，也是为深入探讨中国城镇化进程中政策工具的适配性研究提供分析基础。

2.5 小结

在开展中国城镇化进程中政策工具适配性研究之前，本书首先对政策工具与城镇化等相关概念进行了界定。政策工具是政策执行中为实现政策目标而采用的行为方式，但不仅仅是一系列具体或抽象的手段、方式、方案与机制的集合，也是适用于既定政策环境下动态而灵活的行为方式，强调的是政策执行与政策目标之间有效互动的客观规律。

本书结合三种政策工具分类方法构建了政策工具分类图谱：首先，根据政策工具的性质，将政策工具划分为抽象政策工具和具体政策工具；其次，根据政府的干预程度，划分为自愿型、混合型和强制型政策工具；最后，根据政策工具的主体功能，将其划分为法律制度工具、管理工具、建设工具、财政工具、市场工具、信息工具和社会工具。

政策工具的选择贯穿于整个政策过程，政策问题的识别、议程设置与方案的选择，乃至政策的制定与合法化过程，都牵涉到对政策工具的甄别、区分、比较与讨论。同时，政策工具的选择和应用在政策过程中是不可分的，政策工具选择的正确与否决定着公共政策的效果，而政策工具的应用是否得当同样关乎公共政策的成败。政策工具的组合则必须结合公共政策与行政管理实践，遵循一定的组合原则，尽可能消除由于决策者偏好所导致的决策偏差，实现政策工具组合中一项政策工具对另外一项所产生的互动、协同与对比，其组合效果不能低于任何单一的政策工具。

本书阐述了用于支撑中国城镇化进程中政策工具适配性研究的基本理论：农业发展论、工业发展论、中心—边缘理论、空间结构理论等城镇化理论，将政策工具引入公共管理范畴的新治理理念、政策工具研究途径及选择模型、耦合理论等，为中国城镇化进程中政策工具适配性研究夯实了理论基础。

第3章

城镇化与政策工具的耦合关系

在政策执行过程中，政策本身与政策工具、政策环境并不是相对独立的，当一个变量发生变化时，其他变量都会随之改变，变量之间有规律的相互关系就是耦合关系。本书认为，城镇化的发展是基于城镇化与政策工具之间这种耦合关系之上的，直接影响着中国城镇化进程中政策工具适配性的高低。要深入探究中国城镇化进程中的政策工具适配性，必须首先厘清城镇化与政策工具之间的耦合关系、耦合阶段以及耦合机制，掌握政策工具如何在耦合互动中推动城镇化发展。

3.1 公共政策、政策环境与政策工具的相关性

公共政策、政策环境与政策工具不可分割，为了政策目的的实现相互作用、相互影响（见图3-1）。公共政策与政策环境存在着输入—输出的关系，相辅相成，缺一不可；政策工具伴随着公共政策与政策环境而产生，又独立于政策系统，不仅用于实现政策目标，而且回应与改造政策环

境；公共政策与政策环境则是孕育政策工具的温床，是政策工具产生、选择、应用、优化以及创新的基本前提。公共政策、政策环境与政策工具之间没有任何一者是可以独立存在的，对三者相关性的研究是城镇化与政策工具耦合关系研究的起点。

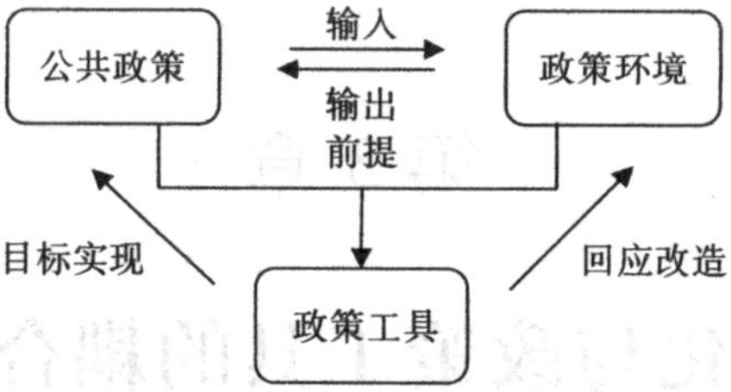

图3-1 公共政策、政策环境与政策工具的相关性

3.1.1 公共政策与政策环境之间存在输入—输出的关系

公共政策与政策环境密不可分，相互影响，辩证统一。公共政策从产生到执行再到终结无法离开政策环境。政策与环境的互动形成了一种输入与输出的关系，两者相辅相成，缺一不可。公共政策与政策环境之间的互动模式如同生物的新陈代谢，公共政策向政策环境“输入”能量、信息、资源等，对政策环境产生压力，迫使政策环境发生变化；反之，政策环境对公共政策“输出”反馈，公共政策通过回应环境与创新优化，使两者之间重新达到一种平衡状态。

政策环境是公共政策赖以存在的前提和基础。公共政策存在的意义在于有效地解决社会问题与维护社会秩序，而这些问题都是伴随着人类社会环境而产生的。所以，公共政策是在一定的政策环境下产生，并且存在于特定的政策环境之中，脱离了政策环境的前提，公共政策就失去了存在的价值。

公共政策必须适应政策环境。公共政策不仅不能脱离政策环境，而且不能超越政策环境，否则理论与实践就会脱节，政府管理亦会陷入瘫痪。检验一项公共政策的正确性和持续性，主要取决于这项政策适应和满足政策环境实际需求的能力。

政策环境推动公共政策变革。当政策环境发生重大变化，而公共政策保持不变时，政策便会成为阻碍社会良性运作的消极因素，政策环境会对公共政策形成强大的压力，迫使公共政策作出调整以适应新的政策环境，推动公共政策不断演进。

公共政策对于政策环境具有能动的反作用。公共政策在其执行过程当中必然对政策环境产生影响，从而能动地改变政策环境，对政策环境具有反作用。公共政策如果能够适应环境变化，并且能够推动环境优化，就可以改善政策环境并推动社会发展。反之，则会导致政策环境不断恶化，并造成严重的后果。

3.1.2　公共政策和政策环境是政策工具选择与应用的前提

公共政策产生于政策环境，作为用来实现政策目标的政策工具与政策环境之间同样存在紧密的联系，公共政策和政策环境是政策工具选择与应用的前提，政策工具不能脱离这两者独立存在。

政策工具是公共政策与政策环境形成输入—输出关系的连接体。正如前文所述，公共政策与政策环境之间追求的是一种平衡状态，要与日益变化的政策环境达成平衡就需要公共政策向政策环境不断地进行能量与资源的输入输出，政策工具则是能量资源的“搬运工”。政策工具是公共政策与政策环境形成输入—输出关系的连接体，只有选择正确的政策工具并行之有效地应用于公共政策与政策环境中，才能将平衡状态带入良性循环，反之亦然。所以，政策工具的选择与应用必须以公共政策与政策环境为前提。

公共政策的意愿是政策工具选择的方向。政策工具选择与应用的目的在于实现公共政策的目标，一旦脱离了具体的公共政策便失去了存在的意义。对公共政策的依赖性决定了政策工具的选择必须以公共政策的意愿为基础，政策工具的指向必须与公共政策相一致，才能保证政策工具的效用性。

政策工具应用成功与否取决于与政策环境的匹配度。政策工具的应用是为了解决特定的公共政策问题，所以，政策问题的建构影响着政策工具应用的成功与否，而一切公共政策问题的发现和界定都来自，并且必然来自政策环境。从一定意义上说，政策工具应用成功与否取决于与政策环境的匹配度。有句话说得好：“世界上唯一不变的就是变化”。政策环境包罗万象，变幻莫测，经济、社会、政治、文明都在不断地发展中，不以人的意志为转移，应用人为的政策工具去匹配客观变化的政策环境，是将公共政策推向成功的关键。

3.1.3 政策工具是实现公共政策的手段

政策工具被定义为：应用于公共政策执行中，为了实现政策目标而采用的机动行为方式。换句话说，政策工具就是实现公共政策的手段。为了达成政策目标，政府通常会根据具体环境与公共政策选择多种解决途径，但在具体实施过程中，只有适配的手段才能确保公共政策的实现。

政策工具在实现政策目标的同时不断完善政策目标。通常来说，政策目标的实现就意味着公共政策的实现，政策工具是保证政策目标实现的所有手段的集合。政策执行中政策目标往往是先于政策工具出现，在政策工具应用中引导着公共政策的方向。但是，政策目标并不是既定的，目标同样服务于公共政策，当目标与目标群体利益发生矛盾或偏差时，政策工具能动地调整政策目标，使其不断完善，以实现公共政策。

政策工具是运行与控制政策过程的主要工具。政策工具应用于公共政策执行中，控制着政策过程的节奏与步伐，有些学者甚至将政策工具等同于政策过程。政府选择不同的政策工具或政策工具组合会使政策过程呈现出不同的状态，政策执行过程的不同阶段也可能用到不同的或多种政策工具，政策工具与政策过程两者之间是相互包容、相互协调的关系。正确的政策工具与合理的政策过程是实现公共政策的关键。

政策工具对政策效果再回应。公共政策的实现程度通过政策效果反映出来，作为实现公共政策的手段，政策工具不仅需要最大限度优化政策效果，而且要对政策效果再回应。这是公共政策不断实现与优化的过程，而这一过程主要依赖于政策工具的选择与利用，有效的政策工具可以使“政策效果再回应”形成良性的循环，成为实现公共政策目标的“利刃”。

3.1.4 政策工具回应并改造政策环境

公共政策系统是一个不可分割的有机整体，实质上是一个“适应环境、利用环境、改造环境”的全过程，受到政策环境制约的同时反作用于政策环境，而政策工具就是使公共政策不断调整实现与政策环境匹配的耦合性工具，通过回应并改造政策环境使环境质量与易匹配度得到优化与提升。

政策工具回应政策环境。公共政策在其执行过程中受到政策环境的影响，从而能动地反作用于政策环境，而政策工具就是公共政策用于反作用环境的工具。政策工具不仅要适应政策环境，而且要根据政策环境的变化动态地回应政策环境，当出现新的公共问题时及时调整或组合政策工具，以保证公共政策与政策环境之间的平衡。

政策工具改造政策环境。政策工具是公共政策与政策环境之间资源、能量、信息等的搬运工，也是两者平衡状态的调节器。环境不仅存在着自然的变化，同样也接受人为的改造。政策工具在实现政策目标的同时客观地改善和改造着政策环境，当改造后的政策环境与公共政策可以相互适应时，就意味着政策工具的效用与政策目标得以实现。

政策工具营造政策氛围，提升公共政策与政策环境的耦合度。政策工具在回应与改造政策环境的同时，可以营造一种适合公共政策执行的政策氛围，当系统内输入—输出关系产生正效用的时候，公共政策与政策环境的耦合度会提高。良好的政策氛围和政策环境更利于政策工具的应用与回应，公共政策耦合政策环境，随政策环境的优化更好地实现政策目标。

3.2 城镇化与政策工具的耦合关系

恩格斯说过：“世界不是既成事物的集合体，而是过程的集合体。”耦合理论则将这样的“集合体”称为“耦合系统”，置于耦合系统中的子系统之间会相互影响、相互作用以及相互协调，并随着时间的推移形成一种非线性的耦合关系，影响着集合体的整体发展与变化。城镇化与政策工具正是这样的耦合子系统，两者遵循一定的耦合规律相互影响、相互作用，当达到一定的耦合程度，必然会形成合力，推动农业转移人口市民化与城乡一体化，实现城镇化发展的政策目标。城镇化与政策工具之间的耦合关系是复杂多变的，本书借鉴物理学中的耦合度模型对两者关系进行定位，在“公共政策—政策环境—政策工具”相关性分析的基础上，进一步解析城镇化与政策工具之间的耦合关系。

3.2.1 城镇化与政策工具耦合的概念模型

根据耦合系统理论，设定城镇化与政策工具为耦合系统中一种半自律、半封闭的子系统，它们自身具备独立的功能、独立的作用形式，按照一定的耦合规律与其他子系统形成耦合关系。子系统内部通常都包含了多种要素，其中，协同要素是使两者之间不断产生作用与耦合的关键，耦合度则是测量协同要素所产生的耦合作用的度量。城镇化与政策工具耦合度的高低直接影响城镇化进程中政策工具适配性的高低，更是影响城镇化发展水平的关键。

(1) 功效函数

将城镇化—政策工具耦合系统中的系统序参量设为变量 $U_i(i = 1,2,\cdots,m)$ ，$0 \leqslant U_i \leqslant 1$ ，当目标最满意时，取 $U_i = 1$ ，当目标最不满意时，取 $U_i = 0$ 。u_{ij} 为城镇化—政策工具耦合系统中第 i 个序参量的第 j 个指标，取值 $M_{ij}(i = 1,2,\cdots,n)$ ，α_{ij} 和 β_{ij} 分别为系统稳定临界点上的序参量的上、下限值。那么功效函数 $U(u_{ij})$ 可以表示为如下。

对于正功效函数，指标值越大，对系统的正贡献越大。

$$\begin{cases} 1, & M_{ij} \geqslant \alpha_{ij} \\ U(u_{ij}) = \dfrac{M_{ij} - \beta_{ij}}{\alpha_{ij} - \beta_{ij}}, & \beta_{ij} < M_{ij} < \alpha_{ij} \\ 0, & M_{ij} \leqslant \beta_{ij} \end{cases} \tag{3-1}$$

对于负功效函数，指标值越大，对系统的负贡献越大。

$$\begin{cases} 1, & M_{ij} \leqslant \beta_{ij} \\ U(u_{ij}) = \dfrac{\alpha_{ij} - M_{ij}}{\alpha_{ij} - \beta_{ij}}, & \beta_{ij} < M_{ij} < \alpha_{ij} \\ 0, & M_{ij} \geqslant \alpha_{ij} \end{cases} \tag{3-2}$$

公式（3-1）和公式（3-2）中，u_{ij} 为变量 M_{ij} 对系统的功效贡献；$U(u_{ij})$ 反映各指标达到目标的满意程度，$0 \ll u_{ij} \ll 1$ ，u_{ij} 越小，满意度越低。

将城镇化—政策工具耦合系统内部各个序参量的有序程度的“总贡献”设为 Z，城镇化子系统与政策工具子系统的总贡献分别为 X 和 Y，通过加权算术平均法进行计算。

$$X = \sum_{j=1}^{n} \gamma_{1j} u_{1j} \tag{3-3}$$

$$Y = \sum_{j=1}^{n} \gamma_{2j} u_{2j} \tag{3-4}$$

$$Z = \alpha X + \beta Y \tag{3-5}$$

公式（3－3）和公式（3－4）中，γ_{1j} 与 γ_{2j} 分别为城镇化子系统与政策工具子系统中各序参量的权重；α、β 为子系统变动对城镇化—政策工具耦合系统发展影响的权重，$\sum \gamma_{1j} = 1$，$\sum \gamma_{2j} = 1$，$\alpha + \beta = 1$。

（2）耦合度模型

耦合度是指某一时期不同区域或某一区域不同时段内，各子系统内部要素间相互配合以及两系统间正向相互作用耦合程度的定量描述。①

根据物理学中容量耦合的概念及系数模型推导出耦合系统中多模块相互作用的度量模型

$$C_n = \{(u_1, u_2, \cdots, u_n)/[\prod (u_i + u_j)]\}^{1/n} \tag{3-6}$$

所以，城镇化—政策工具系统的耦合度模型表示为

$$C_z = \{(X \cdot Y)/[(X + Y)(X + Y)]\}^{1/2} \tag{3-7}$$

C_z 反映的是城镇化与政策工具两者之间的耦合度值。C_z 在0和1之间变化，耦合度值越高代表耦合性越好，相反，耦合度值越低则代表耦合性越差，在实际情况中 C_z 是永远达不到数值1的，完全耦合是不存在的，故，$C_z \in [0,1)$。从城镇化与政策工具的耦合关系来看，当 C_z 极低时，城镇化与政策工具应该处于无关的状态，或者两者存在极少的互动，表现为政策工具无法满足城镇化发展的需求，城镇化道路对政策工具的选择、应用、优化以及创新缺少推动力。当 C_z 极高时，表明城镇化与政策工具实现了高效的互动与耦合，表现为城镇化进程中政策体系完备、政策执行力高、政策环境优质以及城镇化发展质量的提高。

3.2.2　城镇化与政策工具的耦合阶段

类似于人的生命周期，耦合系统也存在阶段性。城镇化发展进程复杂

① 王博. 基于耦合模型的我国区域经济与生态环境协调发展动态研究［D］. 长沙：湖南大学，2014.

且多变，城镇化—政策工具的耦合关系自然会受到系统内部或外部等多种因素的影响呈现出不同的耦合阶段，并且在不同耦合阶段之间交替、循环、往复。

本书利用城镇化—政策工具系统的耦合度模型（3－7）与耦合阶段划分（见表3－1），将城镇化—政策工具的耦合阶段设定为初始阶段、适应阶段、协调阶段、完善阶段、优化阶段与理想阶段，并对每个阶段城镇化与政策工具的协调耦合状态进行具体阐述。其中，完善阶段、优化阶段要求耦合度至少达到高度协调，是所有耦合系统试图达到的阶段，而理想阶段仅存在于理论中，实践中无法实现。城镇化与政策工具耦合阶段（见图3－2）展示了城镇化与政策工具耦合系统从低级到高级的演化过程，不仅反映了两者耦合程度的阶段性变化，而且诠释了城镇化和政策工具分别作为独立耦合子系统发展与升级的过程。

表3－1　耦合阶段表

耦合阶段	耦合度	耦合状态
无耦合阶段	$C_z = 0$	系统之间或系统内部要素之间处于无关与无序的状态
低水平耦合阶段	$C_z \in (0, 0.3]$	低度协调
颉颃阶段	$C_z \in (0.3, 0.5]$	中度协调
磨合阶段	$C_z \in (0.5, 0.8]$	高度协调
高水平耦合阶段	$C_z \in (0.8, 1.0)$	极度协调
共振耦合阶段	$C_z = 1$	系统形成新的有序结构

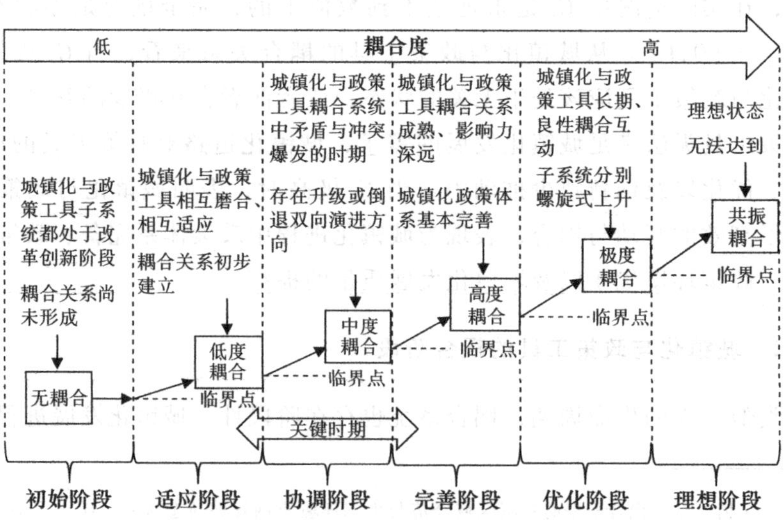

图3－2　城镇化与政策工具耦合阶段图

（1）初始阶段

初始阶段是耦合系统的形成阶段，此时城镇化子系统与政策工具子系统分别处于独立、无关、无序的状态，两者之间缺少交互作用，不存在耦合功能发挥的客观条件。一般表现形式包括：第一，生态环境不断恶化、资源耗竭以及传统城镇化引发的种种社会矛盾促使政府转变城镇化发展模式，新型城镇化道路被提出，经过改革与创新的"城镇化子系统"无法与传统城镇化模式下的"政策工具子系统"适应、协调，呈现无耦合状态；第二，在城镇化发展进程中，传统工具失灵导致政策工具的变化与调和，处于政策工具子系统的变化阶段，与变革后的城镇化子系统尚未形成耦合关系；第三，城镇化与政策工具分别处于独立改革状态，两者缺少耦合。

（2）适应阶段

随着新型城镇化理念的深入与政府的大力推进，城镇化的公共政策体系不断完善，政策工具经过新型城镇化的实践不断调整与优化，城镇化子系统与政策工具子系统进入适应阶段，两者在滞后的城镇化制度与规划中不断相互磨合、相互适应，形成低度耦合。在适应阶段期间，城镇化与政策工具耦合体系刚刚建立，变动与改革的幅度仍然较大，政策工具的失灵、与新型城镇化理念的冲突以及与城镇化制度的不适配都将成为影响两者耦合协调的限制因素。

（3）协调阶段

随着中国城镇化政策体系的建立以及成功的政策工具应用于实践，城镇化—政策工具耦合系统进入协调阶段，城镇化的发展进入攻坚期，实践过程中不断面临着传统城镇化的"旧习"与"陈旧观念"的种种阻力，对城镇化进程中政策工具的功能、应用与创新提出更高的要求。协调阶段是适应阶段的延伸，是城镇化—政策工具耦合系统演进的关键阶段。一般来说，协调阶段的演进有两个方向：一种可能性是突破传统城镇化的限制，不断优化城镇化的政策工具，合理应对城镇化与政策工具耦合过程中的冲突与矛盾，最终实现两者的耦合协调，将耦合度提升一个层次，进入耦合关系的下一阶段；另一种可能性则是经过长时间的改革与实践，城镇化与政策工具的耦合程度依旧没有提升，反而随着改革的步伐两者间的矛盾与冲突不断，使城镇化—政策工具耦合系统陷入停滞的状态，甚至倒退至适应阶段，将极大地影响城镇化的发展进程。

（4）完善阶段

如果城镇化与政策工具的耦合关系可以冲破改革的阻力，克服两者之间的不匹配，相互适应和相互协调，当城镇化与政策工具耦合程度达到高度耦合，便进入了完善阶段。这一阶段的城镇化与政策工具耦合系统可以不断提升了城镇化发展质量，实现城镇化的可持续发展，城镇化政策体系基本完善。耦合关系的演进一般遵循从无序到有序，由排斥到耦合的轨迹，但是耦合关系演进中常会出现停滞和倒退等现象。因此，一般的耦合系统很难达到完善阶段。

（5）优化阶段

在优化阶段，城镇化与政策工具之间长期以良性协调耦合的方式互动，实现极度耦合，并且城镇化子系统与政策工具子系统能够实现螺旋式上升，在更高层次实现城镇化的可持续发展。

（6）理想阶段

共振耦合是两个因子振动频率相同并由同一系统相连时相互作用而产生共振，是耦合理论中所指的理想阶段，一般的城镇化与政策工具耦合系统难以达到。

3.2.3 中国城镇化与政策工具耦合的演进轨迹

中国的城镇化历程漫长且艰辛，“冒进式”的土地城镇化极大地加速了中国的城镇化发展进程，但是，这种只有数量没有质量的城镇化最终成为温室效应、土地失控、人口暴增、水土资源日渐短缺等问题的源头。随着新型城镇化理念的提出，中国开始了传统城镇化向新型城镇化发展模式的过渡，在这一过程中政府职能、政策环境以及政策目标都发生了不同程度的改革与创新，调整中的政策工具与城镇化不断耦合互动，逐渐形成了一定的耦合关系（见图3－3）。党的十八所提出的新型城镇化道路打开了城镇化与政策工具耦合关系的新局面，故以党的十八大作为重要的分界线，将中国的城镇化与政策工具耦合阶段划分为两个时期，即 1949—2011 年的初始阶段和 2012 年至今的适应阶段。根据目前我国城镇化的发展以及城镇化政策工具箱的情况，本书认为目前中国城镇化与政策工具的耦合关系属于适应阶段，并且处于从适应阶段向协调阶段发展的过渡时期。

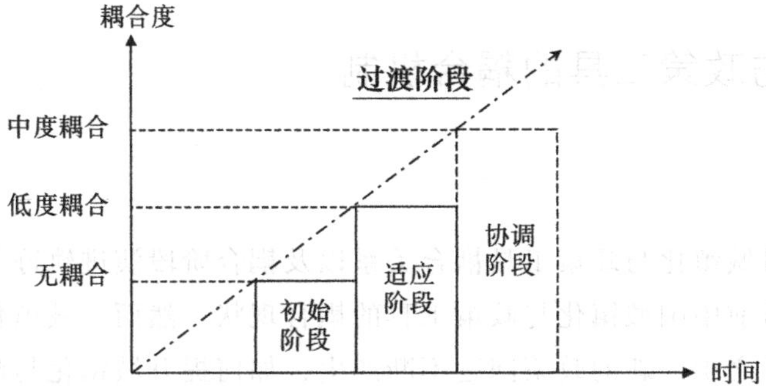

图 3－3　中国城镇化与政策工具耦合阶段的演进轨迹

（1）初始阶段（1949—2011 年）

在计划经济时期，中国工业化和城镇化遭受了一定的挫折，城镇化建设在经济和政治环境不稳定的状态下，与政府采用的强制型政策工具很难实现互动耦合，政策工具与城镇化之间几乎不存在耦合关系。21 世纪初，传统城镇化模式下的环境污染、资源浪费、盲目城建以及频频产生冲突的农民工问题同样揭示出传统城镇化政策工具的失灵以及与城镇化的低耦合度。因此，将这一阶段的城镇化与政策工具的耦合视为初始阶段。

（2）适应阶段/适应阶段向协调阶段发展的过渡时期（2012 年至今）

2012 年李克强在中央经济工作会议上提出："要摆脱传统城镇化的老路，走新型城镇化的道路"。党的十八大正式确立了要走一条"中国特色新型工业化、信息化、城镇化、农业现代化的道路"，新型城镇化正式应用于公共政策之中，政策环境开始逐渐转变，政策工具与城镇化之间不断耦合与排斥，进入低水平耦合的适应阶段。虽然中国新型城镇化起步较晚，但是厚积薄发。长期以来的传统城镇化发展经验与新型城镇化探索实践为适应阶段积聚了充分的改革条件，中国城镇化政策体系与政策工具的不断更新，使城镇化与政策工具的耦合程度有了质的飞跃，逐渐从适应阶段向协调阶段过渡。

3.3 城镇化与政策工具的耦合机制

通过对城镇化与政策工具耦合关系以及耦合阶段演进轨迹的剖析，初步掌握了目前中国城镇化与政策工具的耦合现状。然而，城镇化的发展处在不断变革之中，新的政策问题不断产生，如何提升城镇化与政策工具的耦合程度，需要从系统的角度来解析城镇化与政策工具的耦合机制，探索耦合机制下两者如何相互影响和相互作用，这是提升中国城镇化进程中政策工具适配性的关键。耦合机制揭示系统的协调性、关联性和整体性，不仅反映系统内各要素之间的相互协调，还反映彼此间的耦合、调控、约束甚至限制等关联性。① 城镇化与政策工具的耦合看似只是两个子系统的耦合，但实质上却是构成这两个系统的功能、结构、规划等多要素的耦合，每一耦合的发生都会使整体耦合机制产生变化。

本书认为，城镇化与政策工具系统包含内外两层耦合机制（见图3－4）：内层耦合机制是指城镇化影响政策工具，政策工具回应城镇化，两者相互作用、相互影响，在耦合协调关系的基础上形成的耦合机制是城镇化与政策工具耦合系统的内核；外层耦合机制是指内层耦合对城镇化政策环境的作用机制，是耦合系统的外在表现形式。城镇化与政策工具的内层耦合机制与外层耦合机制相互同步，且每一层耦合都具有自身的功能与特点，其发展变化与整体的耦合机制紧密相连。

---

① 刘佳丽．自然垄断行业政府监管机制、体制、制度功能耦合研究［D］．长春：吉林大学，2013.

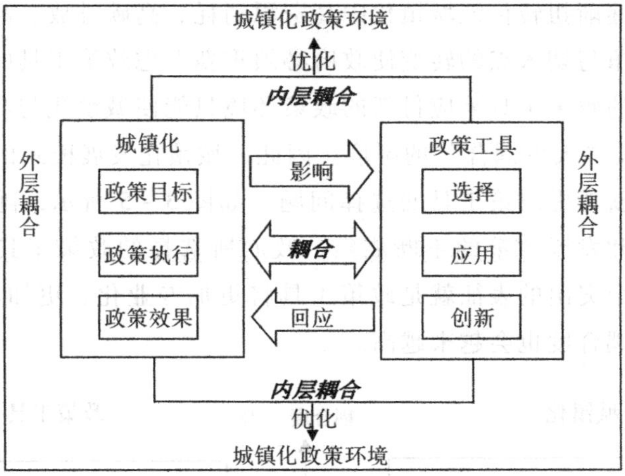

图3-4　城镇化与政策工具的耦合机制

3.3.1　内层耦合机制

作为城镇化与政策工具耦合机制的内核，城镇化与政策工具之间“影响—回应”的相互作用机制是推动耦合机制整体发展的根本动力。从城镇化战略的提出到政策工具的更新，再到两者之间的耦合，在内层耦合链条中存在许多变动因素与细致的耦合环节。

(1) 城镇化对政策工具的影响机制

中国城镇化的规模决定了城镇化任务的艰巨性，传统城镇化模式向新型城镇化模式的过渡带来了公共政策和政策环境的巨大变化，不仅需要公民不断适应新型的城镇化发展模式，而且对于政府一贯的治理理念与行政方式也产生了巨大的冲击。政府已采用并已固定化的政策工具受到新型城镇化政策与政策环境的考验与质疑，城镇化对政策工具的影响机制表现在不断推动政策工具的更新优化以回应、再耦合城镇化政策，尤其在工具的选择、应用与创新中，任何因素都可能引起内层耦合机制的发展变化。

①城镇化对政策工具选择的影响

城镇化发展模式的转变促使政策工具选择的专业化。城镇化在发展中伴随许多社会问题的产生，农业转移人口、农业现代化、城乡一体化、资源与环境的可持续发展、城市治理与规划等方面都存在不同类型的社会问题。新型城镇化道路赋予这些问题新的内涵，为政府看待与解决问题提供新的视角，逐渐扭转传统城镇化中高资源消耗、高碳排放、高污染、低效的局面。视角与切入点的转变使政府必须重新考虑政策工具的选择，利用传统城镇化的政策工具来应付新的政策环境只能使城镇化与政策工具陷入“无耦合”或“极少耦合”的困境。因此，城镇化发展模式的转变迫使政府不得不重新考虑政策工具的选择问题。如图 3－5 所示，随着新型城镇化发展理念和发展政策的不断成熟，政府所选择的政策工具也会不断变化，其中一个突出的表征就是政策工具将更加专业化、更加具有针对性，与城镇化的耦合度也会越来越高。

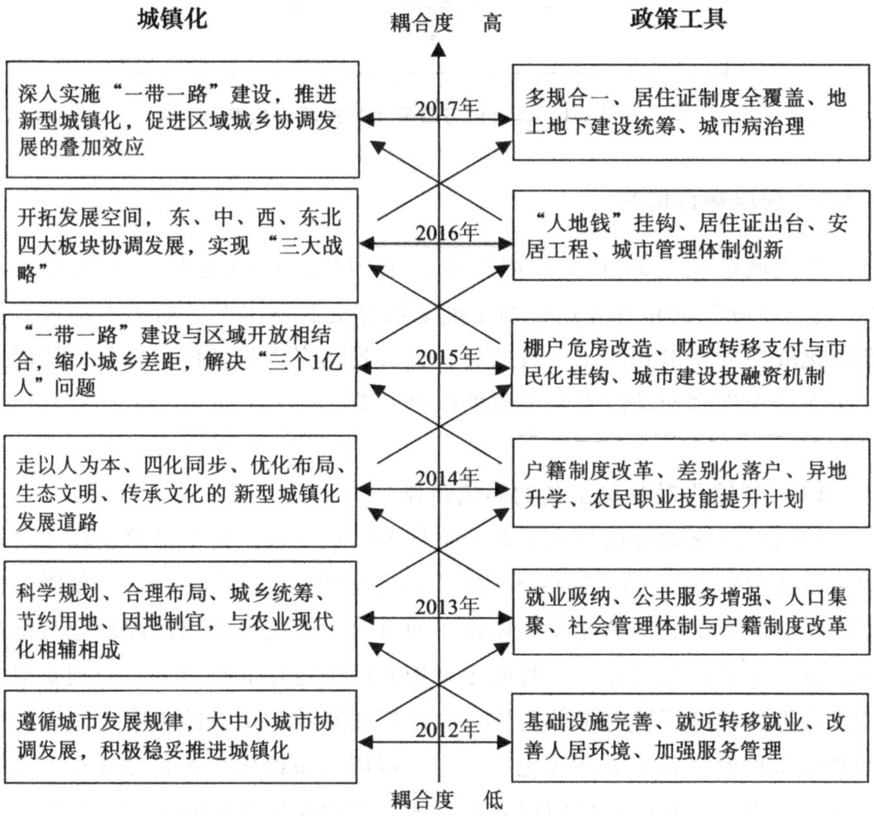

图 3－5　2012—2017 年中国城镇化与政策工具耦合对比图

“以人为本”的新理念转变了城镇化进程中利益群体的角色，政策工具选择的标准更加人性化。城镇化是人的城镇化，自然是由众多的人类活动组合起来的，冲突与危机的激化是无法避免的。新型城镇化模式提出“以人为本”，改变了传统城镇化模式对“人”的忽略，转变传统观念对城镇化进程中主要利益群体的观念，用新的态度对待农业人口与农业转移人口，在城镇化进程中政府应选择人性化的政策工具，以协调不同群体间的关系。同时，摒弃传统城镇化中单纯扩大城区范围、城市人口规模、追求经济发展的政策工具，更多选择提供教育、培训、创业资本、创业机会等开放性的政策工具。

政策工具的重心随着城镇化水平指标的转变而转移。20 世纪 90 年代，中国的城镇化水平主要通过非农业人口在区域或全国范围的比重来反映。2005 年，中国城镇化发展评价指标已经拓展为经济发展质量、生活质量、社会发展质量、基础设施质量、生态环境质量、统筹城乡和地区协调发展质量六个方面；近几年，学术界更多以经济、社会、资源与环境、公共服务与居民生活及城乡统筹与城乡一体化健康发展作为城镇化质量评价指标。① 城镇化质量评价指标的转变可以看出中国城镇化发展模式的转变，凸显出政府对生态环境与资源的可持续性要求。因此，城镇化政策工具选择的重心也应该随着城镇化水平指标的转变而转变，提高灵活性、协调性、稳定性等政策工具在中国城镇化进程中的使用频率。

②城镇化对政策工具应用的影响

中国城镇化政策体系为政策工具的应用提供了合法性与权威性。党的十八大将新型城镇化作为一个全新的中国式命题提出之后，“十二五”规划中提出“两横三纵”城镇化战略格局，《国家新型城镇化规划（2014—2020 年）》《全国农业现代化规划（2016—2020 年）》等文件相继出台，为中国城镇化进程中的政策工具提供了法律与制度依据，渲染了有利于城镇化政策工具应用的政策环境与政策氛围，快速提升了城镇化与政策工具的耦合程度，将城镇化政策执行推向新的高度，推动了中国城镇化的发展进程。

城镇化发展的区域性差异要求城镇化政策工具有的放矢。以中国城镇化的平均水平为基准，东中西部地区在城镇化发展速度上存在明显的区域性差异。东部呈现超速的发展态势，而中西部相对滞后。从特大城市群的角度来看，长江三角洲、珠江三角洲城市群的城镇化速度比京津冀与长江

---

① 高顺成. 城镇化质量评价指标体系分析［J］. 地域研究与开发，2016（06）：23—28.

中游城市群更快，而成渝城市群的城镇化水平最低。[①] 城镇化发展的区域性差异不仅体现在城镇化发展速度上，更表现在经济发展水平、社会发展程度、生态与生活环境质量、城乡融合度、居民幸福感等多方面，不同区域城镇化与政策工具耦合机制的发展境况不同，针对具体区域及具体的政策环境有的放矢，以协调区域间关系，缩小城镇化发展的区域性差异为耦合机制的目的。

在中国城镇化发展进程中，有关户籍制度的政策工具是必不可少的。2013年提出要进行户籍制度改革，2014年提出了差别化落户政策，2016年出台了实施居住证的政策，2017年居住证制度全覆盖。变革中的城镇化不断对政策工具提出新的要求，只有不断优化、不断适配才能将工具效用从政策工具转移到现实的城镇化发展中。但是，新旧政策工具的更迭是否符合公共政策的需要，是否适应中国城镇化政策环境，政策工具与城镇化之间是正向还是反向互动仍然有待考察，只有进一步加强政策工具的稳定性和适配性才能够减少耦合机制中反向互动所带来的影响。

③城镇化对政策工具创新的影响

城镇化的不断发展为政策工具提供新鲜的“血液”，传统城镇化政策工具在与新型城镇化耦合的过程中逐渐产生矛盾与排斥，新视角引发新问题，新问题需要新工具，城镇化政策工具的创新势在必行。

新型城镇化理念转变政府的政策执行方式，鼓励城镇化政策工具创新。新型城镇化中的“新”原本就是对“惯性思维”的政府行政管理方式的改革，突破了传统城镇化发展模式下政策工具固有模式的束缚，重新认识新型城镇化背景下的城乡需求与群体矛盾，城镇化发展的政策工具应当“推陈出新”。在中国“一带一路”建设与发展战略的引领下，多规合一、财政转移支付与市民化挂钩、居住证制度等相继出台，在推动中国城镇化发展的同时逐步走出了政策工具创新的困境。

耦合机制不仅需要政策工具的创新，相适配的政策工具评估手段与标准不断面临挑战。随着政策环境的变化与政策工具的创新，创新型政策工具是否适应变化中的政策环境？是否能够实现城镇化的政策目标？是否能够解决中国城镇化进程中的社会问题与矛盾？是否具有适配性？依靠传统

---

① 王新越，秦素贞，吴宁宁．新型城镇化的内涵、测度及其区域差异研究［J］．地域研究与开发，2014（08）：56—63.

的政府绩效评估很难准确掌握创新型政策工具的实际效用。

政策工具的创新也会受到传统城镇化“创新惰性”的牵制。一般情况下，这种“创新惰性”表现为行政组织以长期累积的有关城镇化发展的经验与认知来选择和应用政策工具，缺乏对新型城镇化政策环境变化的敏感性，导致政策工具创新迟钝、乏力，甚至出现抑制政策工具创新的情况。长期积累的政策执行经验虽然保证了政府行政的稳定性，但是会拖慢政策工具创新与城镇化—政策工具耦合机制的脚步。

（2）政策工具对城镇化的回应

政策工具对城镇化的回应主要表现在政策目标的修正、政策执行效率的提高以及政策效果的反馈上，与城镇化对政策工具的影响机制形成相辅相成、相互作用的内层耦合机制。

①政策工具对城镇化政策目标的回应

政策工具促进城镇化政策目标的实现。随着政策执行科学化与专业化的发展，政策工具可以帮助政策执行者更准确地定位与分析城镇化进程中的社会问题，更加科学化地解决问题，促进政策目标的实现，在政策目标实现的过程中形成城镇化与政策工具的耦合。政策工具是实现公共政策的重要手段，为了城镇化目标的实现进行不断调整与更新，在政策工具与城镇化的耦合机制中扮演积极回应的角色。

政策工具可以对城镇化政策目标进行修正。从图 3－5 中可以看出，城镇化与政策工具之间的影响与回应是相互的，而且从时间序列的角度来看，“旧”的政策工具对城镇化的回应会促使“新”的城镇化政策产生，反之亦然。所以，政策工具对城镇化的回应主要表现在对政策目标的修正。在城镇化与政策工具的耦合系统中，耦合不止发生一次，任何子系统的变动与发展都会引起系统的自发耦合，在“耦合—再耦合”的循环中推动耦合机制的发展。

政策目标作为城镇化子系统的关键要素，在与政策工具耦合的过程中会产生不利于系统耦合的变化，修正这些变化正是政策工具对城镇化的回应。在耦合机制的作用下，政策工具在修正城镇化政策目标的过程中不断与城镇化互动，当形成正向互动时，耦合机制将进入良性循环，城镇化发展水平不断提高；反之，反向互动导致恶性循环，影响城镇化与政策工具的耦合关系。

②政策工具对城镇化政策执行的回应

政策执行将城镇化与政策工具捆绑起来，政策执行能力的高低与政策工具效用直接挂钩。行之有效的政策工具可以直接提升政府的政策执行能力。从政策效果来看，农业转移人口市民化的成本分担机制就是一种成功的政策工具。重庆试点区域的数据显示，2016 年农业转移人口落户 436.6 万人，其中农民工及其家属 360 万人（占 82.7%），不仅促进了当地的区域结构和城乡结构的优化，而且大大地提升了城镇化政策执行能力。

政策工具对城镇化政策执行过程具有反控制力。政策工具对城镇化的反控制是政策工具回应机制中最具灵活性与动态化的模块，也是推动耦合机制运转的关键。政策工具贯穿于政策执行的始终，掌握政策执行过程的节奏和步伐，以实现城镇化政策目的为基准，对影响政策执行的因素进行控制和调整，完善政策环节，降低政策失败的可能性。由图 3－5 可见，自 2012 年起中国城镇化发展政策的针对性越来越强，着眼点也从局部治理逐步向区域协调发展过渡，这是政策工具对城镇化目标修订以及政策执行反控制的产物。

政策工具可以最大限度地去除不利于耦合的因素，增强政策执行的稳定性。实际的城镇化进程会影响到不同的利益群体，如农业人口、城市居民、农业转移人口、政府、公共组织等，每个利益群体都具有自身的历史背景与利益诉求。在城乡一体化进程中，因综合素质、教育背景、社会地位以及宗教信仰等诸多方面的差异使不同利益群体在相互融合的过程中产生矛盾与问题。政策工具可以识别不利于城镇化与政策工具耦合的因素，在政策执行过程中去除耦合的不利因素，提高政策执行的稳定性。中国城镇化进程中政策执行的稳定性是维持城镇化发展与社会秩序的关键，其中，正确而有效的政策工具可以为其提供准确的反馈回应，最大限度地减少非耦合因素对城镇化与政策工具耦合机制的影响。

③政策工具对城镇化政策效果的回应

政策工具反映城镇化政策执行效果，推动城镇化水平评价体系的建构与完善。城镇化目标不可能通过政策或发展自发地实现，而是通过政策执行过程以及种种政策工具的运用来达成政策效果。政策效果反映了城镇化的发展水平，进而影响城镇化中的公共政策是持续、终结还是再调整，是城镇化与政策工具耦合机制的产物。当政策效果反作用于耦合机制时，自发推动了城镇化水平评价体系的建构与完善，评价体系的完善有利于城镇化进程中政策工具对政策效果的反馈与回应，有利于城镇化与政策工具的互动、协调与耦合。

政策工具对城镇化政策效果的回应会逐渐递减。一般来说任何具体的治理体制或具体的政策工具的生命周期都是有限的。[①] 城镇化进程中，政策工具所反映的政策效果有些可以预见，有些则具有不可预见性。经过多次循环互动，政策工具一般出现两种情况：一种是政策工具逐渐成熟，与城镇化形成习惯性耦合，政策效果稳定，政策工具对政策效果的回应逐渐递减；另一种则是政策工具逐渐失灵，失去与城镇化的耦合，对政策效果的回应逐渐递减。目前，中国城镇化与政策工具的耦合发展已经进入低度耦合向高度耦合的过渡时期，部分政策工具所产生的政策效果较为稳定，回应表现出逐渐减弱的现象，同时伴有部分政策工具失灵的情况。因此，更新与优化政策工具，对存在偏差的城镇化—政策工具耦合机制进行调整，是保持中国城镇化发展活力的重要手段。

3.3.2　外层耦合机制

外层耦合机制作为外在表现形式，体现了城镇化与政策工具内层耦合对城镇化政策环境的客观作用。城镇化政策环境孕育了城镇化发展政策与政策工具，两者的耦合机制又反作用于城镇化政策环境。作为耦合机制的外部表现形式，政策环境优化与否是验证城镇化与政策工具内层耦合度高低的关键。当城镇化与政策工具有效地形成耦合时，城镇化政策环境会得以改善与优化；反之，城镇化与政策工具的耦合度降低时，城镇化政策环境也会受到影响。

城镇化与政策工具的内层耦合与外层耦合是同步的，并且呈现出正相关性，深层次地影响着中国城镇化的发展走向。政策工具通过与城镇化的不断磨合与适配，在顺应城镇化发展规律的基础上，同时提升“质”与“量”。当城镇化与政策工具耦合规律逐渐被掌握，整体耦合机制成熟并达到协调阶段时，中国的城镇化将进一步发展，城镇化政策环境将进一步优化。

---

① 彼得斯，冯尼斯潘．公共政策工具：对公共管理工具的评价［M］．第 1 版．北京：中国人民大学出版社，2007：153—157.

3.4 小结

耦合理论指出，耦合是两个或两个以上的系统或两种运动方式之间通过各种相互作用而彼此影响以致联合起来的现象。通过掌握事物之间的耦合，可以揭示出公共问题中蕴含的矛盾以及解决之道，为传统的问题解决方式提供新的逻辑角度，也为问题的深入研究提供分析基础。本章基于耦合理论，探索了城镇化与政策工具的耦合关系，认为理解两者的耦合关系、了解耦合现状与掌握耦合规律，能够更好地厘清政策工具在城镇化发展过程中的运行机理，以及耦合机制下城镇化与政策工具如何相互影响、相互作用，为更好地分析政策工具的选择、应用、传导及扩散打下基础。

本章对公共政策、政策环境、政策工具的相关性进行了分析。公共政策与政策环境存在着输入—输出的关系，相辅相成，缺一不可；政策工具伴随公共政策与政策环境而产生，又独立于政策系统，不仅用于实现政策目标，而且回应与改造政策环境；公共政策与政策环境则是政策工具产生、选择、应用、优化以及创新的基本前提。公共政策、政策环境与政策工具之间没有任何一个是可以独立存在的，对三者相关性的研究是城镇化与政策工具耦合关系研究的起点。

本章基于“公共政策—政策环境—政策工具”的分析，通过建立耦合度模型揭示城镇化与政策工具之间的耦合关系。因为耦合度的高低是决定城镇化发展质量的关键，通过剖析两者的耦合关系以及耦合阶段的演进轨迹，进一步掌握中国城镇化与政策工具的耦合现状。本章以党的十八大作为重要的分界线，将中国城镇化与政策工具耦合阶段划分为初始阶段和适应阶段两个时期。虽然中国仍处于适应阶段，但向协调阶段过渡的迹象已经非常明显。中国的城镇化起步较晚，但是厚积薄发。长期的城镇化发展与探索的经验为适应阶段积聚了充分的变革条件，加之城镇化政策体系与政策工具的不断更新，使城镇化与政策工具的耦合程度有了质的飞跃，逐渐从适应阶段向协调阶段过渡。

本章在掌握了中国城镇化与政策工具耦合关系现状的基础上，系统地分析城镇化与政策工具的耦合机制，探索两者的耦合机理，通过掌握耦合规律探索如何提升城镇化与政策工具的耦合程度，是更好地选择与应用适配性城镇化政策工具的关键。本章将城镇化与政策工具的耦合机制划分为两个层面：第一，内层耦合机制，主要指城镇化与政策工具之间的“影响—回应”相互作用机制，城镇化影响政策工具，政策工具回应城镇化，两者相互作用、相互影响，是城镇化与政策工具耦合机制的核心；第二，外层耦合机制，是指耦合系统的外在表现形式，体现了城镇化与政策工具内层耦合对城镇化政策环境的优化。城镇化与政策工具的内层耦合与外层耦合是同步的，深层次地影响着中国城镇化的发展走向，当城镇化与政策工具耦合规律逐渐被掌握，整体耦合机制成熟并达到协调阶段时，中国的城镇化将进一步发展，城镇化政策环境将进一步优化。

第4章

中国城镇化进程中政策工具的选择与应用

城镇化与政策工具的相互耦合推动国家治理与城镇化发展的紧密结合，使政策工具理论从“软知识”向“硬科学”飞跃。本章将进一步对中国城镇化的主要政策工具进行整理和解析，挖掘每种政策工具的“工具性”，观察中国城镇化历史进程中公共政策的走向与政策工具的演进，在揭示中国城镇化政策工具发展与更替脉络的基础上，构建中国城镇化进程中政策工具的量化分析框架，剖析现阶段城镇化进程中政策工具的选择与应用情况。

4.1 中国城镇化进程中的政策工具箱

中国城镇化政策工具箱是为了实现城镇化公共政策的目标而存在，其实质是帮助政策执行者实现城镇化发展政策目标的手段与方法的集合。在中国城镇化进程中，针对具体的城镇化问题，如果政府可以在政策工具箱中选取适配性高的政策工具并加以有效应用，则有助于加倍发挥中国城镇化发展的政策效果，最大化政策产出，推动经济高效、社会包容和环境可持续发展政策目标的实现。但是，政策工具的选择与应用必须在具体的政策环境中，贯穿于政策执行的始终，并随着公共政策以及政策环境的变化进行调整。

中国城镇化政策工具箱包含不同形式的政策工具，只要是适合于实现城镇化发展政策目标的政策工具、创新型政策工具、政策工具组合都可以纳入城镇化政策工具箱。中国城镇化进程中的政策工具形式各异，尤其涉及具体政策背景下的政策工具形式更为丰富，除了公共部门所应用的正式工具之外，非正式工具也是实现城镇化发展的重要手段，如谈判、动员、拉拢等都可以影响到城镇化政策目标的实现。但是，非正式工具、创新型政策工具以及政策工具组合存在一定程度的不易统计与不确定性，故在本书前期开展的研究中主要以中国城镇化进程中单一的正式政策工具作为研究对象。

依据本书对政策工具的分类方法，对中国城镇化政策工具箱中的主要政策工具进行整理和解析，通过分析每种政策工具的特征、属性、功能以及适用情况，为进一步观察中国城镇化政策的历史走向与政策工具的演进以及分析中国现阶段城镇化进程中政策工具的选择与应用现状奠定基础。

4.1.1　城镇化进程中的强制型政策工具

强制型政策工具具有较高的权威性和强制性，是公共政策执行的基础，贯穿于中国城镇化发展的始终，是必不可少的政策工具类型。现阶段，在中国城镇化进程中常用的强制型政策工具主要有法律制度工具和管理工具。

（1）法律制度工具

法律制度工具保证了公共政策执行的合法性，中国城镇化进程中任何行政行为都受到法律制度工具的指导与限制。法律制度工具是以法律和政策规范城镇化过程的抽象工具，其目的在于保证中国城镇化发展的方向与政府推进中国城镇化行为的权威性，其作用形式主要体现在两个方面：一是以国家法律、政策文件、政府规划为主，适用于一般的政策环境，为中国城镇化的发展提供战略性的指导意见与发展方向；二是强制手段，以行政命令、行政处罚、行政责任为主，通常在其他政策工具失灵时强制使用。法律制度工具遵循城镇化发展的一般规律，构建推进中国城镇化发展的行政流程与政策方案，为普遍性问题的解决提供保障。一般来说，法律制度工具的作用形式表现为国家和地方人民政府的规划与行政制度，是一种系统性较强的工具，对政策执行的主客体、政策执行过程、具体政策工具的应用等多方面进行规范。

除了具有较高的强制性，法律制度政策工具也是唯一的抽象政策工具，是政策过程中必不可少的政策工具。具体政策工具的应用都必须以抽象政策工具作为依托，无法脱离抽象政策工具而单独使用（见图 4－1）。尤其是面对中国城镇化进程中所出现的利益冲突、矛盾激化以及复杂多变的政策环境，法律制度政策工具更显得格外重要。

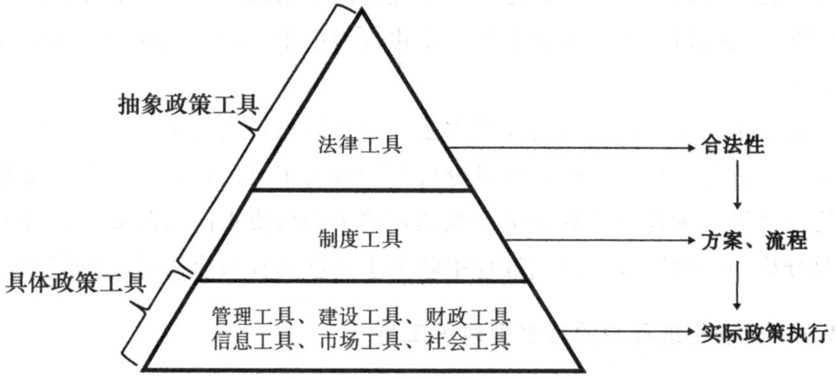

图 4－1 法律制度政策工具（抽象政策工具）与具体政策工具的关系

（2）管理工具

管理工具通过先进的管理方法与技术改革传统的政府管理模式、转变政府职能、创新政策执行技术，目的在于提高政府的行政能力与效率，从而实现中国城镇化的政策目标。一般来说，管理工具包括内部工具与外部工具。内部工具的应用主要针对政府机构与部门内部，通过规范职责、协调监督、绩效管理等方式提升公共行政的执行力，推动中国城镇化发展；外部工具主要应用于实际的政策执行过程中，跨区域的协调发展机制、现代文化市场体系、市政公用设施网络体系等都属于外部管理工具。管理工具的应用使政府重新审视中国城镇化的发展过程，从工具途径寻找突破口，利用科学的管理与决策技术整体把握政策环境和政策方向，通过升华管理工具，强化中国城镇化进程中政府行政管理工作的针对性与专业性。

4.1.2　城镇化进程中的自愿型政策工具

自愿型政策工具让目标群体在自愿的情况下决定是否接受公共政策，尽可能减少政府对政策执行过程的干预。随着政治、经济、社会的迅速发展以及市民社会的成熟，自愿型政策工具在解决公共问题中的作用不断增强。自愿型政策工具成本低，与个人自由主义的社会文化相适应，更多情况下社会更愿意接受这样的工具。[①]

（1）市场工具

市场工具利用市场机制调整与控制中国城镇化的节奏，将一些强制型政策工具不能解决的问题交给市场来处理，为城镇化发展提供人力、物力资源，保证资源的有效配置。市场工具一般表现为市场运作、社会资本引入、公私合营等形式，适用于中国城镇化的方方面面。市场工具的主体功能就是资源的优化配置，如果将中国城镇化进程中的多元利益主体视为理性的经济人，那么城镇化的资源分享与竞争则是势在必行。而市场工具的作用在于最大限度地保证了不同主体之间利益的平衡与社会福利价值的最大化，让中国城镇化进程中的生产者与消费者能在自愿的条件下获取合理的资源与利益。除了自愿性，市场工具同时凸显了其自身特有的公平性与竞争性。因此，市场工具是推动中国城镇化发展的重要的自愿型政策工具。

（2）社会工具

社会工具是一种通过市民社会、第三部门以及志愿者等社会团体或个人介入中国城镇化过程，进而打破政府垄断资源与服务的政策工具。主要表现为社会力量引入、志愿者服务、社区服务、参政议政、居民自治等形式。社会工具是一种补充性、自愿性的政策工具，通常是依据传统与道德感的强化产生作用，存在着不稳定因素。当被政府作为一种政策工具时，

---

① HOWLETT M. What is a Policy Instrument? Policy Tools, Policy Mixes, and Policy - implementation Styles. In: ELIADIS P, HILL M M, HOWLETT M. Designing Government: from Instruments to Governance [M]. Montreal: McGill - Queen's University Press, 2005: 36 - 45.

稳定性得到增强，影响力增大。随着市民社会与非营利组织的发展日益成熟，社会工具逐渐发展成公共部门治理的重要工具，并且在中国城镇化进程中的应用越来越广泛。在中国的现实社会中，城镇化引发的社会问题隐藏于社会的许多方面，需要整个社会共同努力加以解决，社会工具使不同的利益群体加入城镇化进程中，可以扭转城镇化进程中政府行政的“唯一合法性”局面。

4.1.3 城镇化进程中的混合型政策工具

混合型政策工具的应用只会在一定程度上受到政府机构的强制干预，更多情况下会给予目标群体选择和参与的余地，介于强制型政策工具和自愿型政策工具二者之间，兼具两者的特征。相比其他两类工具类型，混合型政策工具稳定性更强。

（1）财政工具

财政工具是一种利用目标群体追求利益最大化的特性，以调整公共服务与公共产品的相对价格来影响目标群体在中国城镇化进程中的行为与意向的政策工具。在政府可以介入的城镇化管理领域，通常都有财政工具的影子。本书所说的财政工具并不是指单纯意义上的“财政支出手段”，其中包括了经济激励、财富再分配和金融管理等多方面的手段与工具。经济激励主要以税费减免与补贴为主，为城镇化进程中的目标群体提供优惠的条件，使其行为符合政府主导的城镇化发展模式，如公共租赁房、降低交易成本、补贴、成本分担机制等。财富再分配主要以转移与再分配社会财富的方式调节公共产品与私人产品的结构，进而影响中国城镇化发展进程中社会团体或个人的经济行为，如转移支付、补偿机制、税费改革、税收减免等。金融管理则是政府通过介入与管理金融的手段，引导中国城镇化中货币资金的合理流动与配置，从而带动经济城镇化的发展，如政策性金融服务、小额贷款担保等。财政工具的强制性程度与自愿性程度相得益彰，普适性较高，通过经济上的诱导实现城镇化政策的目标，是一种诱导型政策工具。

（2）建设工具

建设工具通过确定城市合理规模、划定规划范围、控制开发强度、整合城镇化建设资源为中国城镇化进程中城乡规划、城市建设与基础设施完善提供智力引擎，优化城市空间格局，加强城市空间管制，以土地城镇化带动城镇化的发展。建设工具属于一种供给工具，也是中国城镇化进程中最常见、利用率最高的政策工具。一般来说，建设工具从两个方面实现政策目标：一是城市空间规划与建设，重点关注土地资源的合理利用，建设与修复传统城镇化中被破坏的城市空间，调整城镇化发展格局，优化空间结构，完善城市生态体系，提高城镇化发展质量；二是公共产品供给，建设与架构城镇化发展中基本的公共产品、基础设施以及城镇化管理网络，为城镇化、市民化、城乡一体化提供物质基础与公平的公共服务。例如，廉租房、就业培训中心、公共医疗服务基地以及学校等基本公共服务设施的建设。

（3）信息工具

信息工具是通过信息、文化的传播与传递影响政策目标群体的行为与偏好的政策工具。信息工具通常表现为两种作用形式。一是信息传递，包括信息的公布、宣传、劝诫、警示等，如政府信息公开、就业信息引导、政策信息咨询、云计算、大数据、信息网络建设等。信息传递是一种双面性的政策工具，对于政府所期待的行为进行信息的公布与引导，对于非期望的行为则进行劝诫和警示，这种政策工具产生作用的方式缓和、强制性低、约束力不足。二是文化教育，包括文化的宣传、政策文化的引导以及农业转移人口市民化中就业与晋升的专业知识培训与教育等，具有明显的政府倾向性特征，希望目标群体能够按照政府的期望作出相应的调整或更为明智的行动选择。

4.2 中国城镇化进程中公共政策与政策工具的演进

城镇化是人类走向现代化的漫长过程，这一过程少不了国家机器的规范与引导。在整个城镇化历史进程中，公共政策的走向与政策工具的演进不仅揭示出城镇化的客观发展规律，并且能够清晰地展示出中国城镇化政策工具发展与更替的整体脉络。因为，以往政策工具对城镇化的影响并不会立马消除，在一段时间内都会影响着新政策工具的选择与应用。本书按照城镇化水平与政府职能成熟度由低到高将中华人民共和国成立以来城镇化政策与政策工具的演进分为四个阶段（见图 4－2）。

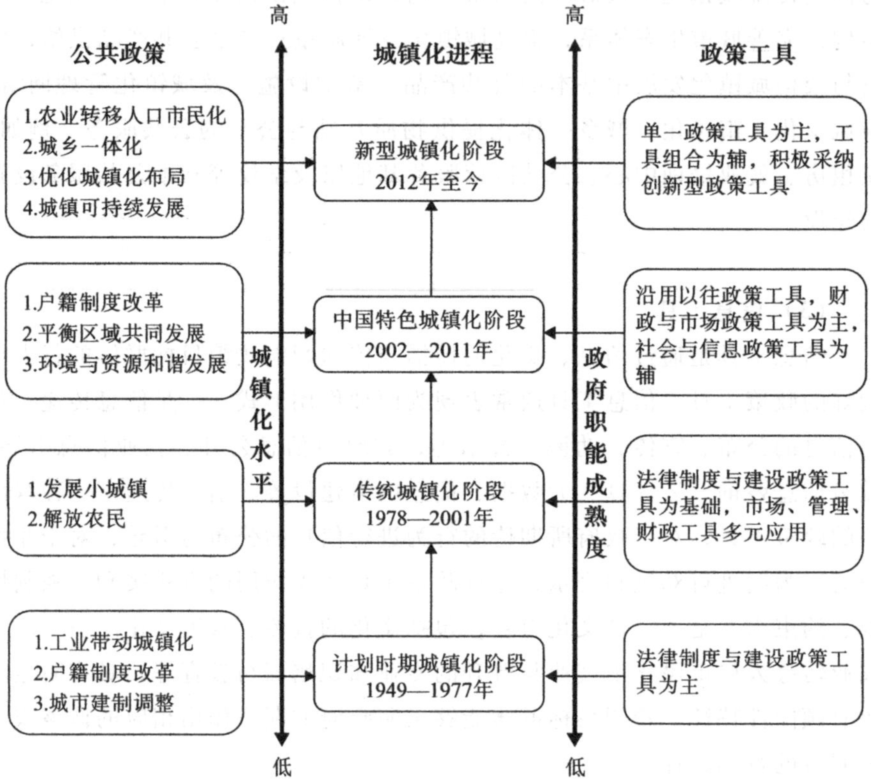

图 4－2　中国城镇化政策与政策工具的演进

第一阶段：计划时期城镇化阶段（1949—1977 年）

1949 年中华人民共和国成立到 1978 年改革开放，这一阶段中国经历了建国初期的计划经济、第一个五年计划、土地改革、工商业社会主义改造等。1955 年，中央将城市建制定位在两千万人以上的人口聚居区，城镇数量大幅度减少，由于城市体系的重新调整，城镇化水平的测度也产生很多问题。在城市经济建设规模不断扩大的情况下，政府为了适应计划经济体制，出台《关于立即停止招收新职工和固定临时工的通知》，限制农业人口向城市的流动，导致城乡二元结构的强化。从建国到改革开放前期，中国城镇化发展在挫折中缓慢前进，1978年人口城镇化率也才仅仅达到1966年的水平。

这一时期，相关的城镇化政策主要体现在三个方面：全面工业化，欲以工业生产带动经济发展与城镇化；户籍制度改革，通过限制人口流动进行计划经济与维护社会稳定；城市体系调整，废除旧的城市建制，严格控制城镇的数量，将“镇”作为中国县辖基层政权确定下来。由于时代的局限性，在这个阶段国家对城镇化的理解并不到位，针对城镇化发展的公共政策与政策工具所具备的策略性与目的性较弱。换句话说，这个阶段的城镇化发展主要以计划为主，但是政府推动城镇化发展的政策性行为不多。笔者认为，政策工具是政府职能成熟到一定阶段的产物。建国初期，百废待兴，政府职能尚未完善，政策执行手段多以直接、粗犷为主，缺乏技巧性。所以，政策工具主要以粗放的建设性政策工具与强制性较高的法律制度政策工具为主。

第二阶段：传统城镇化阶段（1978—2001年）

1978年的改革开放为中国打开了全新的局面，党的十一届三中全会的召开解放了思想，政府以全新的视角来看待现代化与城镇化的发展，尤其经济建设领域的变革为城镇化的发展提供了良好的基础。《中共中央关于加快农业发展若干问题的决定（草案）》的颁发重新摆正了农业在国民经济中的重要位置，“农业反哺工业”成为当时推进城镇化发展的主要途径。1985年，政府提出重点发展小城镇，利用小城镇的建设分担大中城市的压力，解决人口膨胀、就业机会稀缺、资源供应不足等现象，《关于促进小城镇健康发展的若干意见》政策的出台妥善处理了当时农村以及城市中大量的剩余劳动力，鼓励农业人口向城镇转移，发展第三产业，客观地推进了城镇化的发展进程。

1978—2001年，中国的城镇化发展已经得到一定的突破，进入传统城镇化阶段，政策导向体现在两个方面：大力发展小城镇，控制大城市规模。鼓励城镇乡镇企业的发展，将农村剩余人口转移到小城镇，带动工业、服务业发展，凸显小城市带头城镇化的作用；解放农民，发展农业产业化经营，加大科技创新力度，逐渐将粗放型生产转为集约型，推动农村经济向着更加商品化、专业化、社会化前进，带动城乡一体化进程。在这一阶段，城镇化已经成为中国政府重要的发展目标，随着政府职能的成熟，城镇化相关政策体系也相继完善起来。因此，传统城镇化阶段的政策工具选择并没有止步于法律制度政策工具与建设工具，市场工具、管理工具、财政工具也逐渐汇入政策工具箱。尤其在党的十四大上，“社会主义市场经济”的提出极大地提高了市场工具在传统城镇化阶段中的使用率与效率，打开了中国城镇化发展的新局面。

第三阶段：中国特色城镇化阶段（2002—2011年）

2002年，党的十六大明确提出中国要走一条“中国特色的城镇化道路”，开启了传统城镇化向新型城镇化的过渡。政府意识到小城镇的发展已经无法满足大量涌入城镇的农业转移人口，因此，逐渐将城镇化发展重心转移到大中型城市，由党的十七大进一步确立了以促进地区间均衡发展作为中国特色城镇化的战略目标，同时也指出了城镇化的集群效应，以大带小，形成城市群，推动区域经济与城乡统筹发展。2005年，党的十六届五中全会又进一步提出“新农村”建设，认为城市的发展离不开农村的支援，将新农村的发展与城镇建设结合起来。2010年中国城市数量达到657个，比1978年增加了464个，小城镇数量为19410个，比1978年增加17227个。①

中国特色城镇化阶段是传统城镇化向新型城镇化的过渡阶段，这一阶段的公共政策逐渐多元化。一是户籍制度改革。放宽户籍限制，推动城乡人口合理流动，最高程度上消除就业歧视，向农村人口敞开大门。二是合理规划区域共同发展。开发西部地区，振兴东北地区，保持中部地区优势，率先实现东部地区现代化，促进地区间均衡发展。三是生态与资源的和谐发展。控制环境污染，改善生态环境，协调分布不均的社会资源。随着政府职能的成熟、公共政策制定与执行的优化，中国特色城镇化阶段中政策工具的选择与应用同样逐渐成熟起来，其中，法律制度工具、建设工具、管理工具是基础，财政工具与市场工具为核心，社会工具与信息工具也被采纳进城镇化政策工具箱，但工具效用暂不显著。虽然处于传统城镇化向新型城镇化的过渡时期，但城镇化政策工具的运行较为稳定。

第四阶段：新型城镇化阶段（2012年至今）

---

① 中国城市和小城镇改革发展中央课题组．中国城镇化战略选择政策研究［M］．第1版．北京：人民出版社，2013：3—10.

新型城镇化将中国的城镇化发展推向一个新的阶段。2012 年党的十八大报告中提出了“坚持走中国特色的新型工业化、信息化、城镇化、农业现代化道路”，第一次正式提出新型城镇化的概念。新型城镇化是“人的城镇化”，是一种有重点的全面城镇化模式：促进农业转移人口市民化的同时，保障城乡居民收入的合理分配；大力建设城市城镇的同时，保持生态、环境、资源的可持续；强调城乡一体化的同时，平衡协调区域发展。在中国新型城镇化战略性文件《国家新型城镇化规划（2014—2020 年）》的基础上，“十二五”“十三五”规划不断丰富新型城镇化的内涵，引导新型城镇化的发展方向。

新型城镇化的政策导向主要体现在以下几个方面。第一，农业转移人口市民化。在户籍制度改革的基础上，保障农业人口在城镇的就业、生活与发展，推动农业人口与城镇居民的融合。第二，城乡一体化。推动农业现代化，瓦解固有的城乡二元结构体制，实现城镇与农村的互补与平等，促进城乡经济社会协调与全面发展。第三，优化城镇化布局。在“两横三纵”的基础上，加强中心城市的辐射带功能，提出与周边城镇高效通勤和一体化发展及都市圈的形成；提高城市可持续发展能力。在不危害后代以及其他城市的前提下，引导城市生态系统向和谐、平稳、均衡发展，完善生态与资源可持续发展的长效机制。在这一阶段，政策工具已经成为城镇化政策执行中必不可少的利器，法律制度工具、管理工具、财政工具、市场工具、建设工具、社会工具、信息工具等不仅单一政策工具投入城镇化，甚至以政策工具组合的形式推动新型城镇化水平的提升，与此同时，政策工具创新成为了当前公共行政领域的重要课题。

4.3
中国城镇化进程中政策工具的选择与应用

通过分析中国城镇化发展进程中政策工具的演进可以看出，城镇化政策工具无论从类型、数量以及应用程度上都在持续增长。因此，本书采用内容分析法建立一个关于中国城镇化进程中政策工具的量化分析框架，进一步剖析现阶段城镇化进程中政策工具的选择与应用情况。

4.3.1 城镇化政策文本的样本选择

基于前文对中国城镇化政策体系的分析基础，在人力资源和社会保障部、民政部、住房和城乡建设部、国务院等多个政府网站上以“城镇化”“市民化”“城镇建设”“农业转移人口”等高度相关词语进行全文搜索；此外，考虑到社会工具在城镇化进程中的应用，还从中国社区发展协会网、中国志愿联合会等网站的政策法律专栏中提取到一定数量的与推动城镇化发展相关的国家政策。经过筛选去重，将中国城镇化政策文本的样本总体定为2000—2018年出台的153项中国城镇化公共政策，其中，包括涉及新型城镇化综合内容的公共政策2项、农业转移人口市民化政策50项、城乡一体化政策29项、城镇化发展格局政策31项、城市可持续发展政策41项（见表4-1）。

表4-1 中国城镇化公共政策文本统计

政策方向	编号	政策名称
新型城镇化	1	国家新型城镇化规划（2014—2020年）
	2	国务院关于深入推进新型城镇化建设的若干意见
农业转移人口市民化	3	国务院关于实施支持农业转移人口市民化若干财政政策的通知
	4	国务院关于进一步推进户籍制度改革的意见
	5	国务院关于建立统一的城乡居民基本养老保险制度的意见
	⋮	…………
	51	国务院办公厅关于印发推动1亿非户籍人口在城市落户方案的通知
	52	国务院关于印发“十三五”深化医药卫生体制改革规划的通知
城乡一体化	53	国务院关于印发全国现代农业发展规划（2011—2015年）的通知
	54	国务院办公厅关于创新农村基础设施投融资体制机制的指导意见
	55	国务院关于加强土地调控有关问题的通知
	⋮	…………
	81	中华人民共和国城镇土地使用税暂行条例
	82	关于结合新型城镇化开展支持农民工等人员返乡创业试点工作的通知

续表

政策方向	编号	政策名称
城镇化格局	83	国务院办公厅关于加强和改进城乡规划工作的通知
	84	国务院关于进一步推进西部大开发的若干意见
	85	国务院关于进一步实施东北地区等老工业基地振兴战略的若干意见
	⋮	…………
	110	国务院关于城市优先发展公共交通的指导意见
	111	国务院关于印发“十三五”现代综合交通运输体系发展规划的通知
城市可持续发展	112	国务院关于印发中国 21 世纪初可持续发展行动纲要的通知
	116	国务院关于促进资源型城市可持续发展的若干意见
	117	住房和城乡建设部关于保障性住房实施绿色建筑行动的通知
	⋮	…………
	152	国务院关于进一步做好城镇棚户区和城乡危房改造及配套基础设施建设有关工作的意见
	153	民政部关于大力培育发展社区社会组织的意见

4.3.2　城镇化政策工具选择与应用分析框架

构建中国城镇化政策工具选择与应用的分析框架，目的在于了解中国城镇化政策体系中选用了哪些具体的政策工具。由于城镇化发展范围过广，很难通过政策工具整体选用情况对中国城镇化政策工具箱进行分析。因此，为了可以更好地掌握政策工具在不同政策导向下选择与应用的情况以及政策工具实际应用的特点，本章引入二维分析框架，解析在中国城镇化进程中不同的政策导向下具体政策工具的选择与应用。

（1）横向维度：政策工具

将分析框架的横向维度定为政策工具维度，由中国城镇化进程中的主要政策工具类型组成。由于法律制度工具作为抽象政策工具具有特殊性，不纳入分析维度中，而将研究重点放在具体政策工具的应用上。

对政策工具维度进行诠释，即精确每一类型政策工具所指向的分析单元的详细文本表达。管理工具影响着政府的行政模式、职能、政策执行方式，将其在样本中的文本表达设定为体制改革、优化服务、协调机制、创新驱动、职能分工；建设工具的文本表达为总体规划、示范区建设、安居工程、基地建设、平台建设；财政工具的文本表达确定为投融资、转移支付、补偿机制、税费改革、成本分担机制；信息工具的文本表达设定为信息共享、信息公开、大数据、宣传教育、政策引导；市场工具的文本表达为政府购买、市场机制、社会资本合作、特许经营、竞争机制；社会工具的文本表达设定为社会力量引入、志愿服务、社区服务、行政听证、公众参与。

（2）纵向维度：中国城镇化发展政策导向

现阶段，中国城镇化的政策体系主要包括四个政策导向，即农业转移人口市民化、城乡一体化、城镇化布局、城市可持续发展。本书将这四个政策导向作为中国城镇化政策文本量化分析框架的纵向维度，以便详细了解政策工具在中国城镇化进程中选择与应用的情况。

（3）分析框架的构建

中国城镇化政策工具选择与应用的分析框架如图4－3所示。

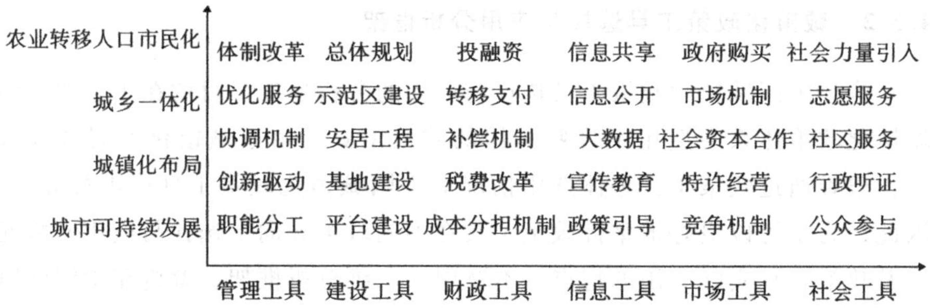

图4－3 中国城镇化政策工具选择与应用的分析框架

4.3.3 政策内容分析单元编码

在内容分析法中，分析单元为具体的统计对象，是由政策文本中指向政策主题的章节、段落以及语句组成。因此，本书将内容分析单元定为政策文本中指向政策主体的相关语句，对153项中国城镇化政策文本按照“政策编号－章节－具体条款/段落”进行编码，根据所构建的中国城镇化政策工具二维分析框架进行归类，形成基于政策工具的中国城镇化政策文本内容分析单元编码表（见表4-2）。由于样本数量庞大，部分内容分析单元并不详述。

表4-2 基于政策工具的中国城镇化政策文本内容分析单元编码表

编号	政策名称	内容分析单元	编码
1	国家新型城镇化规划（2014—2020年）	逐步使符合条件的农业转移人口落户城镇，不仅要放开小城镇落户限制，也要放宽大中城市落户条件	[1-6]
		各类城镇要健全农业转移人口落户制度，根据综合承载能力和发展潜力，……引导农业转移人口在城镇落户的预期和选择	[1-6-1]
		…………	⋮
		实行最严格的环境监管制度。建立和完善严格监管所有污染物排放的环境保护管理制度，……开展环境污染强制责任保险试点	[1-27-6]
2	国务院关于深入推进新型城镇化建设的若干意见	（一）加快落实户籍制度改革政策。围绕加快提高户籍人口城镇化率，……强化地方政府主体责任，确保如期完成	[2-2-1]
		（五）加快城镇棚户区、城中村和危房改造。……严格实施质量责任终身追究制度	[2-3-1]
		…………	⋮
		（三十六）强化宣传引导。……为推进新型城镇化营造良好的社会环境和舆论氛围	[2-10-3]
⋮	……		⋮
153	民政部关于大力培育发展社区社会组织的意见	支持社区社会组织承接社区公共服务项目。……主动融入城乡社区便民利民服务网络，为社区居民提供多种形式的生活服务	[153-2-1]
		引导社区居民在参与社区社会组织活动过程中有序表达利益诉求，……协商解决涉及城乡社区公共利益的重大事项、关乎居民切身利益的实际问题和矛盾纠纷	[153-2-2]
		…………	⋮
		推动建立城乡社区党组织与社区社会组织定期联系制度，组织和协调社区社会组织参与城乡社区共驻共建活动	[153-4-4]

4.3.4 频数分布统计分析

基于内容分析单元编码表，根据中国城镇化政策工具选择与应用的二维分析框架对编码政策文本进行归类统计，构建中国城镇化政策工具二维分析分布图（见图4－4）。从整体分布来看，所选的153项政策样本覆盖了所有政策工具类型与政策导向。由此可见，现阶段，中国城镇化政策工具选择与应用已经相当广泛，影响着城镇化发展的方方面面。

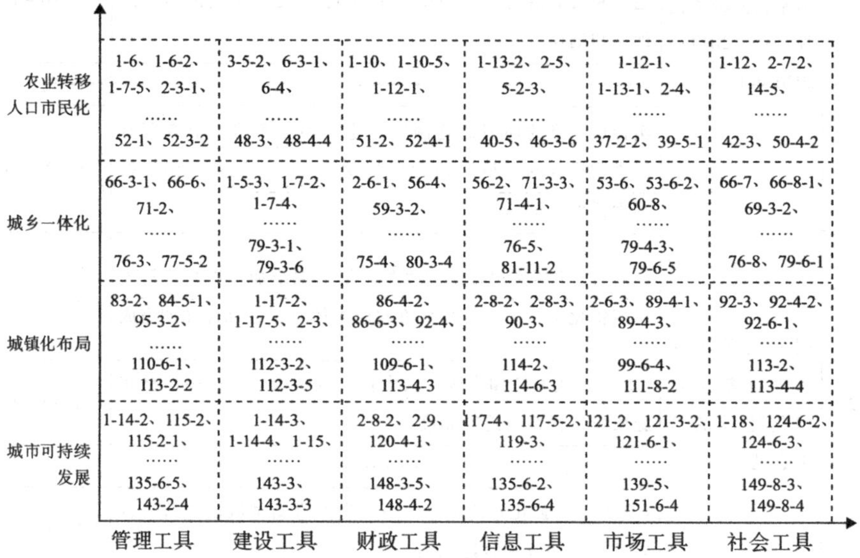

图4－4 中国城镇化进程中政策工具二维分析分布图

根据中国城镇化进程中政策工具二维分析分布图对不同政策导向中具体政策工具的频数进行统计，得到中国城镇化进程中政策工具频数分布统计表（见表4－3）。

表4－3 中国城镇化进程中政策工具频数分布统计表

政策工具		政策导向				
		农业转移人口市民化	城乡一体化	城镇化布局	城市可持续发展	总频数
强制型	管理工具	77	45	88	47	257

续表

政策工具		政策导向				
		农业转移人口市民化	城乡一体化	城镇化布局	城市可持续发展	总频数
混合型	建设工具	47	65	117	74	303
	财政工具	138	61	74	49	322
	信息工具	89	24	52	74	239
自愿型	市场工具	96	21	36	58	211
	社会工具	96	73	32	73	274
总频数		543	289	399	375	1606

(1) 政策工具维度分析

根据中国城镇化进程中政策工具频数分布与统计结果得到图 4－5。从中可以看出，混合型政策工具占 53.8%，自愿型政策工具和强制型政策工具分别占 30.2% 和 16.0%。表明在推动中国城镇化发展的过程中，政府更偏好于混合型政策工具。政府在有限度地干预政策执行的同时，将最终选择权留给目标群体。因此，更容易被公众所接受，普适性更强。

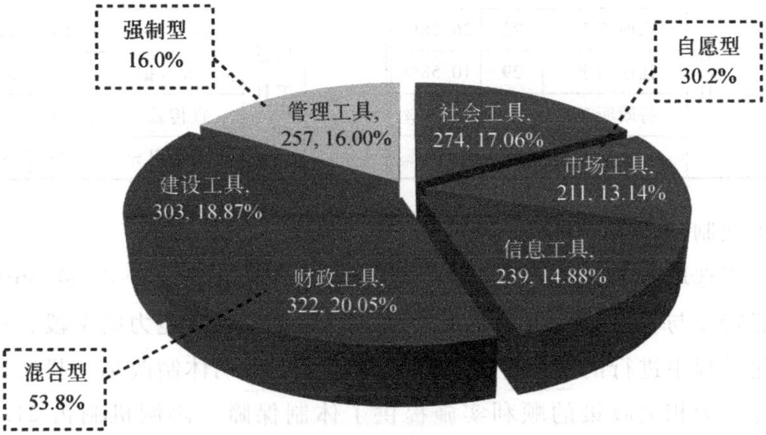

图 4－5　中国城镇化进程中政策工具选择与应用的整体分布

从工具类型来看，在中国城镇化政策体系中各种类型的政策工具选择与应用整体分布比较平均，财政、建设、社会、管理、信息、市场工具分别占到 20.05%、18.87%、17.06%、16.00%、14.88%、13.14%，其中，财政工具与建设工具应用程度相对较高，每种类型政策工具的占比都不低。表明中国城镇化政策工具箱拥有丰富的政策工具，政府在执行城镇化政策中不同程度地选择并应用了多种类型的政策工具，每种政策工具都为城镇化发展政策目标的实现作出了贡献。为了解每种政策工具的选择与应用情况，本书进一步统计了具体政策工具的频数（见表4－4）。

表4－4　具体政策工具的频数统计表

政策工具类型			频数	比重	政策工具类型			频数	比重
强制型政策工具	管理工具	体制改革	114	44.36%	混合型政策工具	建设工具	总体规划	85	28.05%
		优化服务	25	9.73%			示范区建设	39	12.87%
		协调机制	55	21.40%			安居工程	55	18.15%
		创新驱动	49	19.07%			基地建设	72	23.76%
		职能分工	14	5.45%			平台建设	52	17.16%
自愿型政策工具	市场工具	政府购买	65	30.81%		财政工具	投融资	71	22.05%
		市场机制	35	16.59%			转移支付	90	27.95%
		社会资本合作	82	38.86%			补偿机制	62	19.25%
		特许经营	21	9.95%			税费改革	41	12.73%
		竞争机制	8	3.79%			成本分担机制	58	18.01%
	社会工具	社会力量	86	31.39%		信息工具	信息共享	62	25.94%
		志愿服务	72	26.28%			信息公开	54	22.59%
		社区服务	29	10.58%			大数据	79	33.05%
		行政听证	64	23.36%			宣传教育	24	10.04%
		公众参与	23	8.39%			政策引导	20	8.37%

①强制型政策工具——管理工具

在所选取的五种管理工具中，体制改革应用得最多，占44.36%。政府职能转变与管理体制更替是最常见的政府提升行政能力的手段，在中国城镇化进程中进行的医疗卫生体制改革、生态文明体制改革、投融资体制改革等，为相关政策的顺利实施提供了体制保障。协调机制占21.40%，可以看出中央政府很重视地方政府之间、政府部门之间的协调合作，统筹管理与权责协调是提高政府部门行政绩效的主要方式。创新驱动占19.07%，表明将创新理念运用于中国城镇化发展过程中成为政府治理的新态势。

②自愿型政策工具——市场工具、社会工具

社会资本合作，又称 PPP 模式（public - private partnership），是近些年来中国城镇化中非常重要的一种市场工具，在中国城镇化所有市场工具中应用率最高，占到 38.86%，政府引入私人部门在市场上的资源与力量形成公私合作关系，极大地丰富了中国城镇化中的公共产品与服务；政府购买的应用比例占到 30.81%，可以看出政府购买同样是一种中国城镇化政策工具箱中不可或缺的市场工具，政府购买手段可以直接回应最底层社会群众的利益诉求，一直以来受到政府的偏爱，但随着 PPP 模式逐渐成熟，政府选择直接购买的行为逐渐减少；特许经营等其他市场工具在近几年的中国城镇化发展中应用得较少。

在中国城镇化社会工具的选择与应用中，社会力量引入手段占 31.39%，可见在城镇化政策执行中的重要性。社会力量引入将公众、家庭、社区、志愿组织、非营利组织等非政府组织引入中国城镇化发展进程中，赋予其更多选择与决策权力，通过多元利益群体共同努力，推进城镇化政策目标的实现。政府将社会力量引入手段作为城镇化中最基本的社会工具普遍应用起来，普适性强的特点使其更容易被市民接受。其他几种社会工具志愿服务、行政听证、社区服务、公众参与在城镇化中选择与应用的比例分别占到 26.28%、23.36%、10.58%、8.39%，他们都是典型的自愿型政策工具，受政府干预较少。从数据来看，志愿服务、行政听证在城镇化中的应用也较多，因为这些工具多以公众最根本利益为出发点，在推进“人的城镇化”进程中是更为有力的政策工具。

③混合型政策工具——建设工具、财政工具、信息工具

在中国城镇化进程中建设工具的选择与应用比较平均，总体规划、示范区建设、安居工程、基地建设、平台建设的利用率分别为 28.05%、12.87%、18.15%、23.76%、17.16%。在所有的建设工具中，总体规划利用率最高，大到全国性的城镇化战略布局，小到城乡空间布局都依赖于规划工具，对城市群、城镇、乡村重新定位，挖掘区域统筹发展的潜力。因此，总体规划手段是最基础的建设工具。安居工程于 2011 年提出，占比为 23.76%，一方面可以保障和改善民生，促进社会公平，另一方面在改善住房供需结构的基础上推动扩大经济平稳较快发展，因此，近些年来逐渐受到中国各地政府的重视与运用。示范区建设、基地建设、平台建设等建设工具在中国城镇化政策执行中也得到一定程度的运用，直接、间接

地提供城镇化所必要的基础设施。城镇化的发展离不开建设工具，而建设工具的核心在于供给，主要依靠政府的权威输出，但是过度依赖政府的行政权威来主导公共活动、解决公共问题，往往是以牺牲政策工具灵活性、管理成本较高和经济无效率为代价的。[①] 以规划工具为主的建设工具在中国城镇化中的高频使用不仅体现了政府对民生民情以及公民基本保障的重视，但也同时暴露了政府对供给型政策工具的偏好，缺乏对创新型、灵活性政策工具或组合的重视。

从整体统计数据来看，财政工具在中国城镇化进程中一直扮演着主导角色。在城镇化财政工具的选择结构中，转移支付占 27.95%，在城镇化中应用频率最高，具有很高的政治可行性，主要对社会财富进行二次分配，平衡地区之间的经济发展水平，缩小地区之间的贫富差距。虽然是混合型政策工具，但是转移支付手段还是以政府为主导，便于政府掌控与实施，可以有效减少城镇化问题解决的不确定性。然而，政府所掌控的资金是有限的，转移支付结构的合理与否是转移支付工具成功的关键。投融资手段为政府偏好的次级财政工具，占到总频数的 22.05%。投融资手段在中国城镇化中的应用可以客观地推动某些城镇化领域或行业的发展，这些关键领域的进步必然会带动中国城镇化的发展。城镇化的发展离不开资金的支持，中国的城镇化正处于“纳瑟姆曲线”快速发展阶段，仅仅依靠财政支出为主的转移支付远远不够。因此，政府将财政工具应用的重点逐渐转移到多层次、多样化的投融资财政工具。[②] 补偿机制、成本分担机制、税费改革等其他财政工具效用的发挥也无法脱离政府的主导，中国城镇化中财政工具的属性更偏向于政府权威性，虽然针对棘手的城镇化问题效果显著，但是需要大量的行政成本。近年来，政府着重引入成本分担机制，节约政府支出，由企业、个人等多元利益主体分摊城镇化成本，分担政府的财政负担，接替政府发挥私人部门在中国城镇化发展中推动资源配置的作用。

城镇化信息工具的应用结构不均匀，大数据占比最高，达 33.05%，信息共享占 25.94%，信息公开占 22.59%，而宣传教育、政策引导的利

---

① 孙萍，刘梦．我国城镇弱势群体就业政策工具选择：基于政策文本的分析［J］．东北大学学报（社会科学版），2017（06）：595—601.

② 贾康，孙洁．公私合作伙伴机制：新型城镇化投融资的模式创新［J］．中共中央党校学报，2014（01）：36—39.

用率仅为 10.04%、8.37%。政府依靠大数据手段捕捉、整合与分析城镇化信息，为中国城镇化决策提供科学的数据分析与政策依据，在城镇化政策的制定、执行以及反馈过程中具有重要的作用。近年来受到各级政府的重视，凸显了城镇化与信息化相结合的战略思想。信息共享则是在各级政府间、不同部门间交流与共享城镇化的相关信息，其受到政府普遍偏好的原因主要是提高了城镇化信息资源的利用率，有助于地区之间、行政机构之间协作机制的形成。此外，信息公开手段的应用也占到 22.59%，可见信息透明化同样是中国城镇化政策执行的重要手段。目前，中国在政府信息公开方面已经取得一些显著成就，在城镇化政策执行中更加深了信息公开的广度和深度；宣传教育、政策引导的利用率分别为 10.04%、8.37%，相比较其他信息工具政府选择与应用得较少，可以看出政府更重视政策执行中信息资源的掌控与利用，而利用有效信息的倡导以及影响公众选择的信息工具利用率却不高，主要是因为这些工具往往只能对政策环境、氛围产生一定的作用，但对较为棘手、严峻的城镇化问题却显得无能为力。

（2）中国城镇化政策导向维度分析

由图 4-6 的统计结果显示，在 153 份有关中国城镇化的政策文本中，农业转移人口市民化、城乡一体化、城镇化布局、城市可持续发展四个政策导向中政策工具应用频数比例分别为 33.81%、18.00%、24.84%、23.35%。

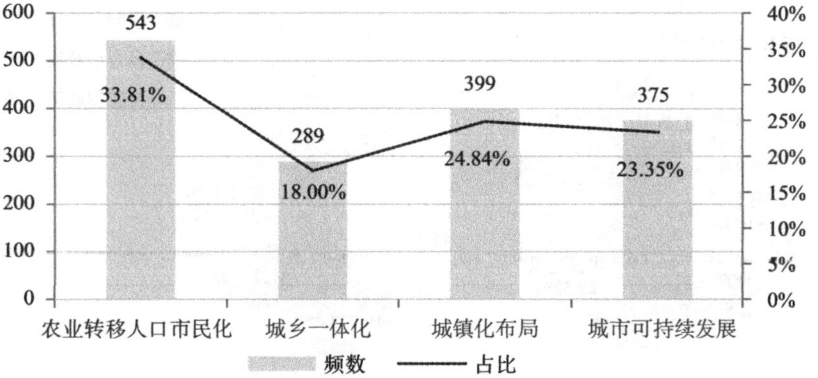

图 4-6　中国城镇化政策导向维度频数统计图

由于受到政策决策者、政策发布时间以及政策成熟度等因素的影响，在不同政策导向下，政府在政策工具选择与应用方面存在明显的差异。从整体政策工具应用的结构来看，农业转移人口市民化中的政策工具应用得最为广泛，不仅凸显出农业转移人口市民化在中国城镇化政策体系中举足轻重的主体地位，并且可以看出人的城镇化相比其他方面的城镇化更为复杂和棘手；城镇化战略布局承担着区域协同发展与全面城镇化的战略任务，以“两横三纵”的战略格局贯穿中国城镇化发展进程，受到各地各级政府的普遍重视，自然对政策工具的需求以及要求相对较高；在城市可持续发展方面，政府采用的政策工具总量略低，主要应用于城市空气质量、生态环境以及水源安全的保障，实现城市管理人性化、智能化、可持续化需要更加科学、更加高效、更加合理的政策工具；相比较而言，城乡一体化中政策工具的使用频率较低，表明在解决当前城乡一体化政策问题时，政府对于目标群体行为主动发生预期变化的期待较低。中国地理空间广袤，部分区域城镇化发展相对滞后，城乡一体化任重而道远。图 4－7 展现了针对农业转移人口市民化、城乡一体化、城镇化布局与城市可持续

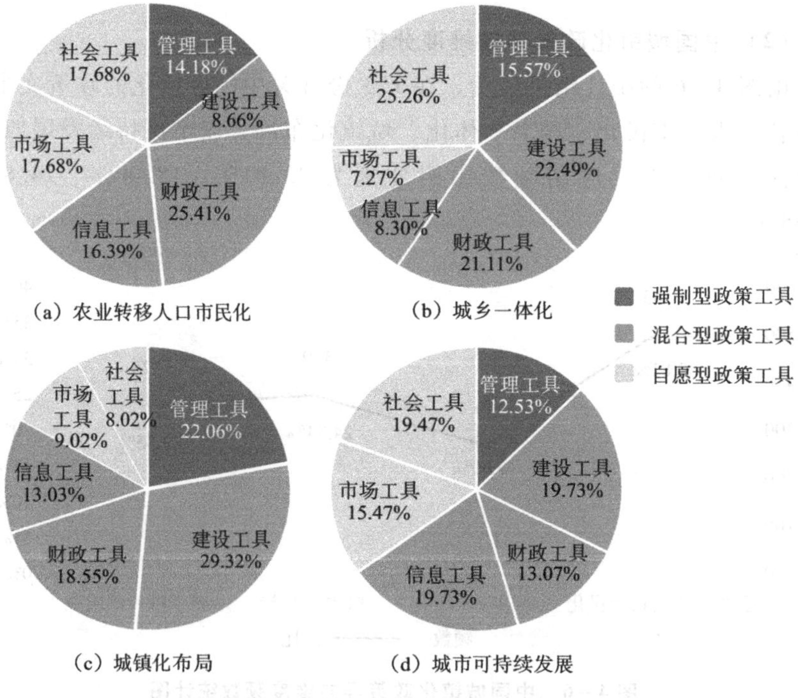

图 4－7　中国城镇化政策导向维度下政策工具选择与应用分布

发展四个方面的政策工具选择与应用的具体情况。

①农业转移人口市民化

农业转移人口市民化是一个综合性的城镇化问题，涉及方方面面，因此，农业转移人口市民化中几种政策工具的选择应用较为平均。其中，混合型政策工具最多，占到一半以上，其次是自愿型政策工具，占35.36%，强制型政策工具比例较低，仅占到14.18%，可以看出政府在推进农业转移人口市民化的过程中直接干预程度较低，更多采用引导与激励的手段推动人的城镇化。但是，中国的城镇化是人类历史上规模最大的人口迁移过程，面对规模庞大的流动人口，政府实际上可以提高管理工具的利用率，组建更优秀、更高效的公务员队伍与行政机构以保证农业转移人口市民化进程中公共产品与公共服务的供给。

财政工具在农业转移人口市民化政策工具箱中利用率最高，达到25.41%，财政工具的利用为城镇公共服务与社会保障的广泛覆盖提供了最基本的资金保障，并且利用转移支付、投融资、市场机制等手段影响着各个领域的发展，不仅带动经济城镇化的发展，而且为农业转移人口创造了就业机会；市场工具的应用占到17.68%，通常与财政工具合体，保证了中国城镇化进程中公共产品与公共服务的有效供给，在农业转移人口市民化中，市场工具更加强调社会资源的公平性与竞争性；社会工具与市场工具在农业转移人口市民化中的利用率相同，均占17.68%，可以看出社会工具在市民化过程中同样占据重要地位，社会工具所具备的自愿性使其更容易被城镇居民与农业转移人口所接受，对消除城乡居民之间的隔阂与维护农业转移人口市民化的秩序都是不可多得的政策工具；信息工具占16.39%，不仅为农业转移人口提供必要的职业技能培训与就业信息，而且对农业转移人口市民化理念、价值观的传播也至关重要。近年来，舆论的力量逐渐增长，政府需要更加谨慎地善用农业转移人口市民化的信息工具，适配性信息工具可以影响农业转移人口的心理、态度以及行为偏好；建设工具的应用较低，仅占8.66%，主要提供农业转移人口市民化最基本的基础设施以及一些市民化平台的建设。

②城乡一体化

在城乡一体化的政策工具中，以社会工具（25.26%）、建设工具（22.49%）、财政工具（21.11%）居多，管理工具（15.57%）、信息工具（8.30%）、市场工具（7.27%）的应用较少。其中，城乡一体化政策工具箱中混合型政策工具的应用占到50%以上，强制型政策工具却仅占15.57%，可以看出政府严格控制对城乡一体化发展的干预程度。其原因可能有两个方面，一是政府希望通过市场机制与市民社会的力量实现城乡融合，二是可用于推进城乡一体化的政策工具较少，效用不高，在政策执行中则更多选用普适性强、接受度高的混合型与自愿型工具。

在城乡一体化政策工具箱中社会工具选择与应用的占比最高，达到25.26%。笔者通过图4-5和表4-4进一步细化统计数据，发现城乡一体化中社会工具使用的总频数为73，其中志愿服务的使用频数就有38，可以看出志愿服务在城乡一体化进程中的重要性。随着中国志愿服务机制逐渐成熟，尤其是社区志愿服务正逐渐演化为社区公共服务的一种重要组织形式，成为推动城乡社会生活融合不可或缺的社会工具；建设工具的利用率为22.49%，在城乡一体化中属于供给性的政策工具，主要应用于土地规划与城乡规划；财政工具占到21.11%，与农业转移人口市民化工具箱中的财政工具不同，城乡一体化中所选择与应用的财政工具更倾向于财政支出工具，转移支付力度更大，金融支持则较弱；在中国仍有部分农村地区的经济发展、社会文明较为落后，影响信息的收集、统计与传播，在城乡一体化中信息工具的选择与应用仅占到8.30%；相比社会工具，同样作为自愿型工具的市场工具的利用率则明显较低，仅占到7.27%，由于中国城乡二元经济的限制，在城乡一体化进程中可以由市场机制操作的准公共产品并不多，政府可选择应用的市场工具类型也较少。

③城镇化布局

在城镇化布局政策工具箱中，建设工具、管理工具、财政工具、信息工具、市场工具、社会工具所占到的比例分别为29.32%、22.06%、18.55%、13.03%、9.02%、8.02%。其中，强制型政策工具占到22.06%，在所有中国城镇化政策工具箱中利用率最高。与此同时，混合型政策工具的利用率达到60.9%，自愿型政策工具则仅占17.04%，可以很明显地看出政府对于城镇化布局直接和间接的干预远胜于中国城镇化发展的其他方面。

中国城镇化布局政策的重点在于区域间的协调发展、城市群间的协调发展与大中小城市和小城镇协调发展。在政策工具选择与应用上更倾向于建设工具、财政工具与管理工具，这三种工具主要为中国城镇化布局政策的执行保障人力、物力、财力、资源以及有效的监督管理。相比之下，政府留给信息工具、市场工具、社会工具可发挥的空间比较少，这主要由于中国仍处于传统城镇化向新型城镇化过渡的阶段，城镇化发展的成熟度还不高，政府更倾向于直接或间接干预城镇化的全局规划。

④城市可持续发展

城市具有自身独特的生命周期，尤其是资源型城市，如果合理地规划、建设、使用与维护城市空间，可以在不危害后代以及其他城市的前提下实现城市生态系统的可持续，延长城市的生命周期。[①] 在保证城市可持续发展的过程中，政府选择与应用的每一种政策工具的比例比较均匀。建设工具与信息工具均占 19.73%，社会工具、市场工具、财政工具、管理工具分别占 19.47%、15.47%、13.07%、12.53%。混合型政策工具占 1/2 以上，自愿型政策工具占 1/3 左右，而强制型政策工具不足 1/5，整体来看政府的干预度较弱。

在城市可持续发展的政策工具箱中，建设工具的选择应用相对比较高，占 19.73%，主要应用于城市空间规划、基础设施、公共服务以及资源环境等方面的建设与维护，城市承载力的提升是保证城市可持续发展的关键；信息工具在城市可持续发展中的应用同样占 19.73%，信息技术工具对城市空间、生态环境、资源、承载力等信息进行整合与分析，在城市可持续发展政策确立和执行过程中为政府决策提供更加科学可靠的分析数据，针对城市问题对症下药，推动城市可持续发展。信息共享、信息公开等信息工具也起到一定的宣传与引导作用，鼓励广大群众加入城市生态空间的维护中，促进可持续发展理念的传播；社会工具占 19.47%，近年来在城市生态环境与资源保护中，第三部门、社区组织、志愿者队伍都发挥了重要的作用。由此，在城市可持续发展政策工具的选择中政府更偏好于社会工具；市场工具占 15.47%，财政工具占 13.07%，主要为城市可持续发展的推进提供一些准公共产品和服务，保障城市可持续发展所需的基本资源。

① 朱爱琴，曾菊新，唐承财．资源型城市生命周期优化调控潜力测评［J］．人文地理，2013（05）：103—109.

4.4 小结

新治理理论将政策分析从政策本身转移到完成项目所需的工具和技术上，认为对于政策执行者来说，最大的挑战就是在复杂的网络组织结构中如何通过具有适配性的政策工具来引导相互独立的个体进行合作，实现共同目标。政策工具理论进一步夯实了新治理理论的观点，指出无论是自上而下的政策设计，还是自下而上的政策执行，政府都需要在政策工具箱中作出理性的决策，选择适配的政策工具应用于指定的政策执行过程。

本章对中国城镇化政策工具箱中政策工具的选择与应用情况进行了研究，首先，对政策工具箱中的主要政策工具进行了整理和解析。

强制型政策工具以法律制度工具与管理工具为主，前者为中国城镇化中的政策行为提供合法性与权威性，后者则通过转变管理模式提升城镇化政策执行力，这两种工具是中国城镇化政策执行的基础，是中国城镇化政策工具箱中必不可少的政策工具类型。

自愿型政策工具以市场工具与社会工具为主，前者利用市场机制调节城镇化中的资源配置，后者则将多元化的利益群体引入城镇化，两者的运行机制与作用形式虽然不同，但是灵活性较高，使目标群体在自愿的情况下决定是否接受公共政策，尽可能减少政府对政策执行过程的干预，比较容易得到社会的关注与接纳。

混合型政策工具包括财政工具、建设工具、信息工具。财政工具主要以经济上的诱导影响城镇化群体的行为和意向。建设工具提供城镇化发展的物质基础，而信息工具利用城镇化中文化的传播影响城镇化的行为偏好。混合型政策工具功能丰富，稳定性更高，在中国城镇化进程中多为各级政府选择与应用。

其次，揭示了中国城镇化进程中公共政策的走向与政策工具的演进，将中华人民共和国成立以来城镇化政策与政策工具的演进分为计划时期的城镇化、传统城镇化、中国特色城镇化与新型城镇化发展的四个阶段，清晰地展示出中国城镇化进程中政策工具发展与更替的整体脉络。

最后，构建了中国城镇化进程中政策工具的量化分析框架，选取2000—2018年出台的153项城镇化政策，对其中的政策工具进行频数统计与分析，得到结论如下。第一，从政策工具维度来看，中国城镇化政策体系中强制型、自愿型、混合型政策工具选择与应用的比例约为1:2:3，混合型政策工具在中国城镇化进程中使用频数最高。中国城镇化管理工具中体制改革与协调机制应用较多，但城镇化相关职能的细化与窗口服务优化需要进一步加强；市场工具中PPP模式利用率较高，是近年来中国城镇化中非常重要的一种市场工具；社会工具中社会力量引入、志愿服务、行政听证对中国城镇化发展的推动作用最为显著；建设工具中各种工具的选择应用较为平均，直接和间接地提供城镇化发展必需的基础设施，为生产要素的集聚与产业升级提供了基本保障；财政工具是中国城镇化政策工具箱中使用频数最高的政策工具，政府偏向于选择财政支出方面的政策工具，但是仅依靠财政支出根本无法支持中国城镇化的发展速度，相关的投融资政策工具也应加大支持力度；信息工具中大数据手段独占鳌头，充分地反映出中国城镇化与信息化相结合的战略思想。第二，从政策导向维度来看，中国城镇化政策体系中农业转移人口市民化、城乡一体化、城镇化布局、城市可持续发展四个政策导向中政策工具应用频数比例分别为33.81%、18%、24.84%、23.35%。农业转移人口市民化中几种政策工具的选择应用较为平均，混合型政策工具利用率最高，表明政府对农业转移人口市民化的推进所采取的是弱干预态度，更多采用引导与激励的手段实现人的城镇化；城乡一体化中混合型政策工具的应用比例占到50%以上，强制型政策工具仅占15.57%，可以看出政府在政策执行中更多选用普适性强、接受度高的混合型与自愿型工具，严格控制对城乡一体化发展的干预程度；城镇化布局中强制型政策工具在所有中国城镇化政策工具箱中的利用率最高，同时混合型政策工具的利用率也达到60.9%，可以明显地看出政府对于城镇化布局直接和间接的干预远胜于城镇化发展的其他方面；城市可持续发展政策中，政府选择与应用的每种政策工具的比例比较均匀，混合型政策工具占1/2以上，自愿型政策工具占1/3左右，而强制型政策工具不足1/5，整体来看政府的干预度较弱。

本章的研究分析使不同类型政策工具在中国城镇化政策工具箱中的角色和定位更加清晰，了解到中国目前的城镇化发展进程中政府对政策工具选择与应用的偏好与局限，揭示了中国不同城镇化发展领域中政策工具是如何推动政策问题解决的，但这些工具在多大程度上、以何种方式影响着空间城镇化的发展则需要对中国城镇化进程中政策工具的效用进一步分析。

第 5 章

中国城镇化进程中政策工具效用分析

通过对中国城镇化进程中政策工具选择与应用的分析，揭示出政策工具在推动中国城镇化发展中的重要性。城镇化的发展离不开政策工具的支持，政策工具不仅会对本区域的城镇化发展产生影响，而且也会将其影响范围扩散至相邻区域。因此，本书将进一步探究中国城镇化进程中政策工具在多大程度上、以何种方式影响着区域内与区域间城镇化发展进程。本书选取了中国城镇化中典型的混合型政策工具——财政工具作为实证研究对象，基于 2007—2015 年中国 30 个省级行政区域的面板数据，建立空间计量模型，对中国城镇化进程中政策工具的影响效用进行测算，进而采用空间偏微分方法进一步分析政策工具在城镇化进程中产生的跨区域的空间溢出效应。

5.1 变量选择与数据说明

5.1.1 被解释变量——城镇化发展水平

将城镇化水平作为被解释变量，用 *urbanization* 表示。在已有研究文献中，大多选取人口城镇化率作为衡量城镇化水平的指标，然而单一指标已经不能够反映出真实的城镇化水平，因为城镇化的发展强调的不仅仅是人口从农村向城镇转移，而是包含了人口、经济、社会、文化、资源、环境等多方面的发展与转型。因此，为了能够更清晰地呈现出中国城镇化的区域发展水平，增强实证分析城镇化发展水平的精准度，本书选取了22个指标变量（见表5－1），采集了2007—2015年中国30个省（市、自治区）的数据，运用因子分析法计算出中国各省级行政区域的城镇化发展水平。

表5－1　　中国城镇化发展水平指标

变量	指标	符号	单位
人口	人口城镇化率	*proportion*	%
经济	地区生产总值	*GDP*	亿元
生活水平	城镇居民人均可支配收入	*income*	元
	城镇居民消费水平	*expenditure*	元
	城乡消费水平对比	*reference*	%
	城镇单位就业人口	*employment*	万人
	城镇单位就业人员平均工资	*salary*	元
教育水平（每十万人口各级学校平均在校生数）	学前教育	*preschool*	人
	小学	*primary*	
	初中	*junior*	
	高中	*senior*	
	高等学校	*college*	

续表

变量	指标	符号	单位
公共服务	城镇基本养老保险人数	*pension*	万人
	城镇基本医疗保险人数	*healthcare*	万人
市政设施	城镇供水日生产能力	*water - supply*	万立方米
	城镇道路面积	*roadway*	万平方米
	城镇社区服务机构数	*community*	个
	移动电话用户	*mobile - phone*	万户
环境	城市建成区面积	*construction*	平方公里
	城市建成区绿化覆盖率	*afforestation*	%
	城市污水日处理能力	*effluent*	万立方米
	城市生活垃圾无害化处理率	*garbage*	%

注：数据来源于 2008—2016 年《中国统计年鉴》。

主成分分析法和因子分析法是常用的“降维”方法，为了将上述反映中国城镇化发展水平的指标体系综合成为一个指标，选取因子分析法。因子分析法是对主成分分析法的拓展与完善，从研究原始变量之间的依赖关系出发，将具有不同程度相关性的原始变量归为几个矩阵并提取出公因子的一种多变量统计分析方法，其核心在于对大量的观测变量进行因子分析，利用公因子的提取反映出原始资料的大部分信息。

设定 $\boldsymbol{X}(x_1, x_2, x_3, \cdots, x_p)$ 为原始变量，$\boldsymbol{A}(\alpha_{ij})$ 为因子载荷矩阵，α_{ij} 为因子载荷，$F(f_1, f_2, f_3, \cdots, f_n)$ 是公因子，$R(\gamma_1, \gamma_2, \gamma_3, \cdots, \gamma_p)$ 为特殊因子。

则因子分析数学矩阵 $\boldsymbol{X} = AF + R$ 如下。

$$\begin{cases} x_1 = \alpha_{11} f_1 + \alpha_{12} f_2 + \alpha_{13} f_3 + \cdots + \alpha_{1n} f_n + \gamma_1 \\ x_2 = \alpha_{21} f_1 + \alpha_{22} f_2 + \alpha_{23} f_3 + \cdots + \alpha_{2n} f_n + \gamma_2 \\ x_3 = \alpha_{31} f_1 + \alpha_{32} f_2 + \alpha_{33} f_3 + \cdots + \alpha_{3n} f_n + \gamma_3 \\ \vdots \\ x_p = \alpha_{p1} f_1 + \alpha_{p2} f_2 + \alpha_{p3} f_3 + \cdots + \alpha_{pn} f_n + \gamma_p \end{cases} \quad (n \leqslant p) \quad (5-1)$$

(1) KMO 检验

KMO 检验是因子分析法进一步开展的前提，其目的是检验原始变量之间是否存在相关性以及相关程度是否适合提取因子进行分析，只有通过 KMO 检验才可以对原始变量进行因子分析。所以，分别设定人口城镇化率、地区生产总值、城镇居民人均可支配收入……城市生活垃圾无害化处理率为 x_1，x_2，x_3，…，x_{22}。采用 KMO 检验 x_1 到 x_{22} 所有变量之间的相关系数，检验结果如表 5－2 所示。

表 5－2　　KMO 检验

变量	KMO	变量	KMO	变量	KMO	变量	KMO
x_1	0.8576	x_7	0.8510	x_{13}	0.9091	x_{19}	0.8569
x_2	0.8859	x_8	0.6402	x_{14}	0.9389	x_{20}	0.6970
x_3	0.9039	x_9	0.7819	x_{15}	0.9101	x_{21}	0.9389
x_4	0.8347	x_{10}	0.8325	x_{16}	0.8215	x_{22}	0.8624
x_5	0.8242	x_{11}	0.7262	x_{17}	0.9186	—	—
x_6	0.9088	x_{12}	0.8088	x_{18}	0.9063	—	—

注：平均值为 0.8684。

KMO 检验值必须为 0—1，越接近 1 表明变量之间的相关性越高；反之，越接近 0 则表明变量之间的相关性越低。一般来说，当 KMO 检验值大于 0.5 就表示适合使用因子分析法。中国城镇化水平指标的 KMO 检验结果显示，每个变量的 KMO 值均大于 0.5，而且平均值为 0.8684，表明原始变量很适合进行因子分析。

（2）公因子提取

对观测变量进行公因子的提取是因子分析的首要环节，根据表 5－3 所示，其中前三个因子的特征根分别为 10.55025、4.81078、1.60557，均大于 1，并且累计方差贡献率达到了 91.39%，表明高度保留了原数据的信息内容，故只挑选前三个公因子即可反映出中国城镇化的发展水平。

表 5－3　　因子提取结果

因子	特征值	方差	比重	累计占比
因子 1	10.55025	5.73947	0.5683	0.5683
因子 2	4.81078	3.20521	0.2591	0.8275
因子 3	1.60557	0.99567	0.0865	0.9139
因子 4	0.60990	0.13653	0.0329	0.9468
因子 5	0.47337	0.25239	0.0255	0.9723

续表

因子	特征值	方差	比重	累计占比
因子 6	0.22098	0.03267	0.0119	0.9842
因子 7	0.18830	0.05176	0.0101	0.9943
因子 8	0.13654	0.03154	0.0074	1.0017
因子 9	0.10501	0.03005	0.0057	1.0074
因子 10	0.07496	0.01612	0.0040	1.0114
因子 11	0.05884	0.01388	0.0032	1.0146
因子 12	0.04497	0.02453	0.0024	1.0170
因子 13	0.02044	0.01997	0.0011	1.0181
因子 14	0.00047	0.01226	0.0000	1.0181
因子 15	-0.01179	0.00265	-0.0006	1.0175
因子 16	-0.01444	0.00150	-0.0008	1.0167
因子 17	-0.01593	0.01257	-0.0009	1.0158
因子 18	-0.02850	0.01944	-0.0015	1.0143
因子 19	-0.04794	0.00692	-0.0026	1.0117
因子 20	-0.05485	0.01041	-0.0030	1.0088
因子 21	-0.06527	0.03223	-0.0035	1.0053
因子 22	-0.09750	—	-0.0053	1.0000

(3) 因子载荷矩阵

为了具体对比每个公因子中原始变量的载荷值，故对其进行因子旋转，形成因子载荷矩阵（见表 5-4）。

表 5-4　　因子载荷矩阵

变量	公因子 1	公因子 2	公因子 3
人口城镇化率x_1	0.1792	0.9070	-0.1069
地区生产总值x_2	0.9548	0.1799	0.1484
城镇居民人均可支配收入x_3	0.3182	0.8805	0.2670
城镇居民消费水平x_4	0.3338	0.9039	0.1344
城乡消费水平对比x_5	-0.1677	-0.5761	-0.2223
城镇单位就业人口x_6	0.9321	0.1729	0.1202
城镇单位就业人员平均工资x_7	0.0862	0.9178	0.2145

续表

变量	公因子 1	公因子 2	公因子 3
学前教育在校生数x_8	0.2605	0.0032	0.8511
小学在校生数x_9	-0.1260	-0.6891	0.2530
初中在校生数x_{10}	-0.1368	-0.7518	0.0035
高中在校生数x_{11}	0.0056	-0.5958	0.1435
高等学校在校生数x_{12}	0.0153	0.7771	-0.1614
城镇基本养老保险人数x_{13}	0.9524	0.2145	0.02006
城镇基本医疗保险人数x_{14}	0.8684	0.1657	0.1325
城镇供水日生产能力x_{15}	0.8671	0.2816	-0.1485
城镇道路面积x_{16}	0.9456	0.0197	0.0720
城镇社区服务机构数x_{17}	0.7726	0.1516	0.1349
移动电话用户x_{18}	0.9398	0.0823	0.2257
城市建成区面积x_{19}	0.9833	0.0464	-0.0085
城市建成区绿化覆盖率x_{20}	0.0514	0.0999	0.1364
城市污水日处理能力x_{21}	0.8898	0.1736	0.0334
城市生活垃圾无害化处理率x_{22}	0.1396	0.3979	0.6890

根据因子载荷矩阵可以看出，公因子 1 中x_2、x_6及x_{13}—x_{19}等 9 个变量的载荷值较高，因此，公因子 1 反映的是中国城镇化进程中政府所提供的公共服务与市政设施的情况，即公共产品水平，因子得分的高低也直接代表公共产品水平的高低；变量x_1、x_3、x_4、x_5、x_7、x_{12}在公因子 2 中的载荷值较高，可见因子 2 反映的是中国城镇化中城镇居民的生活与就业情况，即市民化水平；公因子 3 主要在x_{22}上得到较高的载荷值，其代表的是中国城镇化进程中的环境水平。

（4）因子综合得分与空间分布格局

根据原始数据对我国各个省域的城镇化发展水平计算因子得分，设定 $F1$ 为中国城镇化中公共产品水平因子得分，$F2$ 为市民化水平因子得分，$F3$ 为环境水平因子得分，Y 为因子综合得分，因子得分函数如下。

$$F1 = 0.1792\,x_1 + 0.9548\,x_2 + \cdots + 0.1396\,x_{22}$$

$$F2 = 0.907\,x_1 + 0.1799\,x_2 + \cdots + 0.3979\,x_{22}$$

$$F3 = -0.1069\,x_1 + 0.1484\,x_2 + \cdots + 0.689\,x_{22}$$

综合得分：

$Y = W1F1 + W2F2 + W3F3$，

其中，根据表5-4可以计算出 $W1 = Ei1/(Ei1 + Ei2 + Ei3)$，$Ei$ 为特征值，以此类推得出系数 $W2$、$W3$，以计算综合得分（见表5-5）。

表5-5　因子得分与综合得分

省份	公共产品 F1	市民化 F2	资源环境 F3	综合得分 Y
北京	-0.29426	2.793667	-0.86772	0.52695
天津	-0.89787	1.537972	-0.27172	-0.14798
河北	0.371711	-0.69616	0.334704	0.06543
山西	-0.43538	-0.38823	0.103666	-0.37097
内蒙古	-0.4997	0.220939	-0.31724	-0.27809
辽宁	0.531423	0.26677	-1.04075	0.30761
吉林	-0.36533	-0.07212	-1.26177	-0.36697
黑龙江	-0.01666	-0.24791	-1.71702	-0.24307
上海	-0.36066	2.932205	-0.58997	0.55121
江苏	1.962353	0.144445	0.182032	1.27836
浙江	0.890526	0.699637	0.935037	0.84053
安徽	0.029271	-0.42625	-0.26945	-0.12813
福建	-0.32737	0.145596	1.357207	-0.03389
江西	-0.41446	-0.58324	0.842899	-0.34332
山东	1.925483	-0.41379	-0.03907	1.07626
河南	0.715512	-0.8316	0.638816	0.26958
湖北	0.335178	-0.25489	-0.65553	0.07414
湖南	0.105199	-0.40095	0.15775	-0.03333
广东	3.30828	0.057785	-0.44438	2.03143
广西	-0.38072	-0.58127	1.061221	-0.30113
海南	-1.0834	-0.29175	0.532618	-0.70598
重庆	-0.5092	0.08088	0.362493	-0.25940
四川	0.46143	-0.66767	0.126988	0.10965
贵州	-0.63741	-0.76687	0.47904	-0.56843
云南	-0.54876	-0.60412	0.310688	-0.48310
陕西	-0.4237	-0.16594	0.330258	-0.27926

续表

省份	公共产品 F1	市民化 F2	资源环境 F3	综合得分 Y
甘肃	-0.62784	-0.5644	-0.78582	-0.62474
青海	-1.19484	-0.3491	0.347337	-0.80906
宁夏	-1.03715	-0.03466	0.091575	-0.64606
新疆	-0.58167	-0.53898	0.066091	-0.50823

注：因子得分的正负并不代表城镇化的发展与倒退，仅依据数值的大小比较中国城镇化发展水平的高低。

在公共产品 F1 上，得分从高到低的前几名依次为广东、江苏、山东和浙江，证明其公共产品的提供与利用优于其他省份，尤其是广东省得分 3.30828 远高于第二位的江苏省；在市民化 F2 上，上海、北京、天津、浙江位于前几位，前三名均为直辖市，可以看出城市的经济基础与政治优势对农业转移人口市民化的巨大推动力；在环境 F3 得分的排名中，福建、广西、浙江、江西位于首位，多位于东部沿海地区，因地理区位的优势普遍拥有较好的生态资源与城镇环境条件；综合得分 Y，即在中国城镇化水平上，广东、江苏、山东、浙江位居前茅，表明了这些省份在中国城镇化发展中的领先地位。

整体来看，因子得分较高的省份大多是经济较为发达的地区，如长江三角洲、珠江三角洲、京津冀城市群，而云南、贵州、青海、宁夏、海南等省份的得分普遍较低，这些省份大多位于我国的西部、西南部地区。通过对比分析 2007 年、2011 年、2015 年的中国城镇化发展水平的四分位图，发现中国城镇化发展水平的空间格局具有东部沿海地区高、中西部地区低的空间特征，并具有相对的稳定性，呈现逐步提升发展的良好趋势。

5.1.2 解释变量——财政工具

在中国城镇化政策体系中政府投入应用频率最高的就是财政工具，财政工具是一种通过经济上的诱导以实现城镇化发展目标的诱导型政策工具，主要存在三种工具形式——财政支出工具、税收工具与金融工具。要探究的关键就在于不同形式的政策工具对中国城镇化发展水平的影响效用以及空间溢出现象。因此，选取了 6 个解释变量分别代表中国城镇化进程中不同形式的财政工具。

财政支出工具主要通过财政补贴、转移支付等方式推动城镇化发展，为城镇化进程中的利益群体提供经济激励，使其行为符合政府主导的城镇化发展模式，选择基本公共服务（*Service*）、社会保障（*Insurance*）作为代表财政支出工具的解释变量；税收工具主要以财富再分配等方式调节公共产品与私人产品结构，影响城镇化发展进程中社会团体或个人的经济行为，选取国家税收总额（*Revenue*）、城建维护建设税（*Maintenance*）作为代表税收工具的解释变量；金融工具则以投资和贷款的方式引导社会资金的流向，调节社会有效需求，实现社会供求的总量平衡和结构平衡，选择城镇固定资产投资额（*Investment*）、城镇固定资产投资贷款额（*Loan*）作为代表金融工具的解释变量，详见表 5-6。

表 5-6　　财政工具指标

变量	指标	符号	单位
财政支出工具	基本公共服务	*Service*	亿元
	社会保障	*Insurance*	
税收工具	税收总额	*Revenue*	万元
	城市维护建设税	*Maintenance*	
金融工具	城镇固定资产投资	*Investment*	亿元
	国内贷款额	*Loan*	

5.1.3　数据来源与说明

本书选取了 2007—2015 年中国 30 个省级行政区域的面板数据，数据来源于 2008—2016 年《中国统计年鉴》《中国税务年鉴》以及《中国城市统计年鉴》。

为了避免通货膨胀等因素对金额统计数据的影响，本书对涉及金额部分的数据进行了平减处理，以 2007 年作为基期进行平减，使其他年份的数据具有可比性。为了便于模型的建构，对变量进行了描述性统计（见表 5-7）与相关性分析（见表 5-8）。

表 5-7　　变量的描述性特征

变量	样本数量	均值	标准差	最小值	最大值
Urbanization	270	-5.28×10^{-9}	0.5772671	-0.8407679	2.268956
Service	270	5.425545	0.6391121	3.647852	6.647948

续表

变量	样本数量	均值	标准差	最小值	最大值
Insurance	270	5.51586	0.633631	3.238573	6.73515
Revenue	270	7.407524	0.9702927	4.645396	9.53086
Maintenance	270	3.890949	0.8706104	1.238635	5.922364
Investment	270	8.723434	0.8595861	6.095128	10.48745
Loan	270	6.849928	0.7634875	4.14983	8.317016

表5-8　变量的相关系数表

变量	*Urbanization*	*Service*	*Insurance*	*Revenue*	*Maintenance*	*Investment*	*Loan*
Urbanization	1.000	—	—	—	—	—	—
Service	0.637***	1.000	—	—	—	—	—
Insurance	0.613***	0.817***	1.000	—	—	—	—
Revenue	0.891***	0.753***	0.705***	1.000	—	—	—
Maintenance	0.854***	0.850***	0.799***	0.958***	1.000	—	—
Investment	0.681***	0.866***	0.862***	0.761***	0.856***	1.000	—
Loan	0.780***	0.743***	0.662***	0.843***	0.849***	0.799***	1.000

注：＊＊＊表示sig值小于0.001，结果高度显著。

5.2 空间自相关检验

在使用空间计量模型分析问题之前，首先需要进行空间相关性检验，即检验某个省级区域的变量值是否显著地与其相邻省级区域的变量值相关联。空间相关性检验分为全局空间自相关和局域空间自相关两种。全局空间自相关主要是对变量值在整个区域空间特征的描述，一般通过对空间自相关统计量 ***Moran's I*** 的估计来分析。***Moran's I*** 统计量是一个检验全局空间自相关的指标，它反映的是空间邻接或空间邻近的区域单元属性值的相似程度，其计算方法如下。

$$Moran's\ I = \frac{\sum_{i=1}^{n}\sum_{j=1}^{n}\omega_{ij}(Y_i - \bar{Y})(Y_j - \bar{Y})}{S^2\sum_{i=1}^{n}\sum_{j=1}^{n}\omega_{ij}} \tag{5-2}$$

公式（5-2）中，$S^2 = \frac{1}{n}\sum_{i=1}^{n}(Y_i - \bar{Y})^2$，$\bar{Y} = \frac{1}{n}\sum_{i=1}^{n}Y_i$；$Y_i$ 为 i 地区的观测值；n 为观测地区总数；ω_{ij} 为空间权重矩阵的要素。

标准化的 *Moran's I* 统计量为

$$Z = \frac{Moran's\ I - E(I)}{\sqrt{VAR(I)}} \tag{5-3}$$

$$E(I) = -\frac{1}{n-1} \tag{5-4}$$

$$VAR(I) = \frac{n^2\omega_1 + n\omega_2 + 3\omega_0^{\ 2}}{\omega_0^{\ 2}(n^2 - 1)} - E^2(I) \tag{5-5}$$

$$\omega_0 = \sum_{i=1}^{n}\sum_{j=1}^{n}\omega_{ij} \tag{5-6}$$

公式（5-3）至公式（5-6）中，$\omega_1 = \frac{1}{2}\sum_{i=1}^{n}\sum_{j=1}^{n}(\omega_{ij} + \omega_{ji})^2$，$\omega_2 = \sum_{i=1}^{n}\sum_{j=1}^{n}(\omega_{i.} + \omega_{j.})^2$，$\omega_{i.}$、$\omega_{j.}$ 分别为空间权重矩阵 i 行和 j 列之和。在不存在空间相关性的原假设下，Z 服从标准正态分布。

已有文献中最常用的空间权重矩阵主要有两种：一种是二值邻接矩阵，该矩阵假定如果两个地区有共同的边界，就将权重值 ω_{ij} 设为 1，否则就为 0；另一种是地理距离空间权重矩阵，一般选择两地之间地理距离的倒数表示地区 i 和 j 之间的空间关联强度。之所以选择距离的倒数，主要是基于距离衰减这样一个事实：万物都是彼此关联的，只不过与距离较远的事物相比，距离较近的事物联系更加紧密。

Moran's I 统计量的取值一般为 [-1,1]，小于 0 表示负相关，等于 0 表示不相关，大于 0 表示正相关。越接近 -1 表示单元间的差异越大或分布越不集中；越接近 1，则代表单元间的关系越密切，性质越相似；接近 0，则表示单元间不相关。

表 5－9　　　　　　　　　*Moran's I* 指数

	年份	2007	2008	2009	2010	2011	2012	2013	2014	2015
二值邻接矩阵	*Moran's I*	0.210**	0.203**	0.193**	0.179**	0.166**	0.147*	0.129*	0.125*	0.147*
	P 值	(0.022)	(0.025)	(0.030)	(0.038)	(0.047)	(0.064)	(0.086)	(0.091)	(0.064)
地理距离矩阵	年份	2007	2008	2009	2010	2011	2012	2013	2014	2015
	Moran's I	0.195***	0.189**	0.188**	0.180**	0.168**	0.156**	0.144**	0.140**	0.144**
	P 值	(0.010)	(0.013)	(0.013)	(0.016)	(0.023)	(0.031)	(0.044)	(0.050)	(0.044)

注：***、**、*分别表示通过了 1%、5%、10% 水平下的显著性检验。

通过表 5－9 可以看出，*Moran's I* 指数 2007—2015 年保持在 0.1 以上，无论在二值邻接矩阵还是地理矩阵下均通过了显著性检验。地理距离矩阵下的 *Moran's I* 指数比二值邻接矩阵下的 *Moran's I* 指数更加显著，这也表明单纯以两地是否邻接来判断是否存在空间关联是不严谨的，地理距离矩阵显然更合理。

所以，为了进一步识别各省级行政区域城镇化水平的空间分布特征，运用局域空间自相关检验来可视化中国城镇化发展水平。局域空间自相关检验以 *Moran* 散点图表示。*Moran* 散点图以 (z, Wz) 为坐标点，$z_i = y_i - \bar{y}$ 为空间滞后因子，i 为第 i 个观测单元，y_i 为第 i 个观测单元的观测值，$\bar{y}$ 为所有观测单元观测值的均值，Wz 为对空间单元观测值的空间加权计算，W 为空间加权矩阵。图 5－1、图 5－2、图 5－3 分别为 2007 年、2011 年、

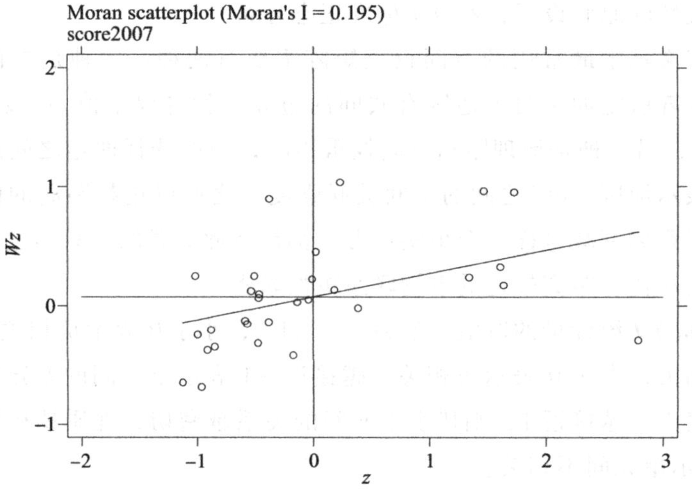

图 5－1　2007 年中国城镇化发展的 *Moran* 散点图

2015年中国城镇化发展的*Moran*散点图，揭示了不同时期中国城镇化发展的空间聚集类型与局部空间联系模式。

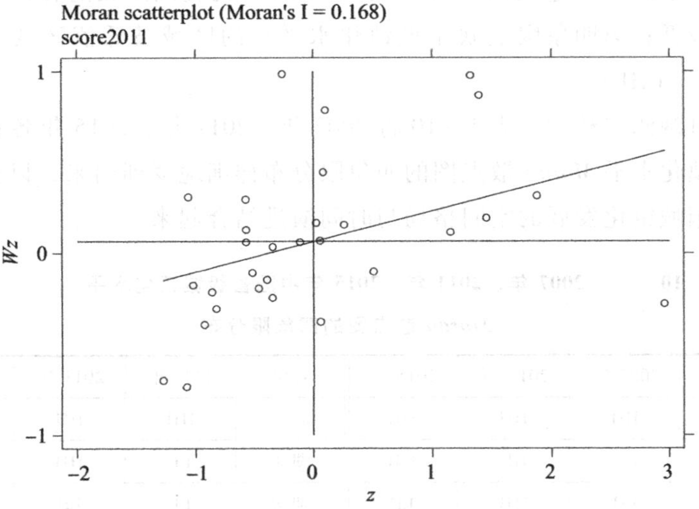

图5－2 2011年中国城镇化发展的*Moran*散点图

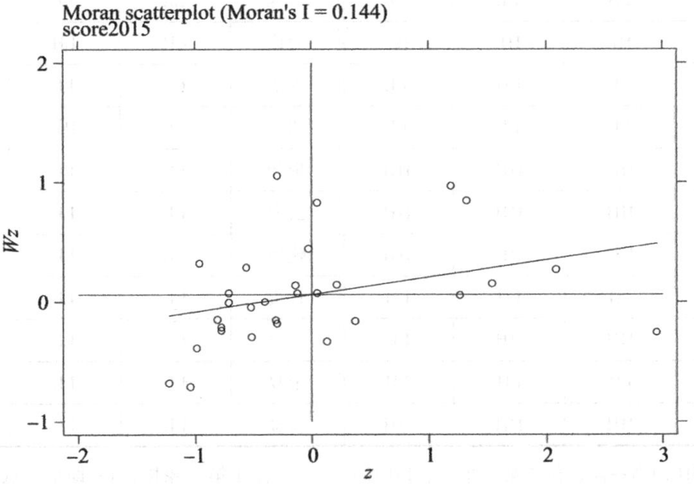

图5－3 2015年中国城镇化发展的*Moran*散点图

*Moran*散点图包括四个象限，其中第一、第三象限代表观测值存在正的空间相关性，也称为典型区域；第二、第四象限代表观测值存在负的空间相关性，也称为非典型区域或异常区域。第一象限反映了城镇化水平高的省级区域被高值省级区域所包围，即“高—高”（HH），代表该区域的

省份整体城镇化水平较高；第二象限反映了城镇化水平低的区域单元被高值区域所包围即“低—高”（LH）；第三象限反映了城镇化水平低的区域单元被低值区域所包围即“低—低”（LL），代表该区域的省份整体城镇化水平较低；第四象限反映了城镇化水平高的区域被低值区域所包围即“高—低”（HL）。

通过观测与整理，表5－10将2007年、2011年、2015年各省级行政区域城镇化水平*Moran*散点图的四象限分布详细地罗列出来，以实证的方式将中国城镇化发展的空间格局与时间演进结合起来。

表5－10　2007年、2011年、2015年中国省级城镇化水平*Moran*散点图的四象限分布

省份	2007年	2011年	2015年	省份	2007年	2011年	2015年
北京	HH	HH	HH	河南	HH	HH	HH
天津	HH	HH	HH	湖北	LL	HH	HH
河北	LH	HH	LH	湖南	LL	LH	LH
山西	LH	LH	LH	广东	HL	HL	HL
内蒙古	LH	LL	LL	广西	LL	LL	LL
辽宁	HL	HL	HL	海南	LH	LH	LH
吉林	LL	LH	LL	重庆	LL	LL	LL
黑龙江	LL	LL	LL	四川	LL	HL	HL
上海	HH	HH	HH	贵州	LL	LL	LL
江苏	HH	HH	HH	云南	LL	LL	LL
浙江	HH	HH	HH	陕西	LL	LL	LL
安徽	LH	LH	LH	甘肃	LL	LL	LL
福建	HH	HH	LH	青海	LL	LL	LL
江西	LH	LH	LH	宁夏	LL	LL	LL
山东	HH	HH	HH	新疆	LL	LL	LL

注：HH即高—高，位于第一象限；LH即低—高，位于第二象限；LL即低—低，位于第三象限；HL即高—低，位于第四象限。

根据表5－10对中国城镇化发展*Moran*散点图的四象限分布汇总，北京、天津、上海、江苏、浙江、山东、河南一直位于第一象限，代表城镇化水平高的省份被城镇化水平高的省份所包围，证明这几个省份具有较为明显的空间聚集特征，主要聚集在京津冀和长江三角洲城市群；在第二象限中，较为平稳的省份有山西、安徽、江西、海南，代表这几个省份城镇化水平较低但相邻高城镇化水平区域；第三象限主要代表城镇化水平低的省份，主要包含黑龙江、广西、重庆、贵州、云南、陕西、甘肃、青海、宁夏、新疆，可以看出城镇化水平较低的省份倾向于和同样较低城镇化发展的省份相邻近，中西部、西南部空间均属于低城镇化水平聚集区；辽宁、广东持续位于第四象限，代表城镇化水平高的地区被低城镇化水平区域包围，其发展方式区别于空间上的相邻区域，只有辽宁、广东与四川属于这种类型。从 2007 年、2011 年、2015 年各省城镇化水平 *Moran* 散点图中可以看出中国城镇化水平空间格局的变化，但是总体空间格局具有较好的一致性，在中国的 30 个省份中只有河北、湖北、湖南、内蒙古、四川、福建出现了明显的空间格局改变。

5.3 空间计量模型的建构与分析

Moran 指数的检验结果表明变量之间存在显著的空间依赖特征，因此，进一步构建空间计量模型是合理的。采用二值邻接权重矩阵作为本书模型的空间权重矩阵，同时为了检验模型结论的稳定性，也会使用地理距离权重矩阵进行估计，以便与二值邻接权重矩阵的估计结果进行对比。

在文献中，应用最广泛的空间计量模型主要包括以下两种模型：空间滞后模型（SLM）、空间误差模型（SEM）。空间滞后模型假定地区之间的空间相关性主要来源于被解释变量之间的空间相关，模型设定如下。

$$\begin{aligned} Urbanlizatio\,n_{it} = {} & \alpha + \rho \sum_{j=1}^{N} \omega_{ij} Urbanlizatio\,n_{it} + \beta_1 Service_{it} \\ & + \beta_2 Insurance_{it} + \beta_3 Revenue_{it} + \beta_4 Maintenance_{it} \\ & + \beta_5 Investment_{it} + \beta_6 Loan_{it} \end{aligned} \tag{5-7}$$

公式（5－7）中，$Urbanlizatio\,n_{it}$ 为 i 地区在 t 时期的中国城镇化水平；

α 为截距项；$Urbanlizatio\ n_{jt}$为 j 地区在 t 时期的中国城镇化水平；ρ 为空间自回归系数；ω_{ij}为空间权重矩阵 W 的元素，表示地区 i 和地区 j 之间的空间关联强度；$\sum_{i=1}^{N}\omega_{ij}Urbanlizatio\ n_{jt}$为被解释变量的空间相关变量；*Service*、*Insurance*、*Revenue*、*Maintenance*、*Investment*、*Loan* 分别为基本公共服务、社会保障、税收总额、城市维护建设税、城镇固定资产投资、国内贷款额；β 为估计系数，μ_{it}为干扰项，且服从独立同分布假设，其均值为零且方差为σ^2。

空间误差模型假定地区之间的空间相关性主要来源于随机扰动项之间的空间相关，其模型设定形式如下。

$$Urbanlizatio\ n_{it} = \alpha + \beta_1 Service_{it} + \beta_2 Insurance_{it} + \beta_3 Revenue_{it} + \beta_4 Maintenance_{it} + \beta_5 Investment_{it} + \beta_6 Loan_{it} + \mu_{it} \tag{5-8}$$

$$\mu_{it} = \lambda \sum_{j=1}^{N} \omega_{ij}\mu_{ij} + \varepsilon_{it}$$

公式（5－8）中，μ_{it}、μ_{jt}、ε_{it}为干扰项，且ε_{it}服从独立同分布假设，其均值为零且方差为σ^2；λ 为空间自相关系数；$\sum_{j=1}^{N}\omega_{ij}\mu_{ij}$为扰动项的空间相关变量，其他变量的含义与上述相同。

对于空间计量模型的选择，Anselin 等（1996）提出了如下基于拉格朗日（LM）检验的判别准则：如果在空间效应的检验中发现 *LM－lag* 显著而 *LM－error* 在统计上不显著，则应该选择空间滞后模型；反之，则应该选择空间误差模型。如果两者在统计上都显著，则应该进一步比较稳健的拉格朗日检验，如果 *RobustLM－lag* 显著而 *RobustLM－error* 不显著，则空间滞后模型更好，反之空间误差模型更好。

表 5－11　　模型识别检验

地理距离空间权重矩阵		二值邻接空间权重矩阵	
LM－lag	74.113*** (0.000)	*LM－lag*	33.550*** (0.000)
LM－error	22.989*** (0.000)	*LM－error*	6.040** (0.014)
RobustLM－lag	56.604*** (0.006)	*RobustLM－lag*	42.791*** (0.000)

续表

地理距离空间权重矩阵		二值邻接空间权重矩阵	
RobustLM - error	5.480** (0.019)	*RobustLM - error*	15.282*** (0.000)

注：***、**、* 分别表示通过了 1%、5%、10% 水平下的显著性检验，( ) 内的数值表示概率值 P。

根据表 5 - 11 模型识别检验结果可以看出，两种空间权重矩阵下，拉格朗日检验以及稳健的拉格朗日检验均十分显著，无法有效表明空间滞后模型和空间误差模型哪个更合适。因此，选择同时使用空间滞后模型与空间误差模型两种模型进行回归分析，结果如表 5 - 12 所示。

表 5 - 12　空间回归结果

解释变量	二值邻接权重矩阵		地理距离权重矩阵	
	空间滞后模型	空间误差模型	空间滞后模型	空间误差模型
Service	-0.068 (0.288)	-0.087 (0.223)	-0.034 (0.557)	-0.010 (0.159)
Insurance	0.266*** (0.000)	0.332*** (0.000)	0.181*** (0.000)	0.278*** (0.000)
Revenue	-0.153* (0.054)	-0.164* (0.057)	-0.204*** (0.000)	-0.154* (0.065)
Maintenance	0.265*** (0.000)	0.395*** (0.000)	0.248*** (0.000)	0.365*** (0.000)
Investment	0.114** (0.025)	0.159*** (0.003)	0.049** (0.032)	0.130** (0.023)
Loan	-0.058** (0.039)	-0.077** (0.012)	-0.020* (0.085)	-0.024** (0.042)
溢出效应值 ρ	0.327*** (0.000)	—	0.603*** (0.000)	—
溢出效应值 λ	—	0.188** (0.019)	—	0.565*** (0.002)
似然函数值 Log - likelihood	271.439	259.389	295.308	268.67

续表

解释变量	二值邻接权重矩阵		地理距离权重矩阵	
	空间滞后模型	空间误差模型	空间滞后模型	空间误差模型
Hausman 检验	17.77** (0.013)	24.98*** (0.001)	14.95** (0.040)	21.18*** (0.004)
样本数量	270	270	270	270
拟合优度值 (adj - squared)	0.8799	0.8649	0.8882	0.8625

注：***、**、*分别表示通过了1%、5%、10%水平下的显著性检验。( ) 内的数值表示概率值 P。

如果 Hausman 检验结果中的 p 值小于 0.05，则固定效应模型比较合适，大于 0.05 时，随机效应模型更为合适。本书的 Hausman 检验结果都小于 0.05，因此，最终选择固定效应模型。在两种空间权重矩阵下的空间滞后模型与空间误差模型的回归分析结果具有高度一致性，证明模型具有稳健性。四个模型下的拟合优度值分别为 0.8799、0.8649、0.8882、0.8625，似然函数值分别为 271.439、259.389、295.308、268.670，无论是拟合优度还是似然函数，第三个模型的值都高于其他模型。根据拟合优度和似然函数值越大越好的原则，财政工具对城镇化的影响效应的解释模型选定为地理距离权重矩阵下的空间滞后模型。

基本公共服务与城镇化水平的关系不显著，表明政府对基本公共服务的财政支出并非推动中国城镇化发展的主要动力。社会保障的估计指数为正，且通过了1%水平的显著性检验，表明社会保障的财政支出对城镇化水平的提升具有显著的促进作用。公共财政不断加大对城镇社会保障的投入，一方面加快了人口流动的速度，另一方面吸引更多生产要素在城镇中集聚，进一步推进了农业转移人口的市民化进程。

税收总额的估计指数显著为负，说明国家税收总额对城镇化发展具有明显的抑制作用。之所以出现这种情况，主要是因为财政工具中针对城镇化发展的税收减免政策、税负调整政策并没有落实到位。应当加大税收优惠力度，提高税收返还比例，从而推动城镇化的发展。城建维护税的估计指数为正，不仅通过了1%水平下的显著性检验，而且高于其他所有解释变量的估计指数，表明城建维护税对城镇化发展具有极大的促进作用。

城镇固定资产投资的估计指数为正，只通过了5%水平下的显著性检验，表明城镇固定资产投资对城镇化水平具有一定的提升作用，但并不显著。国内贷款额的指数为负，而且在 10% 的水平下显著，表明国内贷款额在一定程度上抑制了中国城镇化水平的提高。

ρ/λ 值所衡量的是空间计量模型中被解释变量的空间溢出效应，即中国城镇化发展水平的空间自相关性与空间依赖性。溢出效应是指由主体进行某项活动导致的对该活动主体之外的事物带来的收益或损失，而活动主体本身无法获取的外部收益。[①] 由表 5 - 12 可知，在空间滞后模型与空间误差模型中的溢出效应值都显著为正，且地理距离权重矩阵下的空间溢出效应明显高于二值邻接权重矩阵下的空间溢出效应，表明一个区域城镇化水平的提高会促进邻近区域城镇化水平的提高，从而形成中国城镇化发展的空间集聚现象。但是，ρ/λ 无法衡量解释变量——财政工具的空间溢出效应，需要对计量模型做进一步的分解测算。

5.4 空间溢出效应分解

LeSage 和 Pace（2009）认为，对于空间计量的研究者而言，最为关注的应该是解释变量的溢出效应，而不是点估计的结果。这是因为点估计的结果有时候会导致得出错误的结论，仅仅根据点估计的结果来判断是否存在溢出效应是不合理的，研究者更应该关注对溢出效应的解释。因此，本书进一步分解财政工具影响城镇化水平的空间计量模型，测算解释变量的直接效应、间接效应和总效应。直接效应代表区域内效应，表示特定单位中特定解释变量的变化对自身的被解释变量的影响；间接效应代表区域之间的效应，即空间溢出效应，表示解释变量不仅对自身的被解释变量有影响，而且对其他区域的被解释变量也产生影响。

选择 LeSage 和 Pace 提出的空间回归偏微分方法作为空间溢出效应的

① 辛波，高彬，刘浩．城镇化的经济与环境溢出效应分析及新型城镇化的路径选择：以山东省为例［J］．经济与管理评论，2015（06）：141—148.

分解途径，直接效应和间接效应通过对空间计量模型求解除了截距项和误差项之外的解释变量的偏微分而得到。一般嵌套空间（GNS）模型表达式为

$$Y = \rho WY + \alpha + X\beta + WX\theta + \mu, \mu = \lambda W\mu$$

对于时间上从单位 1 到单位 N 的第 k 个解释变量 X，其对应的 Y 的期望值的偏导数矩阵可以写为

$$\left[\frac{\partial E(Y)}{\partial x_{1k}} \times \frac{\partial E(Y)}{\partial x_{Nk}}\right] = \begin{bmatrix} \frac{\partial E(y_1)}{\partial x_{1k}} \cdots \frac{\partial E(y_1)}{\partial x_{Nk}} \\ \vdots \quad \vdots \\ \frac{\partial E(y_N)}{\partial x_{1k}} \cdots \frac{\partial E(y_N)}{\partial x_{Nk}} \end{bmatrix}$$

基于 δ 和 θ 的不同设定可以将一般嵌套空间模型扩展为空间滞后模型、空间误差模型、空间杜宾模型（SDM）等，因此，不同的模型所计算的直接效应和间接效应是不同的。由于直接效应和间接效应对于样本中的不同单位是不同的，因而这些效应的表现形式就是一个问题。如果在考察期内有 N 个空间单位和 K 个解释变量，将得到 $T \times K$ 个不同的 $N \times N$ 维的直接效应和间接效应的矩阵，但是这样会导致报告这些结果变得困难。因此为了简化，软件的回归结果中一般报告概述性指标，直接效应的概述性指标用 $T \times K$ 个不同的 $N \times N$ 维的矩阵的对角线元素的均值来度量，间接效应的概述性指标用 $T \times K$ 个不同的 $N \times N$ 维的矩阵的非对角线元素的列和的均值来度量，表示一个特定元素的变化对于其他单位的被解释变量的影响。

表 5－13 阐述了不同空间计量模型设定下的直接效应和间接效应，可以看出空间误差模型的间接效应为 0，无法进一步分解空间溢出效应。所以，本书仅对二值邻接与地理距离权重矩阵下的空间滞后模型进行偏微分计算，进而分解测算出财政工具对中国城镇化发展水平的直接效应、间接效应和总效应，如表 5－14 所示。

表 5－13　　不同空间计量模型的直接效应和间接效应

模型	直接效应	间接效应
OLS \ SEM	β_k	0
SLM \ SAC	$(I-\rho W)^{-1}\beta_k$ 的对角线元素	$(I-\rho W)^{-1}\beta_k$ 的非对角线元素

续表

模型	直接效应	间接效应
SDM	$(I-\rho W)^{-1}(\beta_k + W\theta_k)$ 的对角线元素	$(I-\rho W)^{-1}(\beta_k + W\theta_k)$ 的非对角线元素
SLX \ SDEM	β_k	θ_k

表 5-14　　　　空间溢出效应分解

变量	二值邻接矩阵			地理距离矩阵		
	直接效应	间接效应	总效应	直接效应	间接效应	总效应
Service	-0.072 (-1.11)	-0.032 (-1.04)	-0.104 (-1.10)	-0.038 (-0.62)	-0.048 (-0.57)	-0.087 (-0.60)
Insurance	0.273*** (5.39)	0.123*** (3.41)	0.396*** (5.22)	0.196*** (4.03)	0.265*** (3.19)	0.460*** (3.82)
Revenue	-0.155** (-2.03)	-0.070* (-1.77)	-0.225** (-2.00)	-0.219*** (-3.02)	-0.303** (-2.31)	-0.522*** (-2.67)
Maintenance	0.270*** (4.84)	0.120*** (3.84)	0.390*** (5.21)	0.267*** (5.29)	0.360*** (3.74)	0.627*** (4.85)
Investment	0.119** (2.37)	0.052** (2.28)	0.171** (2.44)	0.055* (1.95)	0.070** (2.10)	0.125** (2.14)
Loan	-0.061** (-2.11)	-0.027* (-1.94)	-0.088** (-2.12)	-0.023* (-1.82)	-0.028*** (-2.73)	-0.051*** (-2.77)

注：***、**、*分别代表1%、5%、10%的显著性水平。() 内的数值表示 t 值。

间接效应即空间溢出效应，是实证研究的核心。对比解释变量的直接效应或总效应，对财政工具中每一项解释变量在中国城镇化发展中的空间溢出效应进行逐一分析。

社会保障在二值邻接权重矩阵下的间接效应的估计指数显著为正，且通过1%水平的显著性检验，表明社会保障领域的财政支出在相邻区域产生了空间溢出效应。也就是说，社会保障领域的财政支出不仅能够促进本区域的城镇化发展，而且能够推动相邻区域的城镇化发展，具有正向的外部效应。但是，其间接效应的估计指数小于直接效应，说明社会保障领域的财政支出对相邻区域城镇化发展的影响小于对本区域城镇化发展的影响。由此可见，财政工具对城镇化影响的范围是有限的，随着空间距离的增加其影响效应越来越小。这种扩散特性被 Lawrence A. Brown 称为“邻近效应”①，即财政工具更容易实现对地理距离较近的相邻区域城镇化发展水平的影响。

税收总额的间接效应值为 -0.070，仅通过了10%水平下的显著性检验，表明税收总额的空间溢出效应较小，仅对相邻区域的城镇化发展存在微小的抑制作用。这种负的外部性效应主要是由于针对城镇化发展的税收优惠政策不到位所致。而城建维护税的间接效应的估计指数显著为正，表明城建维护税收存在着显著的空间溢出效应，城建维护税对本区域的城镇化发展和相邻区域的城镇化发展都具有明显的促进作用，在区域之间存在政策工具效用的空间溢出现象。

城镇固定资产投资的间接效应的估计指数为正，但仅通过了5%水平下的显著性检验，表明城镇固定资产投资对城镇化的空间溢出效应较弱。国内贷款额的间接效应的估计指数为 -0.027，表明国内贷款额不仅抑制本区域的城镇化发展，而且也抑制了一定范围内的相邻区域的城镇化发展。由于仅通过了10%水平下的显著性检验，所以其扩散影响范围较小。

5.5 小结

本章选取了中国城镇化进程中典型的混合型政策工具——财政工具作为实证研究对象，收集了2007—2015年中国的30个省级行政区域的面板数据，通过构建空间误差模型和空间滞后模型对财政工具对城镇化的影响效用进行分析，并利用空间偏微分法对空间溢出效应进行了分解，实证分析了财政工具中多个解释变量跨区域的空间扩散现象，得出的主要结论如下。

第一，中国城镇化的发展呈现显著的空间自相关性和空间依赖性，一个区域城镇化发展水平的提高会促进邻近区域城镇化发展水平的提高，从

① BROWN L A, COX K R. Empirical Regularities in the Diffusion of Innovation [J]. Annals of the Association of American Geographers, 1971, 61: 9-51.

而形成空间集聚现象。

第二，财政工具中的社会保障支出、城建维护税、城镇固定资产投资对中国城镇化发展起到了不同程度的促进作用，但是，税收总额和国内贷款额在一定程度上抑制了中国城镇化发展水平的提高。基本公共服务领域的财政支出与城镇化发展的相关性不显著。

第三，社会保障支出、城建维护税、城镇固定资产投资的空间溢出效应为正，税收总额和国内贷款额的空间溢出效应为负，在邻近效应的作用下影响着相邻区域城镇化的发展，并且伴随着空间距离的增加呈现出扩散影响效应逐渐衰减的特征。

通过实证分析，可以了解到在中国城镇化发展和区域经济一体化的进程中，财政工具对城镇化发展的影响不断地在区域内和区域之间扩散，其他类型的政策工具在中国城镇化中的应用中必然也有相似的效用特征。因此，探索政策工具在中国城镇化进程中的传导与扩散的机制，探索如何扩大正向溢出效应、减少负向溢出效应，是提升中国城镇化政策工具适配性的关键，同样是政策工具组合、创新、优化的根本出发点。

第6章 中国城镇化进程中政策工具的传导与扩散

中国的城镇化发展具有显著的空间自相关性与空间依赖性，城镇化政策工具不仅对本区域的城镇化水平产生效用，并且可以影响到相邻区域的城镇化发展。可以看出，政策工具的效用不仅可以在区域内传导，而且在不同程度上向周边区域扩散。耦合是政策工具作用于城镇化的基础，传导与扩散则是起主要作用的形式。因此，通过揭示政策工具在区域内传导与区域间扩散的实质，探索政策工具实现城镇化发展目标的传导路径与扩散模式。

6.1 中国城镇化进程中政策工具的传导

传导（transmission）原为物理学概念，指“在同一个神经元传播的过程”，但随着学科的交叉发展，“传导机制”逐渐被推广到其他学科领域，最早应用于货币政策研究领域。赵海宽、王晓岩（1987）首次提出货币政策传导机制的概念，指出货币政策这一子系统发生变动时，使经济中的其他子系统，或更进一步说，货币政策所要达到的目标系统产生必然反应的规律。[①] 传导概念主要应用于经济与管理领域，近几年才逐渐有学者将其引入政策领域。肖教燎（2010）将传导用于土地政策的研究，认为传导机制是指为实现特定政策目标，政策要素在一定政策环境中通过媒介体从启动、运行到实施的相互作用关系。[②] 普遍看来，学术领域对传导以及传导机制的界定与运用不一，货币政策领域中传导机制的研究仍然最为广泛。

传导所体现的是一种过程，是一种如何引导过程按照既定方式实现目标的作用机制。中国城镇化进程中政策工具的传导就是指政策工具如何利用媒介确保城镇化政策从产生、运行到终结不偏离政策执行方案，实现中国城镇化政策目标的作用过程。在不同的政策环境下，每一种政策工具都会生成不同的传导路径与作用机制，但从整体的传导形式来看，可以将其划分为抽象政策工具的传导与具体政策工具的传导。抽象政策工具的传导一般是通过层级传递来实现的，是一种结构传导机制；具体政策工具的传导则是一种通过逐步实现阶段性政策目标来传递工具效应的动态传导机制。但是，在实际的政策执行过程中，抽象政策工具与具体政策工具通常是不可分的，传导路径也存在着交叉与重叠，传导机制则兼具抽象政策工具与具体政策工具传导的双重特点，更为复杂和多样化。

6.1.1　抽象政策工具的传导

抽象政策工具是城镇化政策执行的基础，贯穿于中国城镇化发展的始终，是必不可少的政策工具类型。抽象政策工具在中国城镇化进程中的传导路径是否顺畅是城镇化发展政策目标是否能够实现的基础与关键。

在中国城镇化进程中，通过抽象政策工具的传导，政府将有关城镇化的决策与民意传递到每个层级每个部门，在掌握抽象政策工具的基础上根据面对的目标群体、政策环境进一步细化工具并设计政策方案以便执行。抽象政策工具传导的目标一方面是为政策执行提供合法性的依据，另一方面则是使政策执行部门以及政策执行者更加清晰政策目标，熟悉政策执行

---

① 赵海宽，王晓岩．论我国货币政策的传导机制［J］．国际金融研究，1987（05）：60—68.

② 肖教燎．土地政策传导机制与路径的分析与仿真：以江西省为例［D］．南昌：南昌大学，2010.

方案。一般来说，抽象政策工具不仅对政策方向，而且对政策主客体、政策执行等都进行规范，基本上任何行政行为都会受到抽象政策工具的指导与限制。所以，抽象政策工具的传导涉及面广泛且复杂，需要大量的时间来完成以及完善传导过程，是一种基于行政层级自上而下传递效用的纵向结构传导机制（见图 6－1）。

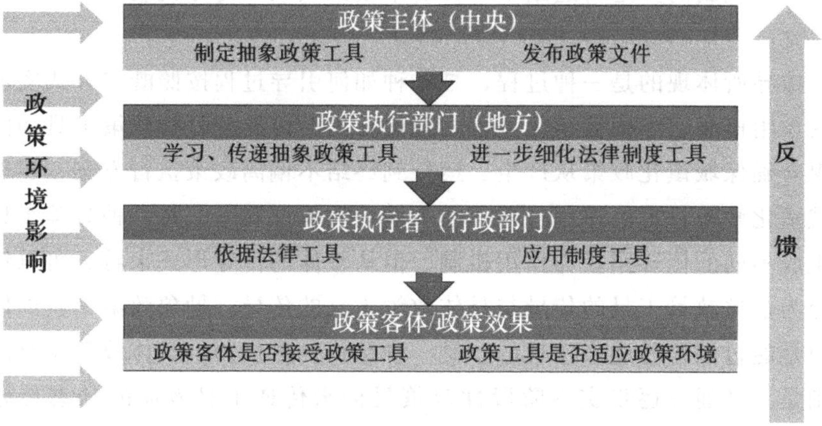

图 6－1　抽象政策工具的传导机制

抽象政策工具传导机制是政策执行的起点，是其他政策工具传导机制的前提，传导流程清晰、结构鲜明。首先，政策主体制定以实现中国城镇化发展为背景的抽象政策工具，一般来说都是由中央制定与发布，以明确城镇化发展方向或制度化城镇化政策的执行过程；其次，自上而下地进行传递与学习，地方政府需要进一步细化、具体化制度工具，根据不同行政部门与不同政策对象提出更具有针对性的行政规范；再次，依据法律制度工具实施政策执行方案，提高政府行政的合法性与完善城镇化进程中的普遍性问题的处理机制；最后，包括居民、企业、社会组织等多元利益群体在内的政策客体是否能够接受政策工具，抽象政策工具是否与政策环境相适应，都会影响到政策工具在中国城镇化进程中所产生的政策效果。然而，抽象政策工具的传导路径并不是单向的，政策效果会自下而上地反馈到各个行政层级及部门，推动抽象政策工具的改进与完善，使政策工具的传导形成循环往复以实现中国城镇化发展的政策目标。同时，整个传导过程都受到政策环境的影响，并受到政策环境的检验。

从中国城镇化进程中典型的抽象政策工具《国家新型城镇化规划

(2014—2020年)》(以下简称《规划》)来看，《规划》中不仅提出了有关新型城镇化发展的战略性方向，而且包含许多为解决具体城镇化问题的政策执行方案与手段。《规划》在中国城镇化发展进程中影响深远，以相关户籍制度工具的传导为例，遵循一般抽象政策工具的传导路径(见图6-2)，自上而下层级传递，自下而上反馈政策效果。

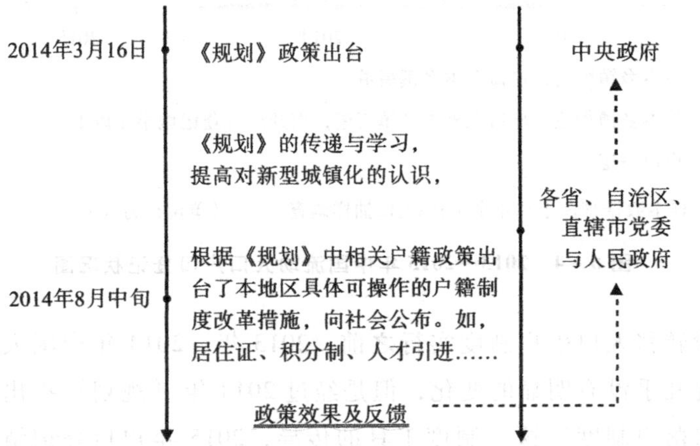

图6-2　《规划》中相关户籍制度工具的传导

将《规划》实施前后的城乡人口比重以及户口登记情况进行比较，可以发现户籍制度工具在传导过程中，中国城镇人口与农村人口的数量与比例是平稳的，但是，流动人口的户口登记状况明显在制度工具得以传导之后产生了较明显的变化，详见图6-3、图6-4。

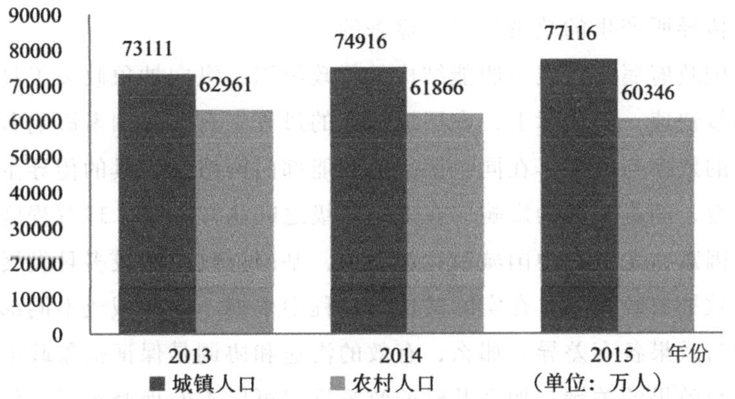

图6-3　2013—2015年中国城镇人口与农村人口对比图

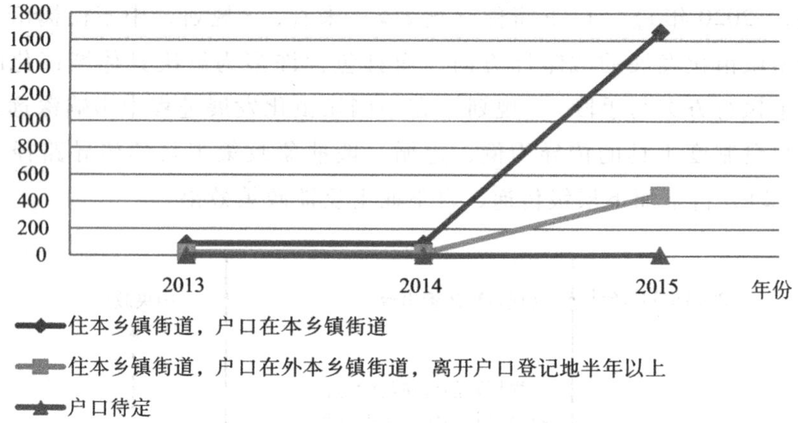

注：样本数据来源于每年全国1%人口抽样调查　　（单位：万人）

图6－4　2013—2015年中国流动人口户口登记状况图

农业转移人口落户制度实行之前，2013年、2014年中国人口的户口登记情况几乎没有明显的变化，但是经过2014年《规划》提出的“农业转移人口落户制度”这一制度工具的传导，2015年户口登记情况产生了质的飞跃。其中，“住本乡镇街道，户口在本乡镇街道”的样本数据从90万人上升至1664万人，“住本乡镇街道，户口在外本乡镇街道，离开户口登记地半年以上”数据从21万人上升至455万人。对比前两年的数据，2015年中国的城镇人口与农村人口并没有较明显的涨幅，说明在农业转移人口落户制度完善之前，社会上存在大量无法落户的流动人口，甚至很难对这部分人进行户口情况的统计。从数据来看，《规划》中相关户籍制度工具传导所产生的政策效果是显著的。

中国政府属于直线—职能结构的行政组织，纵向抽象政策工具的传导看似直接快速，但实际上，在层级传递的过程中有诸多因素影响着政策工具传导的效率与效果。在同一层级的职能部门网络中工具的传导主要遇到机构重叠、职责交叉的影响，在上下层级之间认知差距、理解程度则是主要影响因素，尤其在中国城镇化建设中，基层行政组织较多且发展程度不一，导致抽象政策工具在实际的传导过程中根据不同区域或不同部门间传导效率与效果各有差异。那么，有效的沟通和协调是保证抽象政策工具传导效率与效果的关键，加之及时的政策反馈可以不断地修正工具传导过程中出现的偏差，促进中国城镇化进程中抽象与具体政策工具融合为一体。

6.1.2　具体政策工具的传导

具体政策工具的传导多应用于实际的政策执行中，传导的效果来自目标群体的实际回应，相比抽象政策工具的传导机制更为复杂、灵活、多元。从实际的政策执行经验来看，具体政策工具传导机制并不是一蹴而就的，而是包含多个传导环节，由政策工具、政策环境、政策目标、媒介目标、政策效果、效果反馈等多个传导要素组成，传导环节步步相扣、循序渐进形成政策工具的传导。具体政策工具传导机制不仅是动态的，并且存在时间序列上从输入到输出的传导过程，工具的应用与目标的实现通常是一个长期过程，所以本书设定政策工具的传导模型包含不止一个传导环节，并且引入一个重要的传导要素——媒介目标。媒介目标可被视为政策工具传导机制中的阶段性政策目标，是为保证政策工具按照既定传导路径实现目标而设定的。本书将具体政策工具的一般传导机制以概念模型的形式呈现出来，如图 6 – 5 所示。

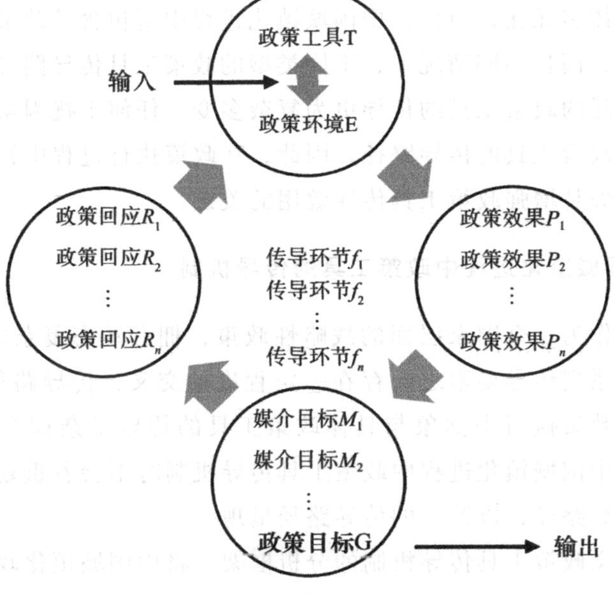

图 6 – 5　具体政策工具的传导机制

分别设定政策工具为 T，政策环境为 E，政策效果为 P，回馈反应为 R，媒介目标为 M，政策目标为 G，传导环节为 f。首先，政策工具传导机制始于政策工具与政策环境的互动，即政策工具与政策环境的耦合 $c(T,E)$ 作为政策工具传导机制的输入，开始了整个传导过程。然后，政策工具与政策环境的耦合产生最初的政策效果 P_1。值得注意的是，一般最初的政策效果是很难实现政策目标 G 的，所以政策效果 P_1 所达到的目标为传导环节中的媒介目标 M_1。最后，政策工具会针对政策效果 P_1 与媒介目标 M_1 作出政策回应 R_1，进一步完善政策工具与环境以形成第一轮传导环节 f_1。然而，任何政策工具都无法通过一次传导环节就实现公共政策的最终目标 G，所以政策工具的传导会进入第二次传导 f_2，直到第 n 次传导环节中的媒介目标 M_n 已经最高程度地与政策目标 G 一致的时候，即 $G=f_n(M_n)$，传导流程正式得以输出，同样也意味着政策工具通过传导机制实现了政策目标 G。当然，同样存在媒介目标 M_n 无法达到政策目标 G 的情况，则意味着政策效应无法得到准确传递，即政策工具传导机制的失灵。

概念模型描述了具体政策工具在政策执行中的一般传导流程，实际的城镇化政策中包含政治、经济、社会、市政、公共服务等多方面内容，涉及的目标群体多元化，所以，中国城镇化进程中所包含的政策工具的传导远不止一种，而且不同情况下，不同类型的政策工具传导路径不同，媒介也不同，实际的政策工具的传导更为复杂多变。任何干扰因素都有可能打乱或者更改政策工具的传导路径，因此，在政策执行过程中针对不同政策工具有的放矢是增强政策工具传导效用的关键。

6.1.3 中国城镇化进程中政策工具的传导机制

城镇化作为一个国家层面的战略性政策，拥有动态复杂的传导机制，所涉及的一系列传导要素之间存在一定程度的交叉，传导路径复杂多变，尤其在实际政策执行中抽象与具体政策工具的传导是杂糅在一起的。因此，在探讨中国城镇化进程中政策工具传导机制时不会着重划分抽象与具体工具的传导路径，以统一的传导路径呈现。

根据前文政策工具传导机制的分析框架，将中国城镇化政策工具箱作为传导机制的输入，传导的输出则选取中国城镇化发展的政策目标。那么，城镇化政策工具从输入到输出是如何实现传导的？本书模拟了中国城镇化进程中政策工具的传导机制（见图 6－6）。

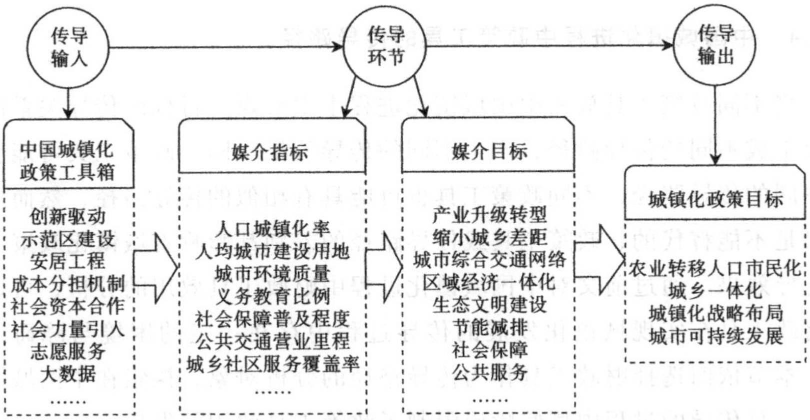

图6-6　中国城镇化进程中政策工具的传导机制

城镇化是一个漫长的社会发展进程。图6-6将一般化的城镇化政策工具的传导路径呈现出来，但在实际的城镇化政策执行中，政策工具一直处于不同的传导环节，传导路径同样纷繁复杂，一条传导路径可以进一步细分为更多的传导线路，不同媒介目标之间的因果关系使城镇化政策工具的传导机制形成多元化的传导网络。因此，将城镇化中主要媒介目标的传导关系进行进一步细化（见图6-7）。

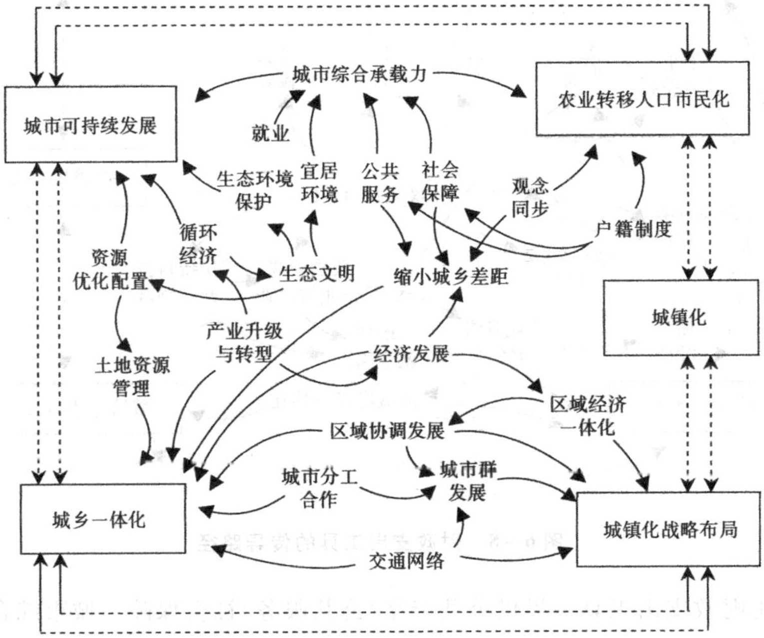

图6-7　中国城镇化进程中主要媒介目标的传导关系图

6.1.4 中国城镇化进程中政策工具的传导路径

将不同政策工具放入中国城镇化进程中主要媒介目标的传导关系网络中会生成不同的传导路径，产生不同的传导效果。同一政策工具可能会生成不同的传导路径，不同政策工具也可能具有相似的传导路径，然而传导效果是不能替代的，政策工具或传导路径的差别都影响着城镇化政策工具的传导效果。通过前文对中国城镇化进程中财政工具效用的分析，可以看出财政工具在实现城镇化发展的传导过程中存在一定的困境与障碍。因此，本节依旧选择财政工具作为传导路径的分析对象，探索在中国城镇化政策工具传导的过程中哪些障碍限制了政策工具效用的发挥。

（1）财政支出工具的传导

财政支出工具的传导路径如图6-8所示。

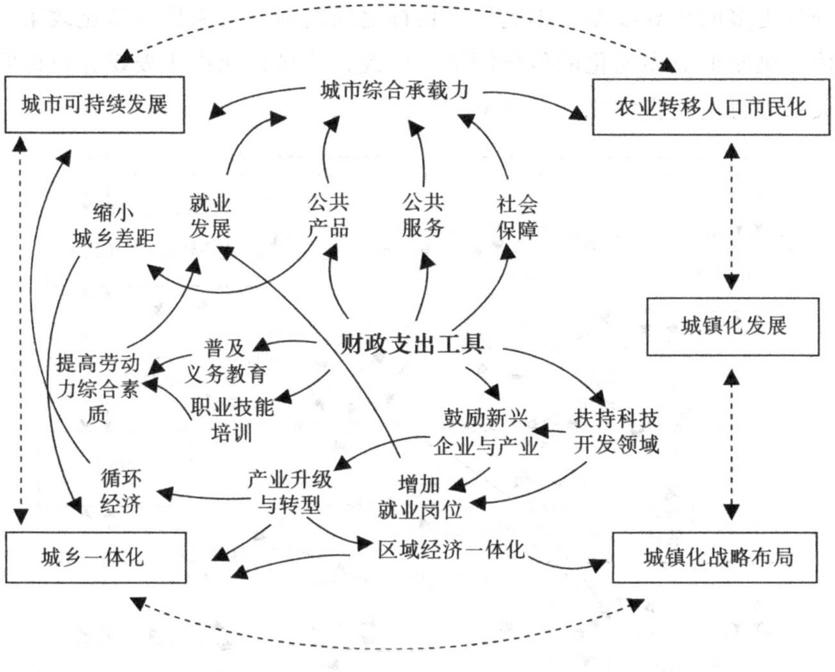

图6-8 财政支出工具的传导路径

①财政支出工具→提供公共产品/公共服务/社会保障→城市综合承载力提升→农业转移人口市民化/城市可持续发展

财政支出是国家为公民提供基本公共产品、公共服务以及社会保障的主要政策工具，这是中国城镇化中一条主要的传导路径。财政支出工具以财政补贴、集中采购、专项资金、补偿机制等形式应用，以统一的标准提供城镇化过程中所需的产品，保证城镇居民的基本生活质量，不断增强城市的综合承载力。在这些媒介目标实现的基础上，一方面，政府财政支出工具可以优化社会资源与福利的配置，减少农业转移人口的转移成本，促进农业转移人口市民化的实现；另一方面，城市综合承载力提升同样是实现中国城市可持续发展的必由之路。

在前文财政支出工具效用的实证分析中，一般公共服务的财政支出工具主要用于支持政府公共行政过程中日常事务的开销，对中国城镇化发展并没有显著的促进作用。但是，用于社会保障支出的财政工具传导路径却对中国城镇化发展有着显著的影响，基本医疗保险、社会保险、住房保障的覆盖面宽窄直接与城市、城镇综合承载力相挂钩。近年来，公共财政不断加大对城镇社会保障的投入，公共服务、社会保障的供给方式也伴随着城镇化发展进程在不断优化，然而要适应并与变化中的政策环境实现互动耦合并不是一朝一夕的事情，财政支出工具的传导必然会受到一定的阻碍。

②财政支出工具→提供公共产品/公共服务/社会保障→缩小城乡差距→城乡一体化

这是财政支出工具提供公共产品、服务以及社会保障的另一条传导路径，所指向的媒介目标是缩小城乡差距与城乡一体化。公共产品、公共服务以及社会保障的均等化可以一定程度上缩小城乡经济总量的差距，更重要的是逐步缩小城乡居民在享受公共产品和服务方面的差距，并通过改善公共产品和服务来提高农民生活层次及个人素质，推动农村经济社会和谐发展，进而实现城乡的一体化。[①] 其中，补偿机制与转移支付手段对于弥补城乡差距起到重要的作用。但是，财政支出工具主要依靠的是国家的公共财政收入，在有限的财政支持下，对于城乡公共产品供给顺序、转移支付体系结构、经济补偿标准及方式等财政工具都必须更加慎重地选择与应用，尽可能保证媒介目标的实现，避免传导路径的失灵与终止。

③财政支出工具→普及义务教育/提供职业技能培训机会→提高劳动

---

① 丁海亮，高鹏，陈照琳．关于我国农民增收与城乡差距问题的探讨［J］．呼伦贝尔学院学报，2009（02）：76—81.

力综合素质→就业发展→城市综合承载力提升→农业转移人口市民化/城市可持续发展

一般来说，政府会为城乡提供专项资金、财政补贴等形式的财政支出工具，用于普及义务教育以及为进城务工的农业转移人口提供专业的职业技能培训机会，通过提高社会劳动力综合素质以及劳动力市场的竞争力，通过实现就业发展这一媒介目标完成提升城市综合承载力的这一路径的传导。2014 年印发的《现代职业教育体系建设规划（2014—2020 年）》重新对中国职业培训制度进行了宏观设计，回应了农业转移人口市民化与城镇化的根本诉求。然而，在中国城镇化进程中存在大规模农业转移人口需要提升综合素质，这一传导路径的顺利与否不能只依靠单一的财政支出工具，一旦失灵，传导机制必然失控。

④财政支出工具→鼓励新兴企业与产业/重点扶持科技开发领域→城镇化发展

支持新兴企业、产业与科技开发领域是一条中国城镇化财政支出工具的主要传导路径，可以细分为多条不同传导线路。财政支出工具为新兴企业产业的发展、科技成果的创新与开发、科技人员的培养与报酬以及科技开发收入的取得给予相应的财政支持，可以实现中国城镇化中不同媒介目标。

财政支出工具→鼓励新兴企业与产业/重点扶持科技开发领域→产业升级与转型→循环经济→城市可持续发展。科技创新与新兴产业不仅可以提升中国科学技术与现代化的水平，更为主要的是可以促进中国产业升级与转型，摆脱对资源消耗型产业的依赖，通过优化产业结构推动循环经济的发展，这一传导路径正好符合中国城镇可持续发展的创新理念。

财政支出工具→鼓励新兴企业与产业/重点扶持科技开发领域→产业升级与转型→区域经济一体化→城镇化战略布局/城乡一体化。产业升级与转型是区域经济一体化的基础，并且不能脱离区域之间的统筹协调。脱离地区要素积累能力与禀赋结构状况的产业升级与经济转型，必然会造成大量的资源浪费并付出沉重的发展代价。作为一个地域辽阔、禀赋各异、区域发展差异明显的发展中大国，中国的经济转型必然是一个区域统筹与循序渐进的过程。①

① 胡春林．产业结构服务化与新型城镇化的互动模型及其政策含义［J］．南阳理工学院学报，2015（05）：44—49.

财政支出工具→鼓励新兴企业与产业/重点扶持科技开发领域→增加就业岗位→就业发展→城市综合承载力提升→农业转移人口市民化/城市可持续发展。新兴企业、产业的发展壮大不仅需要财政支出工具作为原动力，更会产生对人才、劳动力的迫切需求，不同类型、不同层次的就业岗位增加，提升城乡居民的就业率，这是推动中国农业转移人口市民化与城市可持续发展媒介目标的另一条传导路径。

(2) 税收工具的传导

税收工具的传导路径如图 6－9 所示。

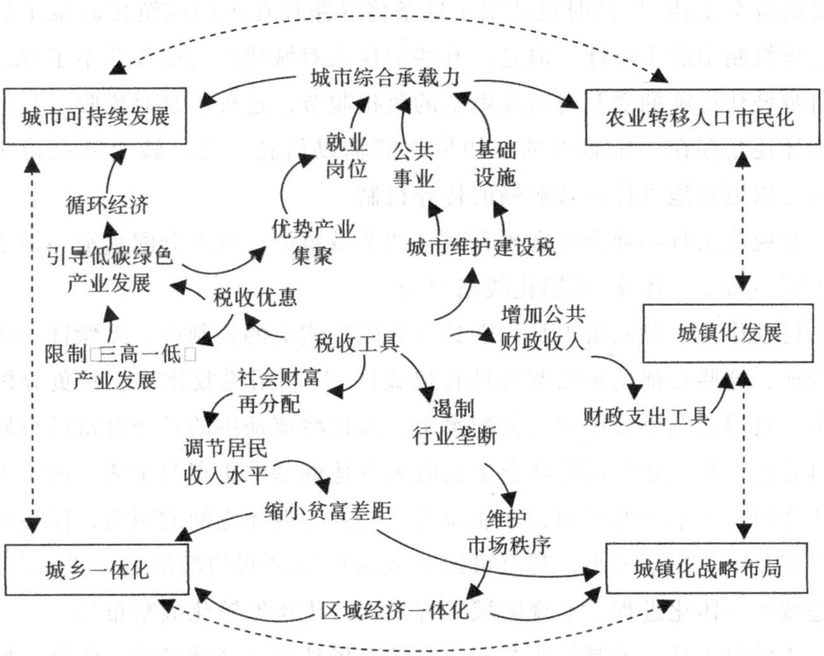

图 6－9　税收工具的传导路径

①税收工具→增加公共财政收入→财政支出工具→城镇化发展

这条传导路径实际上是与财政支出工具的传导路径相衔接的，税收是财政支出的资金来源，“收”与“支”原本就是一脉相承的。国家通过税收工具增加政府的财政收入，才能为财政支出工具的有效运行提供可能性，财政支出工具才能通过更多的传导路径实现推动城镇化发展的政策目标。

②税收工具→城市建设维护税收→公共事业发展/基础设施维护→城市综合承载力提升→农业转移人口市民化/城市可持续发展

城市建设维护税是为了加强城市建设和维护所筹集的财政资金来源，主要针对改善城镇的公共事业和公共设施的维护建设等方面起作用。城市空间以及基础设施是一个城市赖以生存和发展的基础，其建设维护水平决定着城市综合承载力水平。在前文政策工具效用的实证分析中，城市建设维护税对城镇化水平具有显著的促进作用，正好印证了这一点。尤其是2010年12月1日开始对外资企业征收城建税以后，促使该税的规模日益扩大，2011年全国城建税收入为2777亿元，为城市公共设施服务提供了重要的资金支持。[①] 同时也证明了这条传导路径在中国城镇化政策工具整体传导机制中的重要性。但是，有些纳税人对城建税的征收并不了解，认为自身城建设施的受益与城建资金的负担脱节，这种不解对税收工具的顺利传导还是存在一定影响的。如果能够辅以信息工具，转变公众传统观念，可以更好地维持高效顺畅的传导机制。

③税收工具→社会财富再分配→调节城镇居民收入分配水平→缩小贫富差距→城乡一体化/城镇化战略布局

税收作为一种政策工具，它具有分配形式上的强制性、无偿性和固定性特征，这些特征使税收调节具有权威性。[②] 利用税收比率、税负分配等政策工具形式调整公民收入分配水平，间接将流动中的社会财富进行转移与再分配，首先必须保障社会上低收入群体的基本生存与生活，调解不同群体之间收入水平的差距，才能拉近不同利益群体之间的距离，保证社会上贫富差距的逐渐缩小，甚至可以达到对区域之间的经济差异进行弥合，推进城乡一体化进程，实现区域统筹发展，优化城镇化战略布局。

④税收工具→遏制行业垄断→维护市场秩序→区域经济一体化→城乡一体化/城镇化战略布局

税收工具是遏制行业垄断与约束市场竞争的重要手段，尤其在城镇化发展中，不良的市场竞争会严重影响城镇化公私产品的提供，通过税负转嫁、税负分配等工具弥合市场机制所带来一系列缺陷，为中国城镇化的发

---

① 吴非，葛慧侠，乔梦虎．城建税欲“改弦更张”其未来何去何从［J］．会计之友，2013（35）：22—29.

② 许峰．新编公共财政学［M］．第1版．北京：北京大学出版社，2012：257—260.

展提供良好的市场经济秩序，从而实现区域经济协调发展。

⑤税收工具→税收优惠→限制“三高一低”产业发展→引导低碳绿色产业发展→城镇化发展

在中国城镇化发展进程中，政府可以调整税收工具中的税种、税率以及征收频率对高投入、高消耗、高污染、低效益等不利于城镇化发展的产业征以重税，限制或淘汰部分“三高一低”的产业，引导低碳绿色产业发展。

税收工具→税收优惠→限制“三高一低”产业发展→引导低碳绿色产业发展→循环经济→城市可持续发展。这条传导路径主要通过控制城镇化发展所产生的负向外部效应，如城市生态失调、工业污染问题、资源能源浪费等问题，扩大正向外部效应产品的供给量，将绿色低碳、节能减排、循环经济等生态文明理念引入城镇化与经济发展中来，促进城市的可持续发展。

税收工具→税收优惠→限制“三高一低”产业发展→引导低碳绿色产业发展→优势产业集聚→增加就业岗位→城市综合承载力提升→农业转移人口市民化/城市可持续发展。2012年我国增值税正式出生产型改革为消费型，“营业税改增值税”等税收工具效用的传导推动了企业科技开发、产业升级与转型，形成了优势产业集聚的效应，进而推动就业岗位增加、城市综合承载力提升、农业转移人口市民化、城市可持续发展等这一系列媒介目标的实现，都为税收工具一步一步传导与实现城镇化政策总目标打下了坚实的基础。

（3）金融工具的传导

金融工具的传导路径如图6-10所示。

①金融工具→国内贷款→鼓励固定资产投资→产业发展→城乡一体化/农业转移人口市民化/城市可持续发展→城镇化发展

金融工具在城镇化发展中发挥着“造血”与“输血”的强大功能，通过投融资的形式集中社会闲置货币资金，鼓励固定资产投资以此推进城镇化相关产业的发展，增加金融体系中投融资资金的流动，提高货币资金利用率，影响城镇化发展的效率与节奏。前文的实证分析已经论证了金融工具对中国城镇化发展的促进作用。但是，即便银行贷款利率一再下调，贷款投资的比重仍然处于相对较低的水平。根据数据分析，国内贷款变量

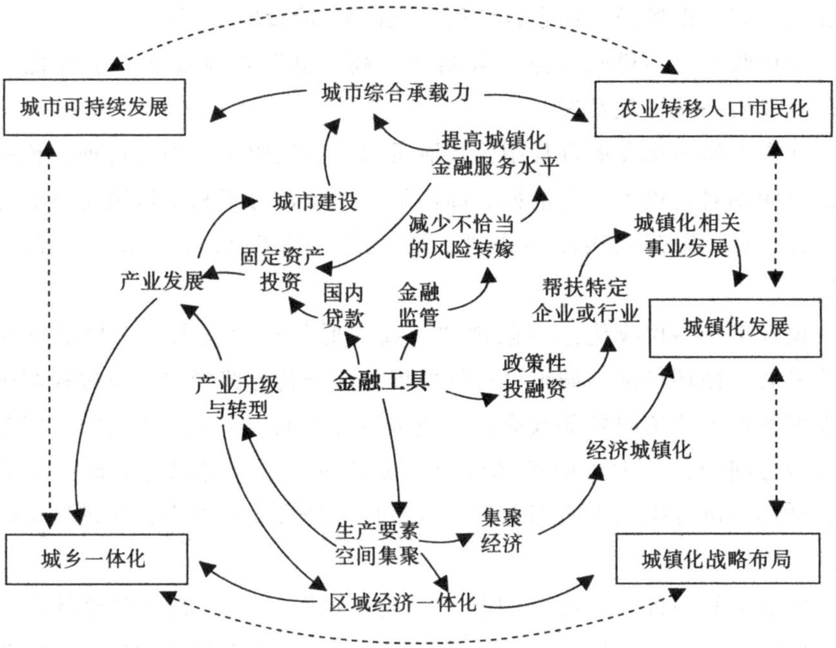

图6-10 金融工具的传导路径

对中国城镇化发展已经产生一定的抑制作用，可以看出利息成本并非企业决定投资数量的主要考虑因素。因此，如果要保证这条传导路径的顺畅，必须重新调整甚至更换更为恰当的金融工具。

②金融工具→生产要素空间集聚→扩大集聚的经济效益/产业升级与转型→区域经济一体化→城乡一体化/城镇化战略布局/经济城镇化→城镇化发展

政府利用金融工具控制社会资金的流向与流量，以此降低部分企业、产业的交易成本，客观地推动了生产要素之间的空间交互与集聚，促进产业的规模经济和专业化分工，由于集聚所产生城镇化经济效益与社会效益不断扩大，中国城镇化进程中产业链条的升级与转型也得以发展，在此基础上实现区域经济统筹发展的重要媒介目标，并以此实现城乡一体化、城镇化战略布局、经济城镇化以及中国城镇化的政策目标。

③金融工具→根据政府意图进行政策性投融资行为→帮扶特定企业或行业→带动相关城镇化社会事业发展→城镇化发展

金融工具的造血功能同样体现在政府对中国城镇化事业的投融资行

为，金融工具具有鲜明的政策导向性，必须在满足城镇化对投融资金的要求，建立符合市场需求的资金循环项目，帮扶特定企业或行业，引导社会资金进入城镇化项目中，调控民间资金的流向，以此加快相关城镇化社会事业的建设与其他社会文化事业的发展，提高中国城镇化发展水平。

④金融工具→金融监管→减少不恰当的风险转嫁→提高城镇金融服务水平→鼓励固定资产投资

金融工具为城镇化发展提供自由、公正的金融交易平台，为金融交易提供风险信息，将中国城镇化进程中金融投资风险控制在一定范围内，对城镇化金融交易进行实时监控，防控金融欺诈行为、减少不恰当的风险转嫁，以此来实现城镇金融服务水平的提高。这一传导路径不仅可以实现鼓励城镇居民与集体的城镇化金融行为、完善金融职能体系等媒介目标，并且有利于塑造良好的金融城镇化的政策环境。

在实际的中国城镇化进程中政策工具的传导路径是复杂的和动态的，甚至会出现重叠交叉的可能性。本书仅呈现了中国城镇化政策工具箱中一些常用政策工具的传导路径，尝试证实即使是同一种政策工具，由于运行形式的不同、传导路径的不同，都可能会产生不同的传导效果，甚至对政策目标实现的贡献程度也不同。同时，任何一个干扰因素都可能导致政策工具传导路径的转变以及传导效果的偏差。在中国城镇化政策工具的传导过程中，政策工具存在的意义就在于政策执行者可以通过调整政策工具的功能重点、属性强弱、应用形态，甚至可以更换、升级、创新、组合政策工具对城镇化传导路径中细微的传导偏差进行人为修正，维护政策工具传导机制的顺利运行，保证中国城镇化政策目标的实现。

6.2 中国城镇化进程中政策工具的扩散

扩散（diffusion）在物理学中表示分子从 A 区域向 B 区域的转移与分散，直到该分子均匀分布于 AB 区域的现象。在公共行政领域，20 世纪 60 年代末就已经有国外公共政策学者注意到了政策以及政策工具在区域之间以及政府之间的扩散。G. Tarde 认为扩散是一种模仿的行为。[①] E. M. Rogers 指出扩散是创新一定的方式通过一段时间，经由特定的渠道，在某一社会系统的各种成员中传播的过程，由创新、传播渠道、时间和社会系统四个要素组成。[②] Walker 将扩散的过程比作“树”，树的成长会因生长环境的变化而受到影响，意指政策环境对扩散的客观影响。[③] 本书提出的中国城镇化进程中政策工具的扩散，主要强调政策工具在政策执行部门之间以及区域之间的传播与应用，是一种基于空间维度的政策工具效用溢出现象。

如果将传导看作政策工具效用的传递，那么，扩散就是政策工具效用跨部门与跨区域的传播，前者是由点到点，后者则是由点到面，如图 6－11 所示。

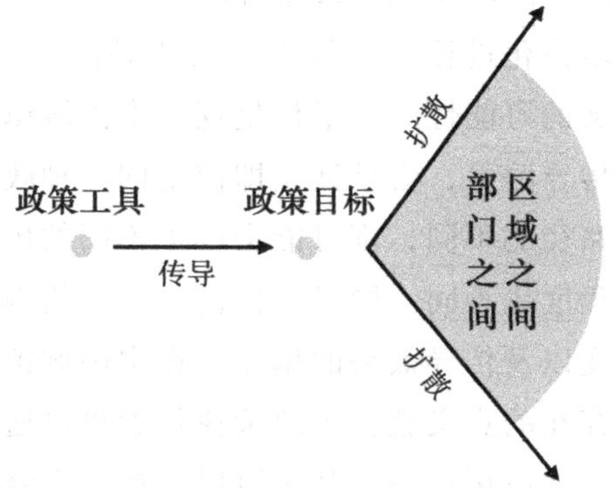

图 6－11　政策工具的传导与扩散

政策工具通过传导实现政策目标，而扩散使政策目标的实现产生质的飞跃。传导与扩散是一脉相承的，传导是扩散的基础，而扩散是传导的优化。美国经济学家迈达尔曾指出，在地区经济发展中有三种效应在同时起作用，这就是极化效应、扩散效应和回波效应。[④] 当政策工具在中国城镇化传导机制中的效用为正，且能够以“扩散效应”的方式发展与延续，

① 塔尔德．模仿律［M］．第 1 版．北京：中国人民大学出版社，2008：36—42.

② 罗杰斯．创新的扩散［M］．第 1 版．北京：中央编译出版社，2002：124—129.

③ WALKER J L. The Diffusion of Innovations Among the American States［J］. The American Political Science Review，1973，4：143－146.

④ 肖金成．城镇化与区域协调发展［M］．第 1 版．北京：经济科学出版社，2013：224—229.

不仅可以促进我国城镇化水平的提高，而且能够加速区域一体化的进程。

6.2.1　中国城镇化进程中政策工具的扩散机理

前文通过构建中国城镇化进程中财政工具的空间溢出模型，证实了在中国城镇化进程中政策工具所产生的效用并不是静止的，而是会向周边地区传递与扩散，呈现出地理上的空间集聚特点。然而，并不是所有的政策工具扩散都遵循“邻近效应”，如中国“暂住证”制度工具的扩散过程就呈现出明显的跳跃性，按行政级别由高向低进行扩散。[①] 可见，不同政策工具在不同情况下的扩散均存在差异性。本书认为，在中国城镇化进程中政策工具的扩散机理是有迹可循的。

（1）效仿扩散

当一种或一组政策工具的效果达到理想化时，通常会引起其他行政组织与领导者的关注，效仿政策领跑者常常是中国政府机构、公共部门常见的做法。政策工具效仿扩散机制的形成源于优质政策工具对行政绩效的有效提升，以及对探索中公共政策的低效、失误的避免。效仿机制强调的是政策工具经验的学习与借鉴，并非一种“生搬硬套”。行之有效的政策工具通过被其他行政部门或政府效仿采纳进行扩散，效仿扩散机制不仅提升了一定范围内政府的治理能力，而且能够进一步营造出良好的政策环境。但是，同一政策工具选择不同传导路径、应用于不同区域传导的效果都不尽相同。所以，政策工具的效仿扩散也可能存在负效用。

在中国城镇化发展进程中，政策工具的效仿扩散主要体现在几个方面。①效仿国外政策工具经验。无论是率先开启工业革命与城镇化的英国，还是紧随其后的德、美、日、韩等国家都曾经历过城镇化的飞跃，在发展城镇化的过程中积累了丰富、多元化的政策工具经验与教训，所以，这一类的效仿与借鉴是中国政府的必修课。洋为中用，古为今用，取其精华，去其糟粕。②向高城镇化水平的城市效仿。以城镇化水平排名第一位的广东省广州市为例，1600 万人口的城市人均固体废弃物指标却仅为 0.38，是上海市的 1/2，得益于广州市“固体废弃物综合管理”工具的广

① 张玮．政策创新的地理扩散：基于暂住证制度的地方实践分析［J］．南方人口，2011（01）：11—18.

泛应用与扩散，佛山、东莞、中山、珠海等多个城市纷纷效仿，政策工具扩散效果突出。③效仿城镇化发展迅速的城市。四川省用10年时间将人口城镇化率从33%提至47.69%（2015年年末）[①]，其间经历了2008年汶川大地震，四川省人民政府的灾后重建以及“藏区‘9+3’免费教育计划”、成渝经济区“一极一轴一区块”建设、生态补偿工程等政策工具的出台，使四川成为西南地区中城镇化发展最迅速的省份，亦是周边地方政府纷纷效仿的对象。

（2）竞争扩散

“竞争效应”对中国地方政府政策执行与政策工具的影响一直存在，各地政府通过提高行政绩效、加强行政管理、经济发展、科技创新等多方面向其他政府“看齐”“竞争”，以获取更多的社会资源、福利保障甚至行政晋升。面对政绩的压力，竞争机制使“参与者”即各地政府“紧盯”其他政府所推出的政策执行手段与政策工具，客观上促进了部门之间、区域之间政策工具的扩散与趋同，如有名的成渝之争、京沪之争、深穗之争等。

中国各地方政府在城镇化上的“较量”也是由来已久，在城市规模、市政水平、交通运输、公共服务等多方面展开了一系列的“竞争”，也因此促进了政策工具的竞争与扩散。例如，“试点城市”之争，试点是现下较为常见的政策工具，而“个别试点—全面推广”则成了扩散范围最广泛的政策工具扩散机制。所以，“试点城市”成了众多地方政府志在必得的竞争，这不仅仅是国家优惠与资金扶持的争取，而且能够提升地方政府在竞争机制中的有利地位，为区域发展抢得先机。另一方面，“邻近效应”与“竞争机制”的双重作用下，相邻区域之间政策工具的扩散情况更容易发生。为了脱颖而出，采纳、改良、效仿邻近公共部门中高效的政策工具是一条捷径，因为政策环境的相似性客观提升了政策工具的适配性，因此，竞争扩散情况表现在地理维度上会有明显的空间集聚特点。

（3）社会扩散

笔者认为，政策工具的成败不仅与政府、政策及政策执行有关，更需

---

① 中华人民共和国国家统计局．中国统计年鉴［M］．北京：中国统计出版社，2016.

要接受公民、社会、政策环境的考验。任何政策目标落到实处均与经济、政治、文化有关，任何政策工具的运行都离不开社会，所以，社会始终是政策工具孕育与扩散的摇篮。社会机制强调的是政策工具通过社会扩散的机制，其形式多样，如社会舆论、政府宣传、光环效应、信息传递、媒体推广等。同时，社会机制下的政策工具扩散具有一定自发性，一些政策工具的效果是有目共睹的，在社会上仅通过口口相传就足以引起政府的重视，这种工具一旦经政府采用，公民的接受度非常高。

政策工具的社会扩散在中国城镇化进程中更为常见，因为城镇化涉及面广，与民生民情紧紧相关，很多政策工具都源于民间。“智慧城市”就是一个通过社会扩散发展起来的政策工具。从2010年中国物联网与智慧城市建设高峰论坛上智慧城市首次进入国人眼界，到2012年国务院首次提出90个智慧城市试点，截至2017年中国已经在建的智慧城市已经超过500个。这种“互联网与城市生活的结合体”以迅雷不及掩耳之势在社会上蔓延扩散开来，仅两年时间就得到中央政府的大力支持，并且在不断扩散与不断完善中。“智慧城市”属于自发性的社会扩散情况，还有一种情况是由政府倡导，通过社会扩散政策工具。政府将社会接受性较好的政策工具通过媒体、互联网等途径进行宣传扩散，在扩大政策工具运行范围的基础上，营造政策工具适应的政策环境，如双创、PPP模式、“互联网+”等。

（4）权威扩散

权威扩散机制的动力来源于国家权威，是由国家中央政府或地方政府及其执行部门，以公共政策、行政命令等方式推动特定的政策工具扩散与运行的机制，具有显著的强制性、权威性。政策工具的权威扩散一般基于国家行政组织中命令与服从、领导与被领导关系的关系网络，地方服从中央安排，基层接受地方指挥。

政策工具的权威扩散主要有两种形式：一是“红头文件”推进政策工具扩散，由上级政府发布的，下级政府及其执行部门服从并应用政策工具，通常适用于抽象政策工具的扩散；二是上级执行部门直接介入下级部门的政策工具推广扩散。但是，这种形式随着中国政府行政职能的转型已经日渐式微，地方政府及政策执行部门的自主权逐渐加强，对政策工具的选择与应用更少受到上级部门的影响，偶见于政策议程的介入。政策工具的权威扩散在中国城镇化进程中同样是必不可少的，但是，以中国城镇化政策工具的扩散情况来看，权威扩散机制没有产生举足轻重的影响。

6.2.2 中国城镇化进程中政策工具的扩散模式

从时间维度来看，政策工具的扩散会随着时间线的发展经历缓慢渗透、急速扩张以及平稳扩散不同阶段，称为“S 型曲线扩散”[①]，如图 6－12 所示。

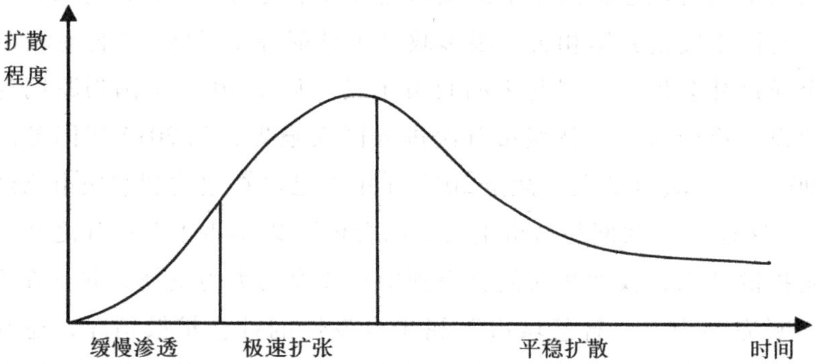

图 6－12 S 型曲线扩散

从空间维度来看，政策工具的扩散主要在政府部门之间与区域之间实现，在中国城镇化发展进程中亦是如此。本书主要围绕着空间维度上的“扩散”，探索中国城镇化进程中政策工具扩散方向、路径、动力，进而解析政策工具动态的扩散模式。

（1）垂直扩散模式

垂直扩散，顾名思义，是政策工具在行政组织内部自上而下的扩散，由上级行政组织提出并要求政策工具的运用，由下级行政组织采纳并加以执行。根据政策工具权威扩散机理，垂直扩散模式以国家权威为保障，按照纵向垂直的扩散方向在国家行政层级中进行扩散，是最常见、最基本、最稳定的一种扩散模式（见图 6－13）。

垂直扩散模式中，扩散的主客体为中央、省（自治州）市、地级市、县（县级市）以及乡镇五级政府及其执行部门，由于它们之间保持“命

① 罗杰斯．创新的扩散［M］．第 1 版．北京：中央编译出版社，2002：79—110.

令—服从”的关系，所以扩散速度快、效果稳定。扩散方向依照纵向的行政权力关系自上而下，扩散起点不限于中央政府，可以从任意一级政府或相关部门开始向下扩散。因此，扩散路径也多有变化。中央政府→上级政府→下级政府，中央政府→上级政府→政策执行部门，上级政策执行部门→下级政策执行部门……但是，垂直扩散模式下的多种扩散路径都属于单一的纵向扩散。

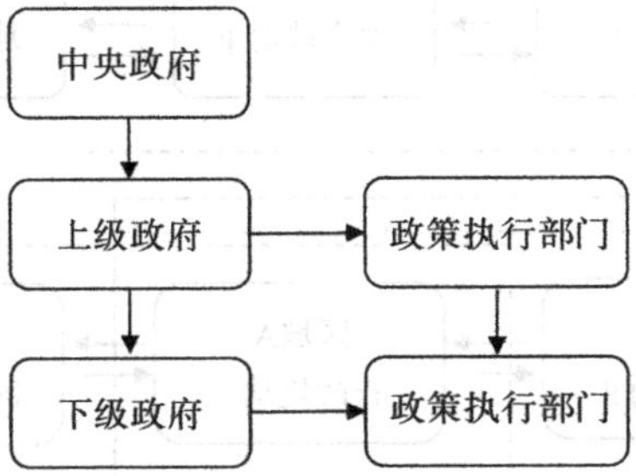

图 6－13　垂直扩散模式

中国城镇化建设中“综合试点”政策工具的应用与扩散就是最为典型的垂直扩散模式。2014 年国家发展和改革委员会提出国家新型城镇化综合试点工具，将试点扩散至全国 62 个大小城市，政策工具自上而下扩散并传递了中央对新型城镇化的发展规划，为全面推进新型城镇化发展提供了有效的样本与实践，实现政策工具由上到下、由点到面地全面扩散。

（2）平行扩散模式

与垂直扩散模式刚好相反，平行扩散模式强调政策工具在同级政府及其部门在区域内或区域间的扩散。一般来说，平行扩散模式主要指以下两种情况（见图 6－14）。

政策工具在不同区域之间的同级政府或部门间扩散。受到效仿扩散与竞争扩散机理的驱使，不同省份、不同市的政府在获取了其他区域政策工具信息后，学习、效仿并采纳应用于自身区域。平行扩散可以出现在政府之间，如地方政府Ⅰ—地方政府Ⅱ—地方政府Ⅲ，也可以跨区域在同级部门之间实现，如区域 A 行政机构Ⅰ—区域 B 同级行政机构。

政策工具在同一区域内的不同行政机构之间扩散，如区域 A 行政机构Ⅰ—区域 A 行政机构Ⅱ相互扩散。政策工具特有的工具属性使其在不同执行部门都可以加以采纳，所以，同一区域内的不同行政机构之间信息的交流与政策工具的互相传递成为政策工具扩散的鲜明特点。中国科学院的“百人计划”、教育部的“长江学者”等人才引进政策就表明了部门之间政策工具的相互扩散和趋同。

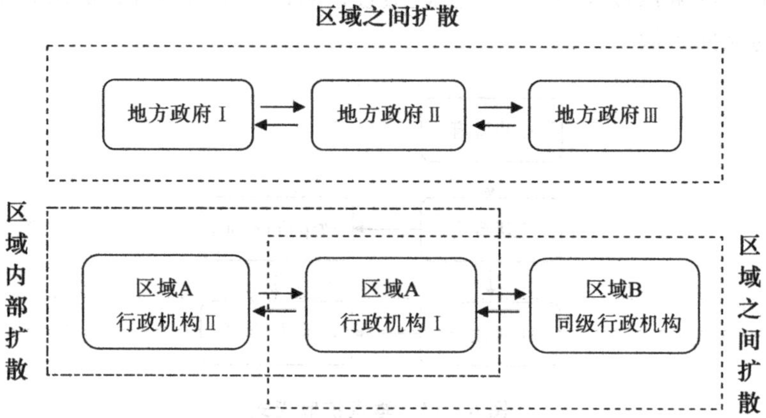

图 6-14　平行扩散模式

值得注意的是，平行扩散同时还具有梯度性特征，由于不同区域之间所存在的势能差与位势差，导致政策工具的扩散通常是沿着动力源向势能低的区域扩散。[①] 换言之，低水平区域政府及其部门通常会积极效仿高水平区域的政策工具，使区域之间政策工具的扩散形成“由高向低”位势梯度。

（3）回溯扩散模式

回溯扩散模式是指政策工具由下级行政组织向上级行政组织推导并采纳的扩散模式，下级政府及各部门从社会中吸纳优秀的方法、手段作为政策工具加以运用，进而得到上级政府的认可和采纳，使政策工具从下向上一级级地扩散（见图 6-15）。

回溯扩散模式的扩散方向是自下而上，与垂直扩散模式的自上而下刚好相反，前者体现出政策工具不断升华凝练的过程，后者则强调政策工具普适性不断提高的过程，两者扩散方向虽然相反，但是彼此并不矛盾。中

① 王浦劬，赖先进．中国公共政策扩散的模式与机制［J］．北京大学学报（哲学社会科学版），2013（06）：35—39.

国是一个集权化、层级化的单一制国家，但是并不代表中国行政组织缺少能动性与自主创新的空间。自上而下的中央调控是公共行政的基础，但绝不是全部，地方政府及执行部门作为国家行政管理的“前线”为中央决策提出建设性意见与引进优质政策工具同样是不可或缺的。所以，政策工具的回溯扩散在所有扩散模式中尤为重要。

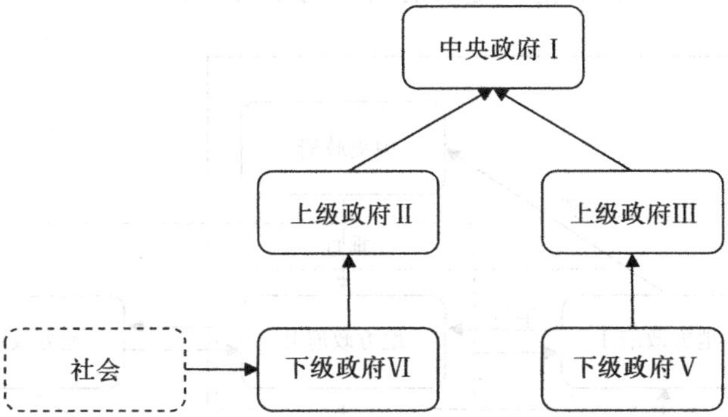

图 6－15　回溯扩散模式

在中国城镇化进程中，通过回溯模式扩散的政策工具大多来源于社会，如企事业单位、社会团体等非政府组织采用的推动城镇化发展的手段与方式，但也不乏基层政府在原有政策工具基础上进行的组合与优化。以 1984 年深圳提出的“暂住证”为例，经公安部采纳，这一政策工具在中国多数中型以上的城市扩散开来，于 2014 年正式升级成居住证制度。[①]“暂住证”的回溯扩散为中国许多城市引进了外来劳动力，在不断优化的基础上这一政策工具帮助政府更为有效地管理转移人口，推进户籍政策的改革，促进中国城镇化发展。

（4）混合扩散模式

混合扩散模式是指垂直扩散、平行扩散以及回溯扩散三种模式的混合体（见图 6－16）。“垂直—平行”“平行—回溯”“垂直—平行—回溯”三种模式可通过多种组合方式形成混合扩散模式。实际上，政策工具的扩散其实多以混合模式扩散，扩散方向与扩散路径也常常是多样化的，不同

① 张玮．政策创新的地理扩散：基于暂住证制度的地方实践分析［J］．南方人口，2011（01）：11—18.

模式的扩散特点都会集于混合扩散模式一身。政策工具扩散的实现不仅可以由政府主导与推进，也可能由政策工具的自主性形成，政府需要掌控扩散模式以便于对政策工具的扩散情况加以掌控与控制。前文已经指出，政策工具效用存在正负之分，并且无论效用正负，政策工具都会出现扩散现象。所以，尽可能控制中国城镇化进程中负效用政策工具的扩散，拓宽正向效用政策工具的扩散范围是政府组织的职责所在。

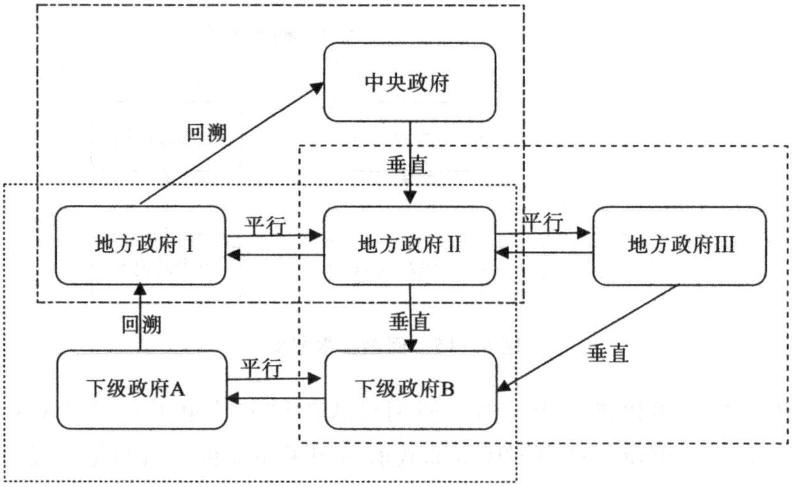

图6－16　混合扩散模式

6.3 小结

本章引入传导和扩散的理论，认为在关注政策工具选择与应用对中国城镇化的影响同时，还需要从政策工具对城镇化的作用形式入手，揭示政策工具在区域内传导与区域间扩散的实质，探索政策工具实现城镇化政策目标的传导路径与扩散模式。

分析了中国城镇化进程中政策工具的传导机制，认为传导所体现的是一种过程——政策工具如何利用媒介目标确保城镇化政策从产生、运行到终结不偏离政策执行方案并实现中国城镇化政策目标的作用过程。根据整体传导形式将其划分为抽象政策工具的传导与具体政策工具的传导。抽象政策工具的传导一般是通过层级传递来实现的，是一种结构传导机制；具体政策工具的传导则是一种通过逐步实现阶段性政策目标来传递工具效应的动态传导机制。

但是，在实际的中国城镇化政策执行中，抽象政策工具与具体政策工具通常是不可分的，传导路径也存在着交叉与重叠，传导机制则兼具抽象政策工具与具体政策工具传导的双重特点。根据政策工具传导机制的分析框架，本书模拟了中国城镇化进程中政策工具的传导机制，探索城镇化政策工具从输入到输出的实际传导过程，选取财政工具放入中国城镇化进程中主要媒介目标的传导关系网络中，形成多条不同的传导路径，探索在城镇化政策工具传导的过程中存在哪些障碍限制了政策工具效用的发挥。

进一步探索了中国城镇化进程中政策工具的扩散现象，认为政策工具的扩散是工具在政策执行部门之间以及区域之间的传播与应用，是一种基于空间维度的政策工具效用溢出现象。扩散是政策工具传导的发展与延续，使政策目标的实现产生由量向质的飞跃。

探索了中国城镇化进程中政策工具的扩散机理，指出并不是所有的政策工具扩散都只遵循邻近效应，不同政策工具在不同情况下的扩散可能会存在跳跃性、差异性，并且提出效仿扩散、竞争扩散、社会扩散以及权威扩散四种扩散机理，分析每种扩散机理对中国城镇化政策工具效用的影响。

整合了中国城镇化进程中政策工具的扩散模式——垂直扩散模式、平行扩散模式、回溯扩散模式、混合扩散模式。这些扩散模式都曾在中国城镇化的发展进程中出现过，并没有任何一种扩散模式是固定存在的，随着政策环境的变化、政策工具的更替、政策执行者偏好的变化而变化。但是，如果能够利用好城镇化政策工具的扩散效应，就可以使中国城镇化政策工具箱产生事半功倍的政策效果。

在城镇化政策工具的传导与扩散中，任何一个因素都可能导致政策工具传导路径、扩散模式、政策效果的偏差。因此，政策执行者不能忽略政策工具的动态性，提升政策工具适配性的一种重要路径就是调整政策工具的功能重点、属性强弱、应用形态，甚至可以更换、升级、创新、组合政策工具，从而实现城镇化进程中传导路径或扩散模式偏差的调整与修正。通过调整和维护政策工具对城镇化的作用形式，使政策工具与城镇化更加适配，推动中国城镇化发展政策目标的实现。

第 7 章

中国城镇化进程中政策工具优化组合与创新

古语云："工欲善其事，必先利其器。"要想更好地解决"三高一低"传统城镇化所遗留下来的城镇化顽疾，促进人的城镇化、经济城镇化与土地城镇化的共同发展，实现高效、包容、可持续的城镇化政策目标，政策工具作为实现城镇化发展政策目标的利器必须不断优化，才能适应与匹配当前中国传统城镇化向新型城镇化过渡的政策环境。本书研究中国城镇化进程中政策工具适配性的关键点之一就在于，通过政策工具的组合、创新以及政策工具箱的构建与完善，优化城镇化进程中政策工具的适配性，使国家在挑选与应用政策工具时更加灵活与从容，进而推动中国城镇化政策目标的实现。

7.1 中国城镇化进程中政策工具适配性影响因素分析

7.1.1 政策工具选择影响因素

每一种政策工具都具有自身的特征与功能，针对具体的政策目标会产生多种政策工具选择方案。城镇化政策目标的实现程度以及政策效果的持续程度在一定程度上取决于政策工具选择的正确性。然而，政策工具的选择并不是一个简单的计算过程，任何影响因素都可能导致政策工具选择的失误。

（1）沿用以往政策工具的选择惰性

传统城镇化向新型城镇化的过渡必然会给城镇化政策与政策工具带来一定的影响，尤其是政策工具的“更新换代”并不是一蹴而就的事情，需要大量的时间转换、调整、适应、评估以及反馈。以前的政策工具选择往往会成为政策决策者在选择新政策工具时的重要参考依据，换句话说，传统城镇化模式下的政策工具仍然左右着新型城镇化政策工具的选择，尤其表现为政策决策者的选择惰性——当其他政策工具效用未知的情况下，决策者疲于改变，认为沿用以往的选择所承担的风险更小。在当前的城镇化进程中，政府仍然保留了许多传统城镇化时期的政策工具，一方面这些政策工具通常是基础性的城镇化工具，如用于社会保障与福利的财政支出工具、用于维护城市空间环境的建设工具、用于规范城镇化行为的管理工具等；另一方面，这些政策工具与当前政策环境是相耦合的，运行与效用较为稳定，对于实现中国城镇化政策目标同样起到促进作用。

在中国城镇化进程中一些政策工具在应用一段时间后，政策对象开始熟悉并找到政策工具的应对方法，政策工具的效用会随着时间的推移而缩小。然而，政策工具的决策者往往忽略了政策工具的动态性，无论在任何政策背景下，政策工具并非一经选定就固定不变的。然而，决策者的选择惰性使其偏好沿用原有的政策工具，导致一些依旧指向传统城镇化目标或逐渐开始与当前政策环境相排斥的政策工具无法得到及时调整，使得新型城镇化政策目标无法顺利实现。

（2）政绩考核中的利益博弈

一般情况下，当一种政策工具投入成本高、收益少而且超过了政府的支付能力或支付意愿时，这种政策工具多不为政府所采用。尤其是城镇化政策执行期间，政绩考核中的利益博弈是影响政策工具选择的重要因素。城镇化是一场“持久战”，需要人力、物力、财力的长期投入，而投入应用的政策工具在短期内所带来的政策效果并不能达到政府的预期目标，另外，城镇化中的很多方面在实际的政绩考核中并没有具体的考核指标，因此导致部分地方政府将政策工具的选择与地方政绩相挂钩，严重影响到政策工具选择的公平性与合理性。在城镇化进程中，很多决策者更偏好于市场工具、建设工具等，希望通过立竿见影的政策效果保证政绩考核中自身利益的实现。

政策工具选择不当一方面会引起城镇化政策执行中政策工具的失灵与城镇化政策目标的落空，另一方面忽视城镇化为现代化带来的持久利益，缺少对政策工具长远效应和未来发展的考量。比如，当政府认为农村人口进入城镇缺乏稳定性，相比其带来的经济效益，社会负担与维护成本过高，因此很多时候他们选择的是限制农业人口流动的政策工具，客观影响了农业转移人口市民化的进程。

（3）政策制定者与执行者角度的差异性

政策工具通常包含两种选择途径：一是由政策制定者根据政策目标与政策制定的需要选择政策工具，将其纳入公共政策方案中；二是由政策执行者根据政策问题的实际情况与政策客体的接受情况选择政策工具，或者将政策方案中的政策工具进一步具体化。但是，在政策工具的选择中，政策制定者与执行者两者角度是各异的，在理解、认知、利益、价值等方面的差异使两者对于政策目标的理解也不尽相同，导致在实际选择过程中出现相互矛盾或者模棱两可的情况。

国家大力推进新型城镇化，但是宏观层面的政策设计居多，纳入政策方案中的政策工具比较笼统，大多指向宏观的政策目标，执行者实际选择的政策工具未必能够达到政策制定者所预期的目标。就中国的土地政策来看，国家宏观政策指出了土地利用的方式与流向，要求在增加城镇化建设用地的同时保证国家耕地面积，但实际的政策执行者则为各地方政府，在征用土地与开发的过程中所选取的政策工具却很难保全两者，致使农民与政府的对峙不断上演，为城镇化的发展带来了一定的阻力。政策制定者与执行者角度的差异性会使二者在选择政策工具的过程中产生分期，能否协调好政策制定者与执行者两者对于政策工具的选择，是影响政策目标实现与否的重要因素。

7.1.2 政策工具应用影响因素

政策工具是政策执行的核心，政策目标往往需要通过政策工具的应用才能顺利实现，没有政策工具，再优秀的政策方案也举步维艰。如果说政策工具的选择是政策执行的起点，那么政策工具的应用便是政策执行的关键，因为即便政策工具经过事前的缜密思考与精确设计，但是合理而恰当的政策工具并不代表政策的成功，亦无法保证政策工具应用的效果，很多因素都可能影响中国城镇化进程中政策工具的应用。

（1）政策工具功能不足

政策工具功能的强弱是影响政策效果与产出的主要因素，功能不足的政策工具就犹如朽戈钝甲，欠缺实现政策目标的能力，影响着政策工具应用的方方面面。法律制度工具以提供权威性、合法性为主体功能，是政策执行的基础。中国城镇化进程中任何行政行为都必须以法律制度工具为引导。但是，目前法律制度工具多为顶层设计，要真正落到实处则往往缺乏明确而具体的制度方案，主体功能的不足使实际政策执行缺乏明确的法律和制度的依据，导致上有政策下有对策现象的出现。针对同一项户籍政策，各个地方所推出的实施办法不尽相同，政策效果与反馈有时存在很大差距。中国城镇化进程中财政工具的应用大多偏重财政支出工具。截至2020年年底，中国约有1.2亿农业转移人口落户城镇，以人均转移成本10万元为标准，则国家至少要有12万亿—15万亿元的财政支出，如此巨大的政策成本如果仅仅依靠财政工具的支出功能是远远不够的。成本分担机制的提出虽然加强了财政工具的部分功能，但政策执行效果在短期内并没有凸显出来，政府的财政压力仍然得不到有效缓解。

信息工具在传递和传播城镇化信息的过程中对于信息质量缺少辨识度。市场工具的应用解决了一部分公共产品的供给问题，但市场机制的失灵可能导致公共产品质量低、供给滞后等情况的发生。社会工具作为一种补充性和自愿性的政策工具，很多情况下是依据传统与道德感的强化产生作用，存在着一定的不稳定性。实际上，任何一种政策工具都会存在缺陷与不足，而一种政策工具的不足正是另一种政策工具存在的理由。要最大化地实现政策目标，不仅要在政策工具功能的补足上下功夫，更要注重不同政策工具之间的相互转换以及搭配组合，保证政策工具应用的步伐与中国城镇化的发展相一致。

（2）政策工具技巧的掌握程度

政策工具强调的是功能性和技巧性，但是应用政策工具的主体通常是政策执行者，所以政策工具应用的有效性在一定程度上取决于政策执行者对政策工具技巧的掌握程度。在实践中，政策执行者关于政策工具的知识是有限的，其操控政策工具的能力也会受到限制。当政策工具应用不恰当时则很难发挥其应有的效用，从而使政策效果大打折扣。但是，如果过分强调政策工具的功能和技术，政策执行者也会成为他们所使用工具的牺牲品，限制政策工具效用的发挥。

中国的城镇化是人的城镇化，不仅有着复杂的政策环境，而且涉及多方面的利益群体，城镇化政策从出台到执行会涉及相当多的行政部门，即使对于同一种政策工具，不同部门中的政策工具的应用者对政策问题有不同的判断标准，对政策工具的使用存在不一样的价值观，政策工具运行状态与政策产出也不尽相同。成本分担机制应用于城市生态保护中，作为外部的补偿工具搭配一些市场和财政工具确实起到了激励作用，但是，成本分担机制在农业转移人口市民化中的应用却因政策问题的复杂性与工具应用不当并没有突出的政策效果。城镇化政策目标的实现，需要政策执行者掌握好政策工具应用的艺术。

（3）政策工具之间的协调程度

城镇化的发展不仅仅只依靠某一种政策工具来支持，而是由一个包含多种类型政策工具以及工具组合的政策工具箱来推动。在应用的过程中，政策工具并不是独立的，一种政策工具会因受到其他政策工具的影响而发生改变，政策工具之间不仅会相互影响，也可能会实现互动与互补。因此，政策工具之间的协调程度以及相互依赖程度影响着政策工具应用的综合效应，影响着中国城镇化政策目标的实现。

在推动人口流动与市民化的进程中，政府提出取消农业与非农户口的划分，但原本的农村户口又与土地利益相挂钩。因此，即便农业人口进入城镇也不愿意落户，他们担心会失去农村土地所带来的利益，形成了农业转移人口“走不出去，留不下来”的局面，为中国城镇化的发展带来了一定的阻力。因此，能否协调好城镇化政策工具箱中工具之间的关系是影响政策工具应用效果的重要因素。

7.1.3 政策工具效用传导与扩散影响因素

政策工具通过传导与扩散来实现区域内与区域间政策工具效用的传递传播，其中传导路径或扩散方式上的任何偏差都可能导致政策工具效用的失灵、政策执行的中断，甚至公共政策的终结。那么，哪些因素影响着中国城镇化进程中政策工具效用的传导与扩散呢？

（1）政策工具与政策环境的耦合程度

一切公共政策问题的发现和界定都来自而且必然来自政策环境，因此，从一定意义上说，政策工具与政策环境的耦合度影响着政策工具效用的产生、传导、扩散。政策工具与政策环境的耦合度对政策工具效用的影响主要体现在三个方面。当政策工具与政策环境的耦合度较低时，会导致政策工具失效，那么，政策工具效用的任何传导与扩散过程都会面临中止或终结，正如传统城镇化中的一些政策工具由于与新型城镇化政策环境无法耦合，已经逐渐被淘汰；当政策工具传导周期较长，政策环境发生变化时，原来的政策工具与变化后的政策环境两者的耦合关系出现断裂，导致无法实现媒介目标，政策工具效用的传导同样无法实现；在政策工具扩散过程中，相似的政策环境更容易实现扩散，因为其与政策工具的耦合度是相当的，但是如果遇到差距较大的政策环境，就要考验政策工具的适用能力了，如果依旧与新政策环境相匹配，效用则得以扩散，反之亦然。

中国城镇化的政策环境存在着明显的区域性差异，表现在经济发展水平、社会发展程度、生态与生活环境质量、城镇化水平、城乡融合度、居民幸福感等方面，尤其是中国城乡二元结构体制的特殊国情，这种由于区域变化所带来的政策环境变化对政策工具效用的扩散具有更为显著的影响。中国城镇化进程中政策工具与政策环境的耦合深刻影响着城镇化发展的走向，为城镇化的发展提供了动力，推动城乡一体化与区域协调发展的实现。

（2）目标群体对政策工具的回应性

政策工具效用的传导与扩散离不开目标群体。在政策执行过程中，目标群体的意见、态度、动机、对政策工具的接受程度等是影响政策工具效用在区域内、区域间传播的重要因素。施奈德指出，政策工具的选择客观反映出决策者对于目标群体的假定与偏见。相对应地，目标群体对政策工具的回应性客观地反映出目标群体对于政策工具的判断与偏好。即便面对强制型的政策工具，目标群体仍然保有支持或反对政策工具的自由。当一项政策工具无法获得目标群体的信任与偏好时，政策工具的效用则更难实现传导与扩散。

城镇化不仅具有复杂的政策环境，而且包含了多元的、规模化的目标群体。[①] 在农村人口向城镇涌入的同时，又伴有区域性的人口回流，目标群体不断地发生变化，对正在运行以及传导和扩散中的政策工具的回应存在一定的滞后性，城镇化政策工具必须通过传导路径、扩散模式的调整才能保证政策工具效用在城镇化进程中的传递与传播。与此同时，城镇化中的目标群体由于受到个人以及群体利益、价值观念、社会风气的影响，对政策工具的回应还可能呈现出非理性的抵制倾向，会严重影响政策工具效用的传导与扩散。

7.2 城镇化政策工具的创新

钱学森说过："科学精神最重要的就是创新。"创新推动社会进步，

① 张秉福．论社会性管制政策工具的选用与创新［J］．华南农业大学学报（社会科学版），2010（02）：63—69.

政策工具的创新同样可以推动政策执行方式的变革，引导中国城镇化的未来发展趋势。从广义来看，政策工具创新不仅仅是新政策工具的投入使用，也是将创新的元素引入中国城镇化政策工具的产生、选择、应用以及传播过程中，投入更少的时间与资源获取更优的政策效果。政策工具的创新可以通过多种路径实现。本节侧重于政策工具功能和属性的创新，引入创新型政策工具的概念，通过构建政策工具创新模型提出中国城镇化进程中政策工具的创新路径，以创新性的手段推动中国城镇化政策目标的实现。

7.2.1 创新型政策工具

创新型政策工具并不是一种新的工具类型，而是指通过打破固有政策执行思维而开发的具有新功能或属性的新型政策工具，可以视为基本政策工具的升级版。基本政策工具就是指已经投入政策实践中，并取得一定政策效果的工具，并且可以通过转变应用方式、功能侧重等技巧提高政策工具效用。创新型政策工具的特殊性在于不仅可以应用于政策执行中遇到的新问题，并且可以用于解决原有政策工具一直未能有效解决的问题。但其不足之处在于政策工具的效用有待证实，需要反复试行与验证效果才能加以善用。目前，在中国城镇化进程中仍然存在一些无法权衡的利益、难以调解的社会矛盾、区域之间发展的失衡以及复杂多变的现实问题，面对这些客观现实，中国城镇化中常用的基本政策工具越发显得捉襟见肘，创新型政策工具正好用于补足这样的“盲区”，对接城镇化日益增长的实践需求。

一般来说，政策工具创新方式主要有以下两种。

一是渐进性创新，是指在保留原有政策工具部分功能的基础上，创新政策工具的功能，尽量不改变原有工具性质，形成创新型政策工具，通常适用于解决原有政策工具一直未能有效解决的政策问题。渐进性政策创新的优势在于最大限度地保障了创新型政策工具与政策环境原有的耦合关系，保证了创新型政策工具的适用性，缩短了创新型政策工具反复试行、验证效果所需时间，一定程度上控制了政策工具创新与应用所带来的风险。劣势在于创新幅度较小，应对全新的政策问题未必能够保证工具效用的发挥。近年来，在中国城镇化进程中创新型政策工具逐渐丰富起来，一方面是应日益增长的城镇化发展需求，另一方面源于中国政府职能的成熟与地方政绩考核带来的竞争动力。其中，渐进性政策工具创新居多，因为这种创新形式成本少且风险小。例如，外来工之家、社会矛盾调解中心、留守儿童关爱机制、工会社会化维权模式等创新型政策工具的应用，不仅解决了农业转移人口市民化进程中一些棘手的问题，而且逐渐转变了中国城镇化进程中传统的政策执行方式，体现出了新型城镇化以人为本的精神。

二是变革性创新，是指针对政策目标创新构建出具有新功能、新属性的政策工具，并且这类政策工具未进行过任何政策实践，通常用于解决政策执行中出现的新问题或渐进性创新工具无法解决的顽固问题。变革性政策创新的优势在于打破以往因循守旧的政策执行模式，增加政府职能转变的方向与可能性，在解决全新的政策问题时更具专业性与针对性。同时，运用变革性创新工具解决新问题、收获新反馈，可以为政策工具的创新优化积累更多的实践经验。劣势在于需要与政策环境建立全新的耦合关系，对政策工具的普适性要求较高，不仅创新周期较长，而且容易导致政策工具的滞后性，试行与验证政策效果的周期较长，所承担的风险更大。相比政策工具的渐进性创新，城镇化中政策工具的变革性创新进入了瓶颈期。首先将创新理念、创新思维应用于城镇化政策执行实非易事，其次城镇化政策工具创新的条件与动力不足，创新成本高、运行风险大、工具效用不稳定等因素导致很多政策工具创新项目在起步阶段或在试点运行阶段就被叫停了。近年来由中央提出的城镇化政策工具几乎不存在变革性创新工具，地方行政组织更鲜有政策工具变革性创新的尝试，落实到城镇化政策执行部门可能存在非正式政策工具上的创新，有限的政策工具效用很难形成创新扩散，缺乏考究的可能性与必要性。

7.2.2 政策工具创新模型

本书通过分析政策工具创新的方式，融入了政策工具创新的四个阶段与创新元素，构建了政策工具创新的理论模型（见图7-1），用以诠释政策工具的创新主体是如何整合创新元素一步一步实现政策工具的创新。

（1）政策工具创新的产生阶段

任何人都可以成为政策工具创新的发起者，因此，本书将政策工具的创新主体分为两类群体：一是政府机构，集政策制定者、政策执行者、政策工具应用者等多重职能于一身，顺理成章地成为政策工具的创新主体，既具有政策工具创新的合理动机，又必须承担政策工具创新优化的执行责任；二是参与政策工具创新的非政府机构，学者、企业、公众、个人等都包含在内，在政策工具创新过程中扮演设计者、倡导者以及催化者的角色。值得注意的是，这两类创新者并不是独立的，两者之间就政策问题的解决与政策工具的创新一直处于相互参考相互交流的状态。

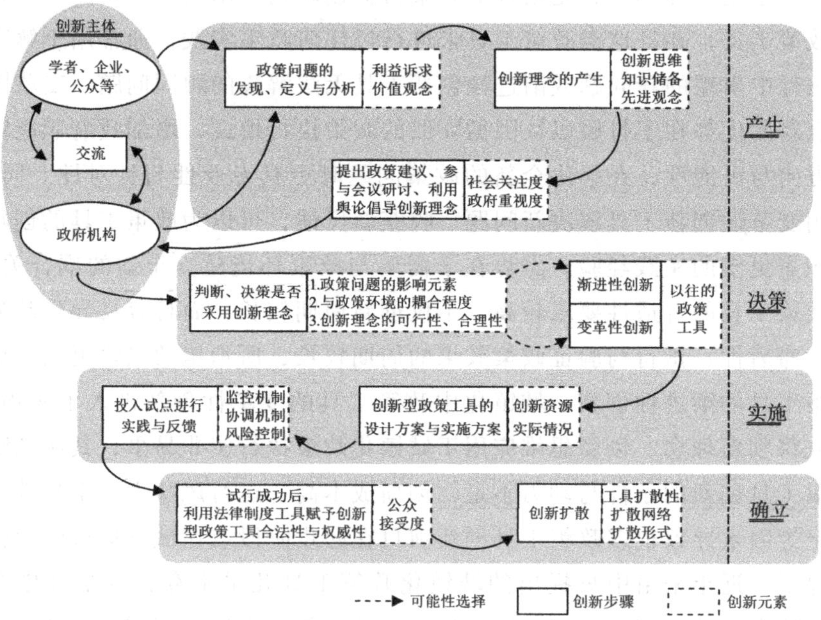

图 7－1　政策工具创新模型

当政策创新主体发现一些损害自身利益且尚未得到妥善解决的政策问题时，会对政策问题重新进行定义与分析，会意识到相应政策工具存在缺失或失灵的状况，创新理念开始初步形成。政策工具的创新理念不是凭空出现的，创新主体如果不具备一定的知识储备、相关专业背景或实际经验，所提出的创新理念会流于空想。利益诉求、价值观念只能构成政策工具创新的原动力，而创新主体是否具备创新思维、知识储备与先进观念等元素才是决定创新理念是否能够产生的关键。创新理念生成后，创新者可以通过向上级行政部门、政策决策者提交政策工具创新的建议或与其他学者、研究员、公众进行分享与倡导创新理念，当政府重视度与社会关注度达到一定程度时，创新理念正式进入政府的政策考量，政策工具创新的产生阶段将开始向决策阶段过渡。

(2) 政策工具创新的决策阶段

判断政策工具的创新理念是否具有可行性，政府决策者一般需要考虑三种创新元素：第一，政策问题的影响元素，强调创新理念所指向的政策问题的棘手程度是否达到需要创新政策工具的程度，政策工具创新的成本与问题解决的政策产出是否成正比，即政策工具创新是否必要；第二，与政策环境的耦合程度，直接决定了创新型政策工具是否能够匹配当下的政策环境，工具效用是否能够发挥、传导以及扩散；第三，创新理念的可行性、合理性，决策者必须对新的政策工具理念进行考量，是否能够形成工具设计方案，是否能够被目标群体所接受，是否能够实现政策目标。如果政策工具的创新理念具备这些所需的创新元素，决策者则需要决策政策工具创新方式。

以往政策工具的选择与应用情况也会影响政府选择何种政策工具创新形式。如果以往的政策工具已经具备了一定实现政策目标的能力，决策者会更偏向于成本低风险小效果稳定的渐进性政策工具创新形式；如果以往的政策工具直接处于缺失或失灵的状态，决策者则会选择变革性政策工具创新形式。但是，任何一种创新形式都必须指向政策问题的解决与政策目标的实现。

(3) 政策工具创新的实施阶段

以创新理念为核心、以政策环境为背景、以解决政策问题为基本依据，构建创新型政策工具设计方案与实施方案，必然需要各种创新资源的支持与调配。一般来说，进行政策工具创新的政府或多或少都需要具备 7 种创新资源，即人力资源、财力资源、权力资源、权威资源、文化资源、信息资源和制度资源。[①] 创新资源的丰富程度直接影响着政策工具创新的进度与周期。进而，创新型政策工具设计方案、实施方案的出台必须由具有资格创新的实施者根据创新理念与政策实践，按照一定的行政程序进行审查、筛选、通过、批准，直至找到最满意的方案为止。

创新型政策工具的效用必须得到验证后才能正式确立，因此，可将创

① 杨代福，丁煌．中国政策工具创新的实践、理论与促进对策：基于十个案例的分析 [J]．社会主义研究，2011 (02)：32—41.

新工具与实施方案投入试点实践，先选取示范区进行反复验证，进而推广至全国实施。在验证工具效用的过程中，不能离开政府的监控机制与协调机制，一方面要保证创新型政策工具在应用中不能偏离政策目标，不能偏离创新理念，不能脱离政策执行者的掌控，另一方面及时调整与反馈创新型政策工具的应用情况，保证其不会与政策环境或其他基本政策工具形成负向耦合，阻碍整体政策目标的实现。由于创新型政策工具的应用是一种具有极大风险的政策执行，实施者必须采取一定控制风险的手段降低工具失败的概率以及失败所带来的负面影响。

（4）政策工具创新的确立阶段

一旦创新型政策工具的效用得以验证，政策工具便得以确立，通过法律制度工具赋予创新型政策工具合法性与权威性。创新型政策工具效用的传导与扩散有赖于公众的接受程度，政府通过官方文件、政策宣传、媒体舆论等形式提升该工具的公众接受度，进而推动政策工具的创新扩散。政策工具的创新扩散为区域发展与地方政府行政能力的提升提供了一条新的路径。但是，创新型政策工具的扩散也并非一蹴而就的，创新扩散的范围和程度与创新工具自身的特殊性质、是否具有扩散性、创新扩散网络以及扩散方式都有着不可分割的关系。

7.2.3 中国城镇化政策工具创新路径

中国城镇化政策工具需要主动升级、主动创新，在升级与创新中寻求政策工具的优化之路，通过善用创新型政策工具以及创新扩散，推动中国的城镇化稳定、持续地发展。

（1）创新理念回归现实，增强创新工具的系统性与针对性

政策工具的创新理念首先必须回归现实，改变不符合实际的社会假设基础与落后的管理哲学。从中国的基本国情出发，以新型城镇化的发展趋势为指向，破除传统城镇化模式下政策执行的陋习，摆脱以往教条的政策工具的束缚，将新型城镇化与现代化进程中人口与生产要素的集聚、生产方式与生活方式的变革、产业的升级转型、社会保障与公共服务的普及、社会分工的细化、公民生活水平的不断提高所带来的创新要素进行整合，进行政策工具的升级与创新，进一步增强城市与区域的创新活力，全面开启城镇化的创新空间。

在城镇化政策工具的创新过程中，政府必须意识到由于创新型政策工具缺少与城镇化的耦合互动，必须加强创新工具的系统性，城镇化政策工具箱不能因为创新型政策工具的加入影响到其他政策工具的应用，保证创新工具与基本工具、与城镇化之间能够形成系统的耦合机制，推动城镇化政策目标的实现。与此同时，城镇化政策工具的创新要注重针对性，因为城镇化涉及的问题错综复杂，基本政策工具在面对一些棘手的城镇化问题时逐渐力不从心，中国的城镇化发展需要更具有针对性、适配性的创新型政策工具，尤其在创新资源不足的情况下，低交易成本的创新工具已经成为国家治理体系和治理能力现代化的客观需要。

（2）争取城镇化中的创新资源与权力空间

从中国的治理原则来看，政府鼓励政策工具的创新与推广，但地方政府政策工具的创新往往受到中央的管理，政策创新的始终都必须获得上一级政府的认可，创新资源也是从中央到地方自上而下逐渐减少的。中国的城镇化领域中的政策执行面实际非常广，尤其是地方政府所应用的政策工具更加具体，更适合政策工具的创新。

因此，要全面推进中国特色的城镇化，政策工具的创新可以从地方抓起。自上而下的政策工具创新未必适用于各地不同的政策环境，中央政府应该下放更多的政策创新权力空间，给予足够的创新资源，鼓励地方政府进行政策工具的创新与推广。加强政府间、部门间的交流，使城镇化进程中的创新资源与权力空间实现最大化，充分重视上级支持所带来的权威资源，在满足本地城镇化发展需求的基础上，提升城镇化政策执行的科学性、技巧性，为实现城乡一体化、区域经济协同发展进行政策工具的升级与创新。

（3）构建中国城镇化政策工具创新扩散机制

前文中所构建的城镇化财政工具的空间溢出模型，已然揭示出中国城镇化政策工具在区域间确实存在着扩散效应。这种扩散效应使优质的政策工具通过一定的扩散路径在公共部门之间传播。创新型政策工具同样具有这种扩散性，并且在恰当的扩散机制作用下可以实现更优的扩散效果。中国城镇化进程中政策工具的创新从本质上来看，其实是中央及地方政府应对城镇化问题、扩大城镇化政策工具效用的一种创新模式。政策工具的创新与扩散往往是一个连续的、不可分割的过程，创新研究侧重解释政策采纳与否的瞬时状态及其原因。①

地域经济水平差异、城镇化发展不平衡等因素导致各地方政府的创新能力不一，城镇化政策工具的创新情况不尽相同，因此也推动了创新型政策工具的多样化。在城镇化进程中，地方政府不仅可以选择自主创新政策工具，也可以在拥有了城镇化创新工具的基础上，组成创新扩散介质，构建稳定的创新扩散网络，以本地为中心缩小与邻近地区城镇化水平的差异，推进区域协调发展与城镇化政策目标的实现。

7.3 城镇化政策工具优化组合

英国著名学者基隆·弗拉纳根（2011）提出这样一个理论——政策实践中更多的政策工具组合是无形的。理由是：一切政策工具作用于政策执行中所产生的效果并不是独立的，政策效果实际是在不同政策工具混合作用下所生成的，有可能是针对同一政策目标不同时期所应用的政策工具，更多可能是不同目标、不同功效的政策工具交叉影响，并不存在“演独角戏”的公共政策或工具。② 本书认为，政策工具之间存在着相互影响、相互作用甚至自发组合的可能性，如果能够洞悉政策实践中无形的政策工具组合与混合效果，构建更优的政策工具组合，就能够更好地实现政策目标，产生更优的政策效果。

7.3.1 政策工具组合模型

政策工具过程主义认为，政策工具并没有普遍的适用性，不支持任何

① 张克. 西方公共政策创新扩散：理论谱系与方法演进［J］. 国外理论动态，2017（04）：38—42.

② FLANAGAN K，UYARRA E，LARANJA M. Reconceptualising the “Policy Mix” for Innovation［J］. Research Policy，2011，40：702－713.

处于某一具体背景或具体问题之外的政策工具，政策工具的选择必须以政策执行过程为导向。因此，本书认为政策工具组合并不是政策工具简单地叠加，政策工具组合所产生的政策效果必然会受到工具组合过程以及应用过程中种种因素的影响。

当单一政策工具无法实现公共政策目标或效用低下时，根据政策环境与目标群体的需求，可以按照一定原则使两种或两种以上政策工具进行组合，形成政策工具组合，用以提升政策工具效用以及政策目标的实现度。政策工具组合是中国城镇化政策工具优化的重要途径。与单一的城镇化政策工具相比，优化组合的政策工具可以弥补单一政策工具应用的缺陷与失灵，并通过产生组合功能或特性提升“工具组合拳”的适用范围，进而可以解决更为棘手的城镇化问题，提高城镇化政策工具箱的整体效用。因此，本书整合了布雷瑟①（2005）与基隆·弗拉纳根（2011）对政策工具组合的相关理论，构建了以内在元素、外在维度、组合形式三层模块为基础的政策工具组合模型，如图 7－2 所示。

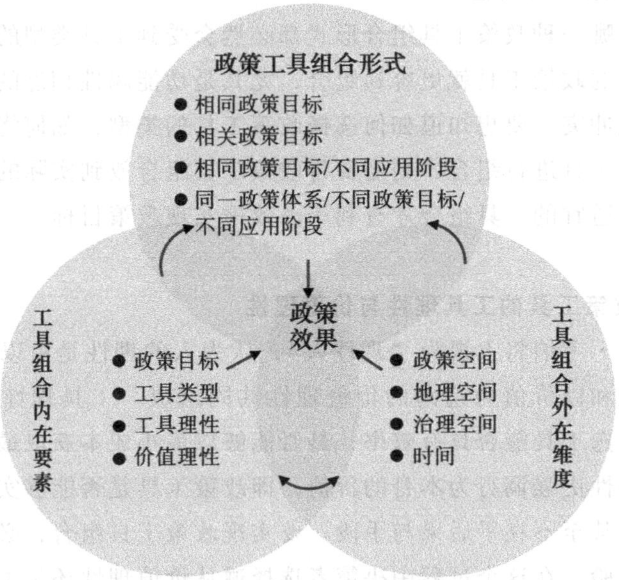

图 7－2　政策工具组合模型

---

① BRESSERS H A, O'TOOLE L J. Instrument Selection and Implementation in a Networked Context [M]. Montreal: McGill－Queens University Press, 2005: 28－62.

7.3.2 政策工具组合内在要素

围绕着政策工具的组合，政策工具组合模型中每一层模块都有不同的意义。首先是政策工具组合的内在要素，它主要决定着政策工具是否需要组合，以及如何选择要进行组合的政策工具。影响政策工具组合的内在要素其实很多，本书只选取了三种关键要素。

（1）政策目标

任何政策工具都无法单纯依靠理论或技术进行选择与组合，政策目标是决定政策工具是否需要组合、是否能够组合的根本要素。完全无关或相悖的政策目标下是无法进行政策工具组合的，只有在同一政策目标下或相关政策目标下才有可能形成政策工具的组合。政策工具本就是实现政策目标的途径，如果忽视政策目标的重要性只会导致政策工具组合的失灵。

（2）政策工具类型

无论是哪一种政策工具组合形式都必然会受到工具类型的限制，并不是同一类型的政策工具就更容易组合，尤其是功能属性相近的工具组合反而容易导致冲突。要想知道如何选择政策工具的类型，如何将同一或不同类型的政策工具进行组合，则需要将政策工具组合放到实际的政策执行中来看，只有适宜的工具组合才有利于高效地实现政策目标。

（3）政策工具的工具理性与价值理性

马克斯·韦伯将人视为“理性人”，认为人的理性是由以目的为趋向的工具理性和以价值为趋向的价值理性共同组成。工具理性注重政策结果，在乎所选工具能否具有效率，是否能够以最小成本获取最大收益。但是，价值理性更强调行为本身的价值，即政策工具是否能够实现社会公平和正义等，甚至不在乎后果与手段。要实现政策工具组合，必然会受到理性判断的考验，在这个过程中决策者选择遵从价值理性还是工具理性，都会影响政策工具组合的结果与政策效果。在政策工具选择、组合、应用过程中，决策者往往偏向于工具理性，将效率视为判断政策工具的基准，认为将高效率的政策工具捆绑起来组成“强强联合”能够更好地实现政策目标。然而，不存在万能的政策工具，在许多情况下，政策工具无法完全发挥其自身设定的功效，在这种不完全的状态下只考虑政策工具应用的效果往往不是一种正确的选择，此时关注政策工具本身的道德性、政治性与价值性反而会使政策工具组合更容易被接受。价值理性或工具理性的缺失都可能影响政策目标的实现。因此，理想状态是价值理性与工具理性二者的统一。

"以人为本"是中国新型城镇化的精髓，人是社会、经济、政治、文化的主体，只有解决好"人"的问题，国家才能够发展。但凡涉及"人"的问题，公平、正义等价值观念则显得更为重要，缺乏道德价值观念支持的政策工具很难在人群中有效运行。政策工具的组合总会受到客观环境与社会普遍规律的限制，只能在最大限度上实现价值理性与工具理性的统一。要达到两者的统一，至少要做到四个"不偏离"，即不偏离理论常识、不偏离实践经验、不偏离政策目标、不偏离目标群体的意愿。不偏离理论常识与实践经验实际上是要求政策工具组合必须基于工具属性、功能以及有效性的科学把握，不偏离政策目标与目标群体意愿则要求政策工具组合必须在保证道德性和合理性的基础上能够普遍被城镇居民和流动人口所接受。

7.3.3 政策工具组合外在维度

政策工具组合必然要在一定的政策环境中组合与应用，并受到政策环境的影响。本书所构建的政策工具组合模型将这种政策环境具象化，整合为政策工具应用的外在维度，认为政策工具处于不同的应用维度时，不同维度之间的相互作用不仅会影响政策工具的组合形式，并且会影响到工具应用的政策效果。

本书为政策工具组合的应用设定了四项外在维度：

（1）政策空间维度

政策空间维度，即不同政策领域存在的"抽象空间"。例如，农业转移人口市民化与城乡一体化就是两种不同的政策空间维度，虽然在同一城镇化政策体系内，但是具体政策工具的政策目标未必一致，工具执行者与目标群体也可能存在一定差异。要组合不同政策空间下的政策工具，必须要考虑到这两种政策空间之间的关系，以及政策工具组合与政策空间环境的耦合关系。

（2）地理空间维度

不同地理空间的政策工具进行组合会受到地理距离以及政策环境变化的限制。政策环境的变化是政策工具效用滞后的主要原因。虽然实证研究证实了城镇化政策工具具有一定的空间扩散性，但是，中国城镇化所涉及的地理空间广袤，跨区域的政策工具组合必须基于一定的政策环境基础之上，区间之间政策环境的变化直接影响着政策工具的组合方式与效用发挥。

（3）治理空间维度

治理空间维度，即政府的不同行政层级。政策效果源于政策执行，而政策执行的关键就在于不同治理空间的政策执行者如何运用政策工具或工具组合。不同层级的政府之间、不同行政部门之间的协作程度决定着政策工具是否能够进行组合，是否能够得以应用。

（4）时间维度

政策工具应用的阶段不同，所遇到的政策环境不同，形成的工具效用不同。因此，政策工具的组合必须考虑到工具应用的时间维度以及该时间维度下政策工具的相对功效特征。

在政策工具组合应用的过程中，外在维度影响着政策工具的运行，政策工具同时反作用于外在维度，两者遵循一定的耦合规律相互影响、相互作用。政策工具组合与城镇化外在维度的耦合过程体现了城镇化进程中农业转移人口、城镇居民、企业、第三部门与政府之间的互动、矛盾以及协调的全过程，其中包含很多影响互动耦合的不确定因素。因此，掌握政策工具组合与城镇化应用维度的耦合规律形成系统而健全的耦合机制，是加强政策工具组合与城镇化外在维度互动耦合的主要途径。同时，政策执行者必须熟悉城镇化政策工具组合中政策空间、地理空间、治理空间以及时间维度，才能使政策工具的选择、组合以及应用更具有针对性，减少滞后性，提高耦合度。只有当政策工具组合与城镇化外在维度的耦合度达到一定程度时，才会产生积极的协同作用，不仅能够促进政策工具之间的组合效果，还能够促进城镇化政策目标的实现。

7.3.4　政策工具组合形式

并不是所有的政策工具都能进行组合，政策工具组合的内在要素决定了哪些政策工具可以进行组合，外在维度与政策工具组合的耦合程度则影响着政策工具应该如何进行组合，在这两层模块的作用下产生了不同形式的政策工具组合。根据政策工具组合中政策工具之间相关性的强弱，将政策工具组合划分为四种形式：针对相同的政策目标以及目标群体的政策工具组合；针对相关的政策目标以及目标群体的政策工具组合；针对相同的政策目标以及目标群体，但应用于政策执行中不同阶段（多发生于相衔接的两个阶段）的政策工具组合；在同一政策体系中，针对不同政策目标以及目标群体，且应用于不同阶段的政策工具组合。

除了要考虑政策工具的内在要素与外在维度，政策工具组合过程中还必须参考政策工具之间的相关性。通常来说，政策工具之间相关性越高，政策工具就越容易形成组合；相关性越低，政策工具组合的难度就越大。因为政策工具之间的互动耦合正是不同政策工具能够形成工具组合的关键。如果政策工具之间以积极的方式进行互动耦合，那么，这种政策工具组合可以发挥工具效用的互补性。如果政策工具之间互动存在着主次关系，即主要工具的功效必须由次要工具的推动才能发挥，那么这种政策工具组合可以发挥工具效用的连贯性。政策工具是灵活的，政策工具组合同样是灵活的，工具之间的关系会随着时间和空间的变化而变化。因此，不能单纯根据政策工具的功能和特性进行政策工具组合，而是应该基于政策工具之间相关性的基础选择最优的政策工具组合形式，通过动态协调政策工具之间的耦合互动扩大政策工具组合的实际效用。

在当前中国城镇化政策工具应用过程中，政策工具组合的利用趋势并不明显，甚至有些政策执行主体更倾向于使用独立的政策工具，因为在政策工具组合中很难避免不同决策者的选择偏好与利益表达，而且有关工具效用的评估与责任归属的标准也是极其模糊的。因此，目前中国城镇化进程中政策工具的组合主要以同一类型的政策工具组合居多。比如，“法律制度工具 + 管理工具”——以强制型政策工具为主的政策工具组合，这种组合形式稳定性较强，便于掌控。但是，城镇化中涉及最多的就是“人”的问题，这种“强强联合”的工具组合应用不当易引起社会情绪，在政策工具失效的同时破坏良好的政策环境，可能会导致同一政策空间下的其他政策工具出现失灵的情况；混合型政策工具的组合中最常见的就是“财政工具+建设工具”组合，主要应用于城镇化进程中土地管理、城镇空间、交通网络以及基础设施的建设，“财政工具+市场工具”组合主要应用于经济城镇化的推动过程中，这两种形式的政策工具组合过于依赖财政工具，尤其是财政支出工具，可能会造成政府财政的负担，影响政策工具的适配性。

中国城镇化政策工具箱应该尝试开发更多的政策工具组合形式，如强制型与自愿型政策工具这种“强弱互补”的工具组合或者以自愿型政策工具为主的工具组合，实际上引入低强制性的政策工具组合，留给公众更多的选择空间，对于维护与稳定中国城镇化政策环境更加有利。政策工具组合必须在实际的政策执行中基于内在要素和外在维度选择最适合解决政策问题的组合形式，将为中国城镇化政策工具箱的完善增添更为丰富的内容。

7.4 中国城镇化进程中政策工具箱的构建

古语有云：“穷则变，变则通，通则久”。任何政策工具应用到一定阶段，都会面临失灵与终结的可能性，即便曾经是实现政策目标的有力工具，当与政策环境无法耦合时也会变成阻碍政策执行的障碍。政策工具不是一成不变的，而是一种具有无限扩展性的政策执行手段。改造传统工具、形成新工具、借鉴外来工具、组合已有工具等都能够实现政策工具箱的更新与优化。因此，中国特色城镇化政策工具箱的构建，不仅需要适配性的政策工具，更需要创新型政策工具与政策工具组合，并且以合理的工具箱结构进行组建，才能使政府根据城镇化的不同情况灵活而从容地从政策工具箱内选择并运用适配性的政策工具或政策工具组合。

7.4.1 农业转移人口市民化的政策工具箱

刘易斯指出：“当工业部门收入高于农业时，农村剩余劳动力会不断向城市转移，随着农业人口进入城市就业与安居，市民化问题则接踵而至。”本书从三个层面探讨农业转移人口市民化，即社会身份转变、公共服务与社会保障的平等共享以及意识形态、生活习惯与行为方式的市民化。尝试将每个市民化层面政府所采用的政策工具及组合整合起来，构建农业转移人口市民化的政策工具箱。

（1）社会身份转变

农业转移人口要进入城镇就业与定居，并享有与城镇居民同等的待遇，首先要解决社会身份问题，其中，法律制度工具是基础。户籍制度工具为农业转移人口社会身份的转变提供基本的法律依据，是调控城乡间劳动力流动、分配资源与社会福利不可或缺的政策工具，必须得到进一步的优化与完善。将建设工具、市场工具与财政工具组合，市场工具与财政工具可以为城镇建设提供人力物力保证，建设工具则能够进一步实现城镇的建设任务，为农业转移人口提供更加宜居的生活环境，从根本上解决农业转移人口进入城镇后的就业安居问题。同时，在法律制度工具不断完善户籍制度和管理工具优化行政程序的协同作用下，能够进一步推进农业转移人口社会身份的转变（见图 7－3）。

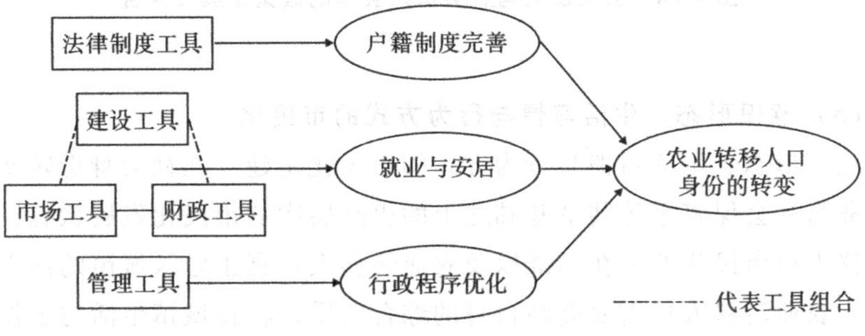

图 7－3　农业转移人口身份转变的政策工具及组合

（2）公共服务与社会保障的平等共享

在推进农业转移人口市民化的进程中，与公民权利和政治权利相比较，应当优先推进社会权利，这更加符合中国的国情。公共服务与社会保障的平等共享能够使农业转移人口顺利进入城镇安居就业；反之，劳动力流动性大、缺乏相对稳定性，由此衍生的社会问题比比皆是。法律制度工具为公共服务与社会保障的共享提供合法性基础，并且通过多种方式增加城镇基础设施与公共服务的供给。科学地运用“建设工具+财政工具”组合，由政府提供财政支持，实现公共基础设施的建设与供给；“市场工具+建设工具”搭配利用市场机制由政府向社会购买优质服务，降低行政成本，提高公共服务质量；“社会工具+财政工具”采用第三部门提供、政府补贴的形式，为农业转移人口进入城镇提供完善的公共产品，并在一定程度上达到调解农业转移人口与城镇居民关系的目的。政府在不直接提供公共产品的情况下，应当不断完善监管机制，保证公共组织对城镇化政策工具的掌控权（见图7-4）。

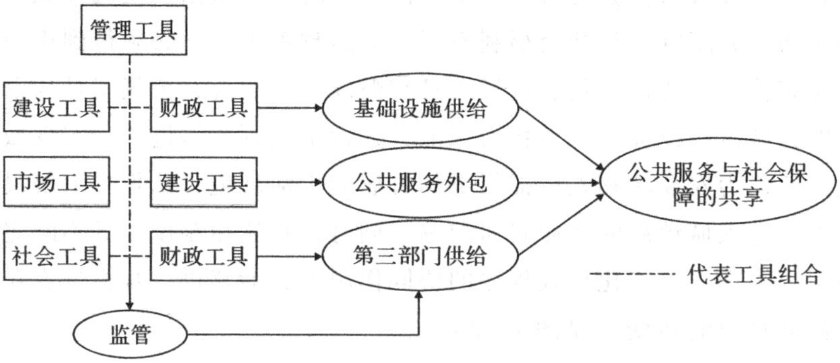

图7-4 公共服务与社会保障共享的政策工具及组合

(3) 意识形态、生活习惯与行为方式的市民化

意识形态、生活习惯与行为方式的市民化是建立在社会身份转变、公共服务与社会保障平等共享基础之上的更高层次的市民化发展状态，是农业转移人口市民化的内在标准以及农业转移人口真正融入城镇的标志。一方面，农业转移人口需要提高自身的综合素质，将在城镇生活与工作的经历内化为文化价值观念，实现心理和观念上的自我认同与情感上的归属感；另一方面，城镇居民逐渐消除对农业转移人口的偏见，接纳与认同农业转移人口。意识形态、生活习惯与行为方式的市民化更需要自愿型与混合型的政策工具。第一，职业技能培训是农业转移人口市民化的重要基础。利用“建设工具+信息工具”通过组织相应的职业技能培训提升农业转移人口的劳动技能、专门知识、职业文化素养等；利用“市场工具+信息工具”使农业转移人口通过多种渠道获取培训信息。第二，综合素质提升与职业技能培训相辅相成。可以利用同样的政策工具组合实现这一政策目标，使农业转移人口在不断增长职业技能的同时提升其综合素质，在综合素质不断提升的同时适应职业技能培训。第三，自我认同与社会认同的统一是农业转移人口市民化的最高层次，表明农业转移人口真正融入城镇。“社会工具+信息工具”的组合意在通过强化文化宣传与思想传播，减少城镇居民与农业转移人口之间的矛盾与隔阂，提高农业转移人口市民化的综合水平（见图7-5）。

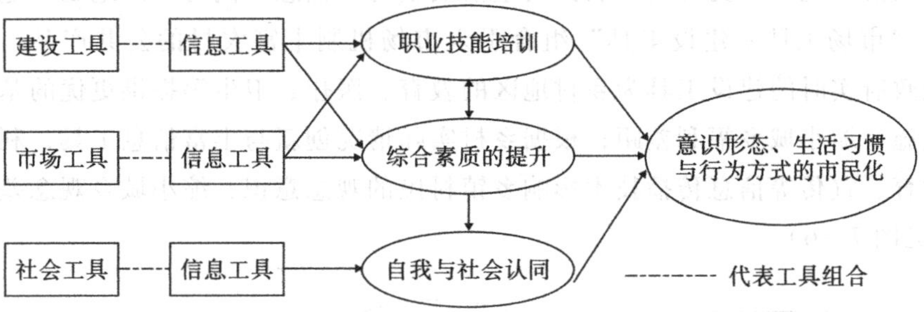

图7-5　意识形态、生活习惯与行为方式市民化的政策工具及组合

7.4.2　城乡一体化的政策工具箱

城乡一体化是现代化与城镇化的结合体，将农村与城镇、农业与工业逐渐糅合为一体，逐渐瓦解固有的城乡二元结构体制，实现城乡的互补融合，促进城乡经济社会协调与全面发展。城乡一体化发展是一种在现代条件下城乡互补、融合、协同发展和共同繁荣的新型城乡关系的选择，也是一种城乡关系进入以互补、融合、协同发展为基本标志的理想状态的目标模式。[①] 为了推动中国城乡一体化进程，本书尝试构建城乡一体化的政策工具箱，通过缩小城乡差距以及最大限度地转变中国的城乡二元经济结构，实现城乡融合与统筹发展。

（1）缩小城乡差距

城乡一体化的关键就在于最大限度地缩小城乡差别，使精神文明与物

---

① 浦再明．城乡一体化发展系统论：以上海为例［J］．系统科学学报，2009（04）：18—23.

质文明达到城乡共享。[①] 中国的城乡差距主要体现在四个方面，即空间差距、收入差距、福利差距与观念差距。空间差距的缩小主要依靠建设工具的创新利用，构建更为发达的交通网络，提高城乡之间的空间通达性，变相地拉近城市与乡村的空间距离；构建"制度工具＋市场工具"的政策工具组合，在改革社会分配制度的同时，搭配市场工具发展乡镇企业推动农业的现代化，从根本上提高农民收入水平，拉近与城镇居民收入的差距；捆绑"社会工具＋财政工具"组合志愿服务与政府补贴两种形式扶助贫困落后地区，提升贫困农民的生活质量与幸福感。同时，因地制宜地运用"市场工具＋建设工具"组合引入市场机制丰富农村的公共产品，搭配政府实时的建设工具为乡村地区的教育、医疗、卫生等提供更优的基础设施，缩小城乡福利差距；根据乡村实际情况创新与丰富信息工具，利用教育、宣传等信息传播技术影响乡镇村民的观念意识，缩小城乡观念差距（见图 7－6）。

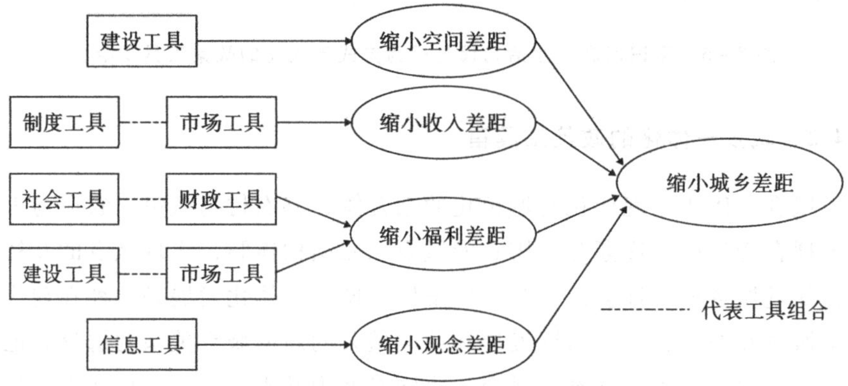

图 7－6　缩小城乡差距的政策工具及组合

（2）转变城乡二元经济结构

根据刘易斯的二元经济结构理论，中国城乡分割的二元经济结构是发展中国家城镇化进程中的典型现象，如何将城乡二元经济结构转变为现代经济结构，社会结构由二元转变为一元，是实现城乡一体化与城镇化发展的核心。组合"法律制度工具＋管理工具"对城乡管理体制进行革新，

① 浦再明．城乡一体化发展系统论：以上海为例［J］．系统科学学报，2009（04）：18—23.

改变当前城乡隔离、条块分割的管理方式，调整城乡社会管理结构，使二者相互衔接、相互耦合，为城乡土地资源的优化配置与城乡产业的协调发展提供最基本的体制保障；合理运用“法律制度工具 + 管理工具 + 建设工具”的交叉组合，调整现有的城乡规划与土地制度，改变城乡土地分割而治的状态，统筹城乡土地建设，合理配置城乡土地资源，提高土地利用率，为转变城乡二元经济结构提供空间角度上的有机融合；运用财政工具大力扶持乡镇产业转型，搭配市场工具推动城乡产业的协同发展，实现城乡产业间的合理分工、优势互补、互动融合，不断加强城乡之间各次产业的有机联系与协调发展，逐步实现城乡二元经济结构向现代经济结构的转变（见图 7 –7）。

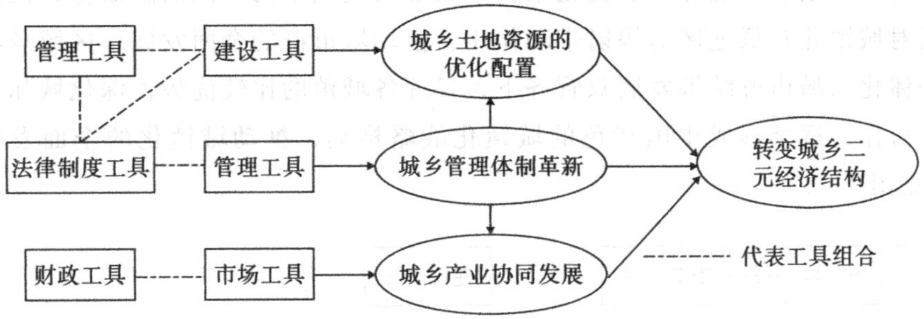

图 7 –7　转变城乡二元经济结构的政策工具及组合

7.4.3　城镇化布局的政策工具箱

传统的城镇化布局主要依赖中心城市的带动，新型城镇化布局则以城市群发展为主导，构建“两横三纵”的城镇化发展格局，以轴线上城市群和节点城市为依托，大中小城市和小城镇统筹协调发展。目前，中国的城镇化发展布局主要是对不同区域内大中小城市及小城镇功能结构进行整合，提高中心城市与周边城镇之间的交通网络性能，发挥城市群的集聚和辐射效应，引导劳动者分流和迁移，疏导特大城市和大城市就业压力，形成城市、城镇之间双赢和多赢效应。[①] 因此，本书主要从区域经济一体化与城市群发展两个层面来构建有关城镇化布局的政策工具箱。

---

① 郁鸿胜．我国新型城镇化发展的路径选择及制约因素研究［J］．上海城市规划，2013（06）：25—31.

城市群作为中国城镇化发展的空间主体，是未来经济发展格局中最具活力和潜力的核心地区，主宰着国家经济与城镇化发展的命脉。[①] 城市群的发展与区域经济的一体化无法一蹴而就，必须经历中心城市/都市与周边腹地城市相互耦合的漫长发展过程，是一个由量变到质变的过程，需要经济、交通、功能、结构四位一体统筹推进。因地制宜运用“市场工具+财政工具”促进城市与产业的融合发展，城市承载产业、发展经济，产业驱动城市更新、完善公共服务，带动区域经济协调发展；创新建设工具，加强其扩散性，构建高效便利的城市综合交通网络，实现城市地理区位与经济、城镇化发展的协调统一；城市功能定位与城市群结构优化则需要从全局出发，根据城市群内每个城市的产业基础、比较优势等方面由国家统筹规划、职能分工、优化结构，增强发达城市的扩散涓滴效应，提高其对城镇化较低地区的辐射带动作用，推动城市群的全面发展。区域经济一体化与城市群统筹发展双管齐下，发挥各城镇的比较优势，深化城际分工协作，逐渐形成中国特色的城镇化战略格局，推动城镇化的全面发展（见图7-8）。

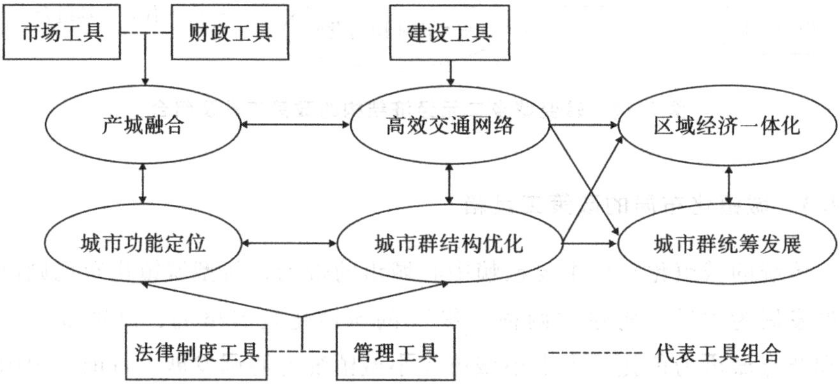

图7-8 城镇化布局的政策工具及组合

7.4.4 城市可持续发展的政策工具箱

城市可持续发展是指在不危害后代人和其他城市满足其需要能力的前

① 方创琳，王振波，马海涛．中国城市群形成发育规律的理论认知与地理学贡献［J］．地理学报，2018（04）：82—92.

提下，以满足当代人的福利需求为目的，以建设生态城市为目标，通过规划、监测和调控等手段引导城市生态复合系统向更加和谐、平稳、均衡和互补状态的定向动态过程，体现了城市系统的一种状态或目标。[①] 本书认为，城市可持续发展的政策工具箱主要应该包含两个方面的内容——城市综合承载力的提升与可持续生态空间的构建，二者协调发展才能推动城镇化的可持续，实现城镇化发展质量的提升。

（1）提升城市综合承载力

城市综合承载力的高低决定了城市可持续发展的质量，城市综合承载力的提升可以进一步实现城市结构与功能的优化，完善城镇化的各种制度，促进中国城镇化进程健康、可持续发展。城市综合承载力包含很多要素，本书主要以人口承载力与环境承载力的提升为核心，两者相辅相成，互为因果。人口承载力的提升，一方面需要合理运用“市场工具 + 财政工具 + 信息工具”的政策工具组合，财政补贴等手段与市场竞争机制引导城镇企业发展，创造更多的就业岗位、就业机会，信息工具为城镇就业者提供更多更优的就业知识，三管齐下，形成合力，增加就业与城市人口容纳度；另一方面则可以组合法律制度工具、管理工具两种强制型政策工具，形成强强联合加强城市的社会治理，维护有效的社会秩序，保障社会安全，营造更宜居的社会环境，进而提升城市的人口承载力。城市环境承载力的提升则需要选取一系列建设工具，优化城市空间布局与结构，同时，以法律制度工具为核心从根本上遏制城市污染、资源浪费等现象的发生，以“信息工具 + 社会工具”为辅推广城市环境保护的理念，减少城市废弃物、生活垃圾等污染，保护城市生态环境，提升城市环境承载力（见图 7 -9）。

（2）构建可持续的生态空间

可持续的生态空间由经济、资源与文明三个既相互促进又相互制约的子系统构成。城市循环经济的发展主要依赖财政工具、市场工具或两者的组合来实现产业转型与升级，有利于减轻生态环境负荷、资源负荷，为生

---

① 秦耀辰，张二勋，刘道芳．城市可持续发展的系统评价：以开封市为例［J］．系统工程理论与实践，2003（06）：108—112.

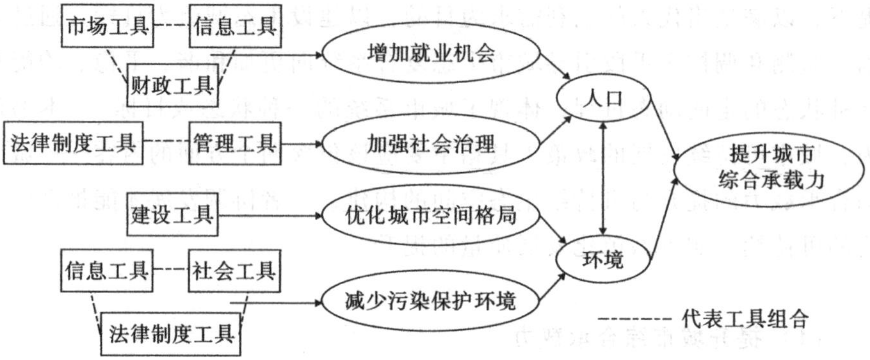

图 7-9 提升城市综合承载力的政策工具及组合

态社会发展与文明进步创造必要的物质条件；采用强制型政策工具——法律与制度严格规定了国家自然资源的开发利用，禁止一切资源过度开发、浪费、破坏生态环境的行为，是生态资源保持与生态文明建设的基本保障。同时，利用自愿型政策工具组合“社会工具+信息工具”激发最基层民众保护自然资源、建设生态文明的意愿，将人类最基本的生存诉求与环境资源相挂钩，合力推动可持续生态空间的构建，实现城市的可持续发展，也充分体现了新型城镇化中“以人为本”的城市发展理念（见图7-10）。

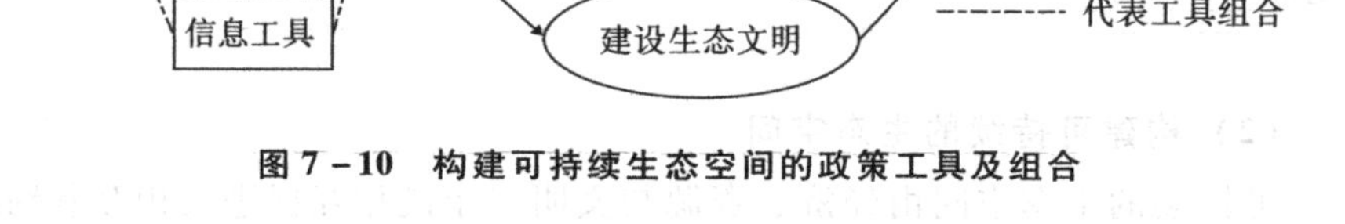

图 7-10 构建可持续生态空间的政策工具及组合

7.5 小结

胡德认为，不管是自上而下的政策设计，还是从传统的自下而上的公共行政的视角看待政策执行过程，当政府需要决策公共政策的具体形式或内容时，都不可避免地涉及从政府的工具箱里挑选出几种可用的工具。本章通过分析影响中国城镇化进程中政策工具适配性的因素，提出城镇化政策工具创新、组合、优化的对策，构建具有中国城镇化特色的适配性政策工具箱，促进城镇化发展政策目标的实现。

首先，对影响中国城镇化进程中政策工具适配性的因素进行了分析，主要从政策工具的选择、应用以及传导扩散三个方面入手。第一，影响城镇化政策工具选择的因素。决策者往往喜欢沿用以往的政策工具，疲于改变，认为沿用以往的选择所承担的风险更小；政绩考核中的利益博弈影响着政策工具选择的公平性与合理性，决策者更偏爱执行力强、周期短、效果明显的政策工具；政策制定者与执行者在理解、认知、利益、价值等方面的差异使两者在实际选择过程中出现相互矛盾或者模棱两可的情况。第二，影响城镇化政策工具应用的因素。政策工具功能的强弱是影响政策效果与产出的主要因素，功能不足的政策工具就犹如朽戈钝甲，欠缺实现政策目标的能力；政策执行者关于政策工具的知识是有限的，其操控政策工具的能力也会受到限制，当政策工具应用不恰当时则很难发挥其应有的效用，从而使政策效果大打折扣；政策工具之间的协调程度以及相互依赖程度也影响着政策工具应用的综合效应以及城镇化政策目标的实现。第三，影响城镇化政策工具效用传导与扩散的因素。城镇化的政策环境存在着明显的区域性差异，政策工具与政策环境耦合程度的高低则决定着政策工具效用的传导与扩散是否能够顺利进行，传导周期较长也会引起传导的失效，相似的政策环境更容易实现政策工具的扩散；目标群体的意见、态度、动机、对政策工具的接受程度等同样是影响城镇化政策工具效用在区域内、区域间传播的重要因素。

其次，引入创新型政策工具的概念，阐述政策工具的创新方式，构建政策工具创新的理论模型，并提出城镇化进程中政策工具的创新路径。第一，创新理念必须从中国的特殊国情出发，以城镇化的发展趋势为指向，整合城镇化发展所带来的创新要素进行政策工具的升级与创新；加强创新工具的系统性，保证创新工具与传统工具在工具箱中的良性耦合，针对地方具体的城镇化问题形成专门的、有针对性的创新工具。第二，争取城镇化中的创新资源与权力空间。自上而下的政策工具创新未必适用于各地不同的政策环境，中央政府应该下放更多的创新资源，鼓励地方政府进行城镇化政策工具的创新与推广。第三，构建城镇化政策工具创新扩散机制，使优质的政策工具通过一定的扩散路径在公共部门之间传播，实现更广的扩散范围与更优的扩散效果。地方政府不仅可以选择自主创新政策工具，也可以在拥有了城镇化创新工具的基础上，组成创新扩建介质、构建稳定的创新扩散网络，以本地为中心缩小与邻近地区城镇化水平的差异，推进区域协调发展与城镇化政策目标的实现。

再次，提出城镇化政策工具组合模型。当单一政策工具无法实现公共政策目标或效用低下时，根据政策环境与目标群体的需求，可以按照一定原则让两种或两种以上政策工具进行组合，形成政策工具组合用以提升政策工具效用以及政策目标的实现度。基于布雷瑟与基隆·弗拉纳根有关政策工具及组合的理论，构建了以内在元素、外在维度、组合形式三层模块为基础的政策工具组合模型。内在要素决定了政策工具是否需要组合，如何选择要进行组合的政策工具，外在维度与政策工具组合的耦合程度则决定着政策工具应该如何进行组合，前两者的作用之下形成了政策工具组合形式模块，最终都指向政策效果。

目前，中国城镇化政策工具组合的利用趋势并不明显，仍然在探索阶段，主要以针对相同的或相关的政策目标以及目标群体的政策工具组合形式为主，而且同一类型的政策工具组合居多。以强制型政策工具为主的政策工具组合稳定性较强，便于掌控，但接受度可能会降低，引起政策工具的失灵；混合型政策工具组合主要以财政工具为核心，尤其是财政支出工具，可能会造成政府财政的负担，影响政策工具的适配性。中国城镇化政策工具箱应该尝试开发更多的政策工具组合形式，如强制型与自愿型政策工具这种“强弱互补”的工具组合或者以自愿型政策工具为主的工具组合，实际上引入低强制性的政策工具组合，留给公众更多的选择空间，对于维护与稳定中国城镇化政策环境更加有利。

最后，中国城镇化政策工具箱的构建，不仅需要适配性的政策工具，更需要创新型政策工具与政策工具组合。本书从农业转移人口市民化、城乡一体化、城镇化布局以及城市可持续发展四个方面选择合适的政策工具及组合，并且以合理的工具箱结构进行组建，使政府可以根据城镇化的不同情况灵活而从容地从政策工具箱内选择并运用适配性的政策工具或政策工具组合。

第8章

结论与未来研究展望

8.1 主要结论

本书构建了一个基于城镇化背景的政策工具分析框架，探讨了城镇化进程中有关政策工具的概念、分类、选择、应用、效用、传导、扩散、组合、创新、优化等多方面问题，进一步诠释了政策工具理论的基本观点——无论是自上而下的政策设计，还是自下而上的政策执行，政府都必然要在政策工具箱中选择特定的政策工具应用于特定的政策执行过程。如何利用政策工具的工具性为城镇化政策执行提供理论依据与技术支持，如何应用合理恰当的政策工具实践城镇化政策并实现政策工具效用的传导与扩散，如何通过创新、组合、优化政策工具提升中国城镇化进程中政策工具的适配性，实现城镇化发展的政策目标，是本书研究的核心。围绕着政策工具适配性这一核心，本书对中国城镇化进程中政策工具的适配性问题展开了系统研究，得出以下主要结论。

结论 1：中国城镇化政策工具箱集合了为实现城镇化政策目标的所有手段和方法，主要包含法律制度工具、管理工具、建设工具、财政工具、市场工具、信息工具和社会工具等常用的政策工具，每种政策工具的特征、属性、功能以及适用范围不同。通过对中国城镇化进程中政策工具的量化分析，可以看出，目前中国城镇化政策体系中强制型、自愿型、混合型政策工具选择与应用的比例约为 1∶2∶3，混合型政策工具在城镇化进程中使用频数最高。在城镇化政策执行过程中，主要以稳定性、可行性作为政策工具选择与应用的标准，政策决策者与执行者更偏好功能强大、适用范围广、执行力强、周期短、效果明显的政策工具。

结论 2：城镇化的发展离不开政策工具的支持，以财政工具作为实证分析对象，发现财政工具不仅会对本区域的城镇化发展产生影响，而且也会将其影响范围扩散至相邻区域。触类旁通，其他类型的政策工具在城镇化的应用中必然也有相似的效用特征。如何保证城镇化政策工具基本效用的有效发挥，扩大政策工具的正向溢出效应、减少负向溢出效应，是政策执行者运用政策工具实现城镇化政策目标的突破口。

结论 3：政策工具的应用是中国城镇化进程中政策执行的核心，如果不能发挥政策工具应有的效用，那么公共政策的执行就无法顺利进行。如果说选择合适的政策工具是政策设计的关键，那么如何运用政策工具实现政策目标则是政策执行的关键。因此，本书更关注政策工具作用于城镇化的形式。

第一，城镇化与政策工具的耦合是政策工具作用于城镇化的基础。城镇化与政策工具之间存在一种非线性耦合关系，两者遵循一定的耦合规律相互影响、相互作用、相互协调，当达到一定的耦合程度时则会形成良性的耦合机制，在“耦合—再耦合”的循环中推动城镇化政策目标的实现。长期以来，中国传统城镇化的经验与城镇化探索实践积聚了充分的改革条件，政策工具的不断优化更新使城镇化与政策工具的耦合程度有了质的飞跃，逐渐从适应阶段向协调阶段发展过渡。

城镇化影响政策工具，政策工具回应城镇化，两者相互作用、相互影响，是两者协调机制的内核，是政策工具在城镇化进程中发挥作用的原动力。外层耦合则主要作用于城镇化的政策环境，内外耦合机制相互同步，且每一层耦合都具有自身的功能与特点，其发展变化与整体的耦合机制紧密相连。探究在这种耦合机制下政策工具在城镇化发展过程中的运行机理，逐渐掌握城镇化与政策工具耦合规律，是保障城镇化进程中政策工具效用得以发挥的基础。

第二，政策工具的传导与扩散是工具效用在城镇化中主要起作用的形式。中国城镇化进程中政策工具的传导机制强调政策工具如何利用媒介目标确保城镇化政策从产生、运行到终结不偏离政策执行方案，并实现城镇化政策目标的作用过程。抽象政策工具的传导一般是通过层级传递来实现的，是一种结构传导机制；具体政策工具的传导则是一种通过逐步实现阶段性政策目标来传递工具效应的动态传导机制。在城镇化政策工具传导机制的模拟中，以财政工具为分析对象，探索了城镇化政策工具从输入到输出的实际传导过程，在主要媒介目标的传导关系网络中形成复杂的、动态的传导路径，任何一个干扰因素都可能导致政策工具传导路径的转变以及传导效果的偏差。政策工具存在的意义就在于政策执行者可以通过调整政策工具的功能重点、属性强弱、应用形态，甚至可以更换、升级、创新、组合政策工具，调整政策工具的适配性，保证政策工具的传导与扩散，推动城镇化政策目标的实现。

城镇化进程中政策工具的扩散是政策工具在政策执行部门之间以及区域之间的传播与应用，是一种基于空间维度的政策工具效用溢出现象，是政策工具传导的发展与延续，推动着城镇化政策目标的实现。并不是所有的政策工具扩散都只遵循邻近效应，不同政策工具在不同情况下的扩散可能会存在跳跃性、差异性。在城镇化进程中主要存在效仿扩散、竞争扩散、社会扩散以及权威扩散四种扩散机理，每种扩散机理对中国城镇化政策工具效用的影响都不同。扩散模式主要包含垂直扩散模式、平行扩散模式、回溯扩散模式、混合扩散模式，每种扩散模式都曾在中国城镇化的发展进程中出现过。然而，没有任何一种扩散模式是固定不变的，它们都随着政策环境的变化、政策工具的更替、政策执行者偏好的变化而变化。审时度势地控制政策工具的效用扩散，是促进城镇化政策工具箱发挥事半功倍效果的重要途径。

结论 4：中国城镇化进程中政策工具适配性受到三个方面的影响：沿用以往政策工具的选择惰性、政绩考核中的利益博弈、政策制定者与执行者角度的差异性影响着城镇化进程中政策工具的选择，风险小、周期短、效果佳的政策工具受到决策者的青睐；政策工具功能不足、工具技巧的掌握程度以及政策工具之间的协调程度影响着城镇化进程中政策工具的应用，政策工具的功能代表了实现政策目标的能力，工具技巧的掌握程度则决定了政策执行者操控政策工具的能力，工具之间的协调程度意味着工具冲突与失灵的可能性；政策工具与政策环境的耦合程度与目标群体对政策工具的回应性影响着城镇化进程中政策工具效用传导与扩散，政策工具与政策环境的耦合程度决定着政策工具效用的传导与扩散是否能够顺利进行，目标群体的意见、态度、动机、接受度决定了工具效用传导与扩散范围的大小。

结论 5：中国城镇化进程中仍然存在一些无法权衡的利益、难以调解的社会矛盾、区域之间发展的失衡以及复杂多变的现实问题，面对这些客观现实，城镇化中常用的基本政策工具越发显得捉襟见肘，需要政策工具的创新来推动政策执行方式的变革。创新理念回归现实，改变不符合实际的社会假设基础与落后的管理哲学，必须从中国城镇化的基本国情出发，增强创新工具的系统性和针对性；为城镇化政策工具的创新争取创新资源与权力空间，中央下放更多政策工具创新的权力空间，给予足够的创新资源，鼓励地方政府对城镇化政策工具进行创新与推广；构建城镇化政策工具创新扩散机制，地方政府不仅可以选择自主创新政策工具，也可以在拥有了城镇化创新工具的基础上，组成创新扩散介质、构建稳定的创新扩散网络，实现更广的扩散范围、更优的扩散效果，以本地为中心缩小与邻近地区城镇化水平的差异，推进区域协调发展与城镇化政策目标的实现。

结论 6：当单一政策工具无法实现公共政策目标或效用低下时，根据政策环境与目标群体的需求，可以按照一定原则使两种或两种以上政策工具进行组合，形成政策工具组合提升政策工具效用与政策目标的实现度。本书形成了“内在元素—外在维度—组合形式”三位一体的政策工具组合模型，为城镇化政策工具箱探索更多的政策工具组合形式。以强制型政策工具为主的政策工具组合稳定性较强，便于掌控，但接受度可能会降低，引起政策工具的失灵；混合型政策工具组合主要围绕着财政工具为核心，尤其是财政支出工具，但是过于依靠财政支出工具可能会为国家公共财政带来一定程度的负担。引入低强制性的自愿型政策工具组合，尝试强制型与自愿型政策工具这种“强弱互补”的优化组合，可以留给公众更多的选择空间，对于维护与稳定中国城镇化政策环境更加有利。

结论 7：中国经历了传统城镇化向新型城镇化的转变，城镇化政策工具箱也发生了巨大的调整，要在城镇化发展进程中更好地发挥政府的作用，必须构建具有中国特色的政策工具箱，提升国家治理体系和治理能力的现代化。中国特色城镇化政策工具箱的构建，不仅需要适配性的政策工具，更需要创新型政策工具与政策工具组合，并且以合理的工具箱结构进行组建，才能使政府根据城镇化的不同情况灵活而从容地从政策工具箱内选择并运用适配性的政策工具或政策工具组合。

8.2 未来研究展望

本书聚焦于中国城镇化进程中的政策执行环节，探究如何通过创新、组合、优化政策工具在提升中国城镇化进程中政策工具适配性的同时实现城镇化发展的政策目标。但是，由于城镇化政策体系庞大和笔者研究水平有限，本书仍存在一些不足：第一，城镇化政策执行环境复杂，涉及多元利益群体，本书所提出的政策工具创新模型与组合模型缺少如何权衡不同群体之间利益的方法，可能会出现与政府自身利益不一致的情况，在实际应用中也会遇到一定的困难。第二，缺少对不同政策工具之间相关性的研究，由于政策工具重叠、冲突，对政策执行所带来的影响不容小觑。

随着数据收集和统计技术的提高，可以进一步对城镇化进程中不同政策工具的效用进行测算与评价，针对具体政策问题和政策工具进行分析；运用定量分析方法评估政策工具输入成本与输出效应，找出政策工具高效或失灵的具体节点；针对具体的城镇化问题、具体的城镇化区域对现有的政策工具进行组合与创新，检验所提出的政策工具组合与创新模型的可行性；在实践的基础上，探索中国城镇化政策工具创新发展的方向，进一步提升政策工具组合与创新模型的可行性、有效性和科学性。

参考文献

[1] 彼得斯，冯尼斯潘．公共政策工具：对公共管理工具的评价［M］．第1版．北京：中国人民大学出版社，2007：14—15.

[2] 曹洪滔．新型城镇化的生产力逻辑及建设理路［J］．理论导刊，2017（05）：90—93.

[3] 曹原．政策工具发展历史及其分类探讨［J］．现代商贸工业，2009（13）：55—58.

[4] 陈进华．中国城市风险化：空间与治理［J］．中国社会科学，2017（08）：43—60.

[5] 陈昭．论我国中央银行的两大政策工具［J］．中央财政金融学院学报，1985（04）：19—22.

[6] 陈振明，经纬．政府工具研究的新进展［J］．东南学术，2006（11）：22—29.

[7] 陈振明，张敏．国内政策工具研究新进展：1998—2016［J］．江苏行政学院学报，2017（06）：109—116.

[8] 陈振明．公共政策学：政策分析的理论、方法和技术［M］．第1版．北京：中国人民大学出版社，2004：114—115.

[9] 陈振明．政策科学［M］．第1版．北京：中国人民大学出版社，1998：149—150.

[10] 陈振明．政府工具导论［M］．第1版．北京：北京大学出版社，2009：12—28.

[11] 陈振明．政府工具研究与政府管理方式改进：论作为公共管理学新分支的政府工具研究的兴起、主题和意义［J］．中国行政管理，2004（06）：43—48.

[12] 陈壮志．社会主义新农村建设中的政策工具选择［J］．安康学

院学报，2008（05）：78—84.

[13] 陈自立．智慧社区治理的实践经验与关键问题［J］．江汉大学学报（社会科学版），2016（03）：24—28.

[14] 城市中国计划．国家新型城镇化指标体系及若干问题研究［M］．第1版．北京：人民日报出版社，2016：6—9.

[15] 崔建军．我国货币政策工具的矛盾及其选择［J］．经济问题，1996（02）：46—49.

[16] 崔先维．渐进主义视阈中政策工具的选择［J］．行政论坛，2010（09）：14—19.

[17] 邓贵川，邵侃．中国政府的运动式行为模式：中国政策工具的选择逻辑［J］．东方企业文化·百家论坛，2011（12）：35—36.

[18] 丁海亮，高鹏，陈照琳．关于我国农民增收与城乡差距问题的探讨［J］．呼伦贝尔学院学报，2009（02）：76—81.

[19] 丁社教．农民工子女义务教育政策工具选择研究综述［J］．西南民族大学学报，2010（07）：12—15.

[20] 方创琳，王振波，马海涛．中国城市群形成发育规律的理论认知与地理学贡献［J］．地理学报，2018（04）：82—92.

[21] 傅学良，刘淑华，王晓田．国外发展低碳经济的政策工具选择［J］．政党论坛，2010（21）：78—82.

[22] 富晓星，冯文猛，王源，等．“教育权利”vs.“大城市病”：流动儿童教育获得的困境探究［J］．社会学评论，2017（06）：40—55.

[23] 高顺成．城镇化质量评价指标体系分析［J］．地域研究与开发，2016（06）：23—28.

[24] 格斯顿．公共政策制定［M］．第1版．重庆：重庆出版社，2001：103—104.

[25] 龚勤林，何芳．区域经济活动外部性校正的区域政策工具组合与创新［J］．经济体制改革，2014（03）：67—73.

[26] 顾建光．公共政策工具研究的意义、基础与层面［J］．公共管理学报，2006（04）：58—61.

[27] 郭彩琴，卓成霞．挑战与创新：新型城镇化进程中的府际合作［J］．深圳大学学报（人文社会科学版），2014（03）：78—85.

[28] 郭宏宝，朱志勇．环境政策工具组合的次优改进效应［J］．首

[90] 王梓懿，沈正平，杜明伟．基于 CiteSpace Ⅲ的国内新型城镇化研究进展与热点分析 [J]．经济地理，2017 (01)：32—39.

[91] 韦彩玲．政策网络中的政策工具选择研究 [J]．陕西行政学院学报，2016 (01)：56—63.

[92] 温来成．城镇化税收政策与城乡区域经济协调发展 [J]．税务研究，2005 (04)：9—12.

[93] 吴非，葛慧侠，乔梦虎．城建税欲“改弦更张”其未来何去何从 [J]．会计之友，2013 (35)：22—29.

[94] 吴合文．高等教育政策工具分析 [M]．第 1 版．北京：北京师范大学出版社，2011：46—48.

[95] 夏志强，谭毅．城市治理体系和治理能力建设的基本逻辑 [J]．上海行政学院学报，2017 (05)：11—20.

[96] 肖教燎．土地政策传导机制与路径的分析与仿真：以江西省为例 [D]．南昌：南昌大学，2010.

[97] 肖金成．城镇化与区域协调发展 [M]．第 1 版．北京：经济科学出版社，2013：224—229.

[98] 谢宝富．“以房管人”“以证管人”“以业控人”：城乡接合部流动人口管理的三大政策工具 [J]．河北学刊，2011 (03)：45—49.

[99] 谢媛．当代西方国家城市治理研究 [J]．上海经济研究，2010 (04)：82—89.

[100] 辛波，高彬，刘浩．城镇化的经济与环境溢出效应分析及新型城镇化的路径选择：以山东省为例 [J]．经济与管理评论，2015 (06)：141—148.

[101] 徐勇．城乡一体化视域中的农业农村发展新思维：评《从行政推动到内源发展：中国农业农村的再出发》[J]．中国行政管理，2014 (10)：117—120.

[102] 徐媛媛，严强．公共政策工具的类型、功能、选择与组合：以我国城市房屋拆迁政策为例 [J]．南京社会科学，2011 (12)：45—49.

[103] 徐媛媛．政策工具分类理论的述评与建构 [J]．淮海工学院学报（社会科学版·社会经纬），2011 (10)：12—17.

[104] 许爱萍．创新型城市政府治理的工具效应 [J]．中国科技论

都经济贸易大学学报，2016（02）：32—35.

[29] 国务院发展研究中心课题组．中国新型城镇化道路、模式和政策［M］. 第1版．北京：中国发展出版社，2014：55—63.

[30] 韩艳芳，张平．新型城镇化进程中地方政府行政治理的问题与对策［J］. 湖北社会科学，2016（12）：38—45.

[31] 何冬祥．控制通货膨胀的政策及政策工具的选择［J］. 福建论坛（经济社会版），1988（12）：15—18.

[32] 何源．新型城镇化发展中的地方政府治理创新研究［J］. 财经问题研究，2017（02）：112—116.

[33] 贺雪峰．城乡统筹路径研究：以成都城乡统筹实践调查为基础［J］. 学习与实践，2013（02）：74—86.

[34] 洪源渤，蒋显荣．信息技术和通信技术驱动城市治理的动力体系研究［J］. 创新，2017（01）：21—28.

[35] 胡春林．产业结构服务化与新型城镇化的互动模型及其政策含义［J］. 南阳理工学院学报，2015（05）：44—49.

[36] 胡存智．构建城乡土地自由流动的政策工具：以换地权益书保障土地要素返流的探索［J］. 中国土地科学，2009（12）：22—24.

[37] 胡仙芝．环境政策工具理论及应用研究［M］. 第1版．北京：群言出版社，2015：78—90.

[38] 黄红华．统筹城乡就业的政策工具研究［J］. 浙江工商大学学报，2012（01）：71—78.

[39] 黄红华．统筹城乡就业中的政策工具：以浙江省湖州市为例［J］. 中国行政管理，2009（02）：56—63.

[40] 黄红华．统筹城乡就业中的政策工具选择与优化［D］. 杭州：浙江大学，2009.

[41] 黄建洪．中国城镇化战略与国家治理现代化的建构［J］. 苏州大学学报（哲学社会科学版），2016（02）：47—54.

[42] 黄凯丽，赵频．“一带一路”倡议的政策文本量化研究：基于政策工具视角［J］. 情报杂志，2018（01）：53—58.

[43] 黄曼，朱桂龙，胡军燕．创新政策工具分类选择与效应评价［J］. 中国科技论坛，2016（01）：26—29.

[44] 纪颖波，窦玉丹．新型城镇化与交通基础设施协调发展［J］.

学术交流，2016（07）：127—132.

［45］贾康，孙洁．公私合作伙伴机制：新型城镇化投融资的模式创新［J］．中共中央党校学报，2014（01）：36—39.

［46］姜国兵．对公共政策工具五大主题的理论反思［J］．理论探讨，2008（11）：133—136.

［47］蒋显荣．唯物辩证法视阈下智能城市治理的动力—实时分析—内在矛盾［J］．湖南社会科学，2015（06）：41—47.

［48］金栋昌，王宏波，李天姿．城镇化进程中土地出让金的属性回归与坚守：基于马克思主义地租理论的系统思考［J］．社会主义研究，2016（02）：49—57.

［49］金晶．快速城镇化进程中的土地利用安全与政策调控的优化路径选择［J］．城市发展研究，2015（10）：30—36.

［50］赖华东，蔡靖方．主体功能区的区域政策工具选择与组合策略：基于主体功能区分类区域政策的思考［J］．珠江经济，2007（05）：44—49.

［51］李爱博．新时期中国共产党城镇化政策变迁研究［D］．石家庄：河北师范大学，2016.

［52］李明．环境治理政策工具组合使用：以苏州市为例［J］．山东行政学院学报，2018（02）：96—103.

［53］李文娟．灵活运用货币政策工具 积极支持城镇化建设［J］．大庆社会科学，2013（10）：94—99.

［54］梁国越．论我国政策工具应用背景的优化［J］．广东青年干部学院学报，2010（03）：32—37.

［55］刘佳丽．自然垄断行业政府监管机制、体制、制度功能耦合研究［D］．长春：吉林大学，2013.

［56］刘维奇．中国城镇化功能与城乡关系的演变［J］．兰州学刊，2014（05）：110—116.

［57］刘秀玲，谢富，纪贯友，等．政策工具视角下的创新发展政策体系研究：以北京市为例［J］．软科学，2018（08）：9—14.

［58］刘志林，景娟，满燕云．保障性住房政策国际经验：政策模型与工具［M］．第1版．北京：商务印书馆，2016：135—149.

［59］柳俊丰．新生代农民工市民化的政策工具选择［J］．长春理工

大学学报，2013（04）：32—36.

[60] 卢霞．政府工具研究的新进展：对萨拉蒙《政府工具：新治理指南》的评介［J］．福建行政学院福建经济管理干部学院学报，2005（02）：18—23.

[61] 陆小成，万千．新型城镇化的空间生产与网络治理：基于五大发展理念的视角［J］．西南民族大学学报（人文社科版），2016（09）：119—126.

[62] 陆小成．城市低碳发展的空间网络化治理路径研究：基于“兰州蓝”的经验考察［J］．中国行政管理，2016（08）：76—80.

[63] 吕志奎．公共政策工具的选择：政策执行研究的新视角［J］．太平洋学报，2006（05）：7—16.

[64] 罗杰斯．创新的扩散［M］．第1版．北京：中央编译出版社，2002：124—129.

[65] 马海韵．新型城镇化视角下地方政府治理工具创新研究：以南京江北新区为例［J］．行政论，2017（06）：35—42.

[66] 豪利特，拉米什．公共政策研究：政策循环与政策子系统［M］．第1版．生活·读书·新知三联书店，2006：142—143.

[67] 孟惊雷，樊千．PPP模式在中国新型城镇化中的应用研究：基于法律视角［J］．北方经贸，2015（05）：3—9.

[68] 穆峰．东南亚国家中央银行的货币政策工具［J］．金融研究，1985（06）：56—57.

[69] 浦再明．城乡一体化发展系统论：以上海为例［J］．系统科学学报，2009（04）：18—23.

[70] 秦耀辰，张二勋，刘道芳．城市可持续发展的系统评价：以开封市为例［J］．系统工程理论与实践，2003（06）：108—112.

[71] 邱兆祥，安世友．新型城镇化建设中如何发挥金融工具作用问题的思考［J］．教学与研究，2013（10）：31—36.

[72] 萨瓦斯．民营化与公私部的伙伴关系［M］．第1版．北京：中国人民大学出版社，2002：18—20.

[73] 宋桂兰，高占国．略论经济政策工具运用机制［J］．理论探讨，1997（01）：82—83.

[74] 苏剑，贺明之．对中国城镇化进程的一个定量解读［J］．经济

学动态，2013（09）：88—94.

[75] 孙刚印，刘志琰．城乡一体化的本质内涵及其政策建构［J］．北京农业职业学院学报，2010（03）：9—14.

[76] 孙刚印．推进城乡一体化的政策工具选择：基于城市化进程不同阶段的分析［J］．党政干部学刊，2011（03）：14—19.

[77] 孙菁．浅析战后日本的金融工具［J］．现代日本经济，1994（09）：5—12.

[78] 孙萍，刘梦．我国城镇弱势群体就业政策工具选择：基于政策文本的分析［J］．东北大学学报（社会科学版），2017（06）：595—601.

[79] 塔尔德．模仿律［M］．第1版．北京：中国人民大学出版社，2008：36—42.

[80] 覃耀坚．城镇生态环境治理的政策工具选择［J］．黑龙江生态工程职业学院学报，2015（01）：55—59.

[81] 唐贤兴．政策工具的选择与政府的社会动员能力：对“运动式治理”的一个解释［J］．学习与探索，2009（03）：26—29.

[82] 陶学荣．公共政策学［M］．第1版．大连：东北财经大学出版社，2012：81—85.

[83] 田润宇．当代中国地方政府行为模式分析：政府偏好—政府过程—政府工具视角［J］．2015（05）：32—34.

[84] 汪大海．现代公共政策学［M］．第1版．北京：清华大学出版社，2010：262—263.

[85] 王博．基于耦合模型的我国区域经济与生态环境协调发展动态研究［D］．长沙：湖南大学，2014.

[86] 王后虎，张莹．供给管理：必要性、目标及政策工具［J］．经济纵横，1993（05）：15—18.

[87] 王浦劬，赖先进．中国公共政策扩散的模式与机制［J］．北京大学学报（哲学社会科学版），2013（06）：35—39.

[88] 王清，王磊．政策工具创新：从强制到许可：以当代中国城市户口迁移制为例［J］．中国行政管理，2010（03）：40—49.

[89] 王新越，秦素贞，吴宁宁．新型城镇化的内涵、测度及其区域差异研究［J］．地域研究与开发，2014（08）：56—63.

坛，2014（12）：39—43.

[105] 许峰．新编公共财政学［M］．第1版．北京：北京大学出版社，2012：257—260.

[106] 杨代福，丁煌．中国政策工具创新的实践、理论与促进对策：基于十个案例的分析［J］．社会主义研究，2011（02）：32—41.

[107] 杨代福．政策工具选择研究：基于理性与政策网络的视角［M］．第1版．北京：中国社会科学出版社，2016.19—23.

[108] 杨华，王会．“政府兜底”：农村社会冲突管理中的政策工具选择［J］．国家行政学院学报，2015（04）：25—31.

[109] 叶欢．宏观审慎政策工具的有效性：基于中国、中国香港和韩国数据的研究［J］．管理评论，2018（02）：42—51.

[110] 叶敏．城镇化与新农村建设协调发展的模式比较［J］．重庆社会科学，2014（06）：51—58.

[111] 叶岳良，范晓英．消费信贷的货币政策工具特征及其职能实现［J］．湖南财经高等专科学校学报，1999（09）：26—29.

[112] 殷孟波．对我国货币政策工具的一点认识［J］．中央财政金融学院学报，1986（05）：31—35.

[113] 余伟，陈强，陈华．不同环境政策工具对技术创新的影响分析：基于2004—2011年我国省级面板数据的实证研究［J］．管理评论，2016（01）：53—61.

[114] 郁鸿胜．我国新型城镇化发展的路径选择及制约因素研究［J］．上海城市规划，2013（06）：25—31.

[115] 张兵，林永新，刘宛，孙建欣．“城市开发边界”政策与国家的空间治理［J］．城市规划学刊，2014（03）：20—27.

[116] 张秉福．论社会性管制政策工具的选用与创新［J］．华南农业大学学报（社会科学版），2010（02）：63—69.

[117] 张成福．论政府治理工具及其选择［J］．公共行政，2003（01）：24—27.

[118] 张家健，赵冰．我国向低碳经济转轨的措施：兼谈以市场为基础的政策工具创新［J］．商业时代，2014（05）：12—17.

[119] 张克．西方公共政策创新扩散：理论谱系与方法演进［J］．国外理论动态，2017（04）：38—42.

[120] 张玮．政策创新的地理扩散：基于暂住证制度的地方实践分析 [J]．南方人口，2011 (01)：11—18.

[121] 张玮．政策创新的地理扩散：基于暂住证制度的地方实践分析 [J]．南方人口，2011 (01)：53—56.

[122] 张新文．政社关系视角下的公共政策工具研究 [J]．广西民族大学学报 (哲社版)，2007 (03)：140—144.

[123] 张烨．财政工具对经济增长影响分析 [J]．江苏商论，2018 (01)：83—85.

[124] 张璋．理性与制度：政府治理工具的选择 [M]．第 1 版．北京：国家行政学院出版社，2006：19—20.

[125] 赵海滨．政策工具视角下我国清洁能源发展政策分析 [J]．浙江社会科学，2016 (02)：140—144.

[126] 赵海宽，王晓岩．论我国货币政策的传导机制 [J]．国际金融研究，1987 (05)：60—68.

[127] 中共中央 国务院．“十三五”国家老龄事业发展和养老体系建设规划 [Z]．2017 - 2 - 28.

[128] 中共中央，国务院．“十三五”生态环境保护规划 [Z]．2016 - 11 - 24.

[129] 中共中央，国务院．“十三五”推进基本公共服务均等化规划 [Z]．2017 - 1 - 23.

[130] 中共中央，国务院．“十三五”现代综合交通运输体系发展规划 [Z]．2017 - 2 - 3.

[131] 中共中央，国务院．国家新型城镇化规划 (2014—2020) [Z]．2014 - 3 - 16.

[132] 中国城市和小城镇改革发展中央课题组．中国城镇化战略选择政策研究 [M]．第 1 版．北京：人民出版社，2013：3—10.

[133] 钟荣桂，吕萍．我国住房保障制度的变迁、政策范式与展望 [J]．现代经济探讨，2017 (04)：10—14.

[134] 周柏春，娄淑华．新型城镇化的主体维度分析：来自政府与农民的考察 [J]．农业经济问题，2015 (04)：71—77.

[135] 周柏春，娄淑华．新型城镇化进程中的公共政策改进：以社会公平为视角 [J]．广西社会科学，2016 (06)：138—142.

［136］周广亮．新型城镇化进程中的社会冲突治理研究：以主、客一体化的和谐社会为视角［J］．河南社会科学，2018（08）：115—119.

［137］周金丽．新政策工具视角下的科技金融工具研究［J］．时代金融．2018（21）：31—32.

［138］朱爱琴，曾菊新，唐承财．资源型城市生命周期优化调控潜力测评［J］．人文地理，2013（05）：103—109.

［139］朱春奎，舒皋甫，曲洁．城镇医疗体制改革的政策工具研究［J］．公共行政评论，2011（02）：18—25.

［140］朱春奎．政策网络与政策工具：理论基础与中国实践［M］．第1版．上海：复旦大学出版社，2011：22—28.

［141］朱进芳．国家治理现代化视阈下新型城镇化治理模式的创新［J］．四川行政学院学报，2014（05）：30—33.

［142］卓越，李富贵．政府工具新探［J］．中国行政管理，2018（01）：76—80.

［143］AGHION P, DAVID P A, FORAY D. Science, Technology and Innovation for Economic Growth: Linking Policy Research and Practice in "STIG Systems"［J］. Research Policy, 2009, 38: 681 - 693.

［144］ANTONIO R C. Government's Choice of Policy Tools in Managing Land［J］. Policy Studies, 2008, 30: 68 - 79.

［145］BORRÁS S, EDQUIST C. The Choice of Innovation Policy Instruments［J］. Technological Forecasting and Social Change, 2013, 80: 1513 - 1522.

［146］BORRÁS S. Policy Learning and Organizational Capacities in Innovation Policies［J］. Science Public Policy, 2011, 38: 509 - 512.

［147］BRAUN D. Lessons on the Political Coordination of Knowledge and Innovation Policies［J］. Science and Public Policy, 2008, 35 (4): 289 - 298.

［148］BRENDA S. The Application of Effective Policy Instruments in the National Energy Security System［J］. Environmental Science & Policy, 2015, 46: 33 - 51.

［149］BRESSERS H A, O'TOOLE L J. Instrument Selection and Implementation in a Networked Context［M］. Montreal : McGill - Queens University Press, 2005: 28 - 62.

[150] BREZNITZ D. Innovation and the State: Political Choice and Strategies for Growth in Israel [M]. City of New Haven : Yale University Press, 2007: 57 - 109.

[151] BROWN L A, COX K R. Empirical Regularities in the Diffusion of Innovation [J]. Annals of the Association of American Geographers, 1971, 61: 9 - 51.

[152] CHATAWAY J, DANIELS C, KANGER L. Developing and Enacting Transformative Innovation Policy: a Comparative Study [J]. Modeling and Informatics, 2018, 41: 89 - 114.

[153] CUBA P. How do Asymmetric Financing Tools Control Deposit Institutions' Demand for Excess Reserves? [J]. Technological Forecasting and Social Change, 2012, 35: 157 - 169.

[154] DAVID W. APPlication of Environmental Policy Tools in Oil Use [M]. McGill Queens University Press, 2008: 89 - 93.

[155] DIAO M. Towards Sustainable Urban Transport in Singapore: Policy Instruments and Mobility trends [J]. Transport Policy, 2015, 55: 31 - 40.

[156] DOMORENOK E. Policy and Governance Innovations for Sustainable Urban Development: An Overview of the 2014 - 2020 Structural Funds Programming in Italy [J]. International conference on Smart and Sustainable Planning for Cities and Regions. 2016: 223 - 234.

[157] D'ADDA G, CAPRARO V, TAVONI M. Push, don't Nudge: Behavioral Spillovers and Policy Instruments [J]. Economics Letters, 2017, 154: 92 - 95.

[158] EDLER J, GEORGHIOU L. Public Procurement and Innovation—Resurrecting the Demand side [J]. Research Policy, 2007, 36: 949 - 963.

[159] EDQUIST C, ZABALA - ITURRIAGAGOITIA J M. Public Procurement for Innovation as Mission - oriented Innovation Policy [J]. Research Policy, 2013, 41: 1757 - 1769.

[160] EDQUIST C. Design of Innovation Policy through Diagnostic Analysis: Identification of Systemic Problems (or Failures) [J]. Environmental Science & Policy, 2011, 20: 1725 - 1753.

[161] EKSTROM J A, LAU G T, LAW H. Policy Analytics Tool to Identify Gaps in Environmental Governance Policy Analytics [J]. Modeling and Informatics,2016: 289 – 314.

[162] ELENA W. Research on the Relationship between National Regulatory Tools and Economic Development Integration [J]. The American Political Science Review, 2014, 48: 43 – 56.

[163] ELMORE R F. Instruments and Strategy in Public Policy [J]. Policy Studies Review, 1987, 3: 118 – 211.

[164] FLANAGAN K, UYARRA E, LARANJA M. Reconceptualising the "Policy Mix" for Innovation [J]. Research Policy, 2011, 40: 702 – 713.

[165] FLANAGAN K, UYARRA E, LARANJA M. Reconceptualising the "Policy Mix" for Innovation [J]. Research Policy, 2011, 40: 702 – 713.

[166] HARATA N. Sustainable Urban Structure and Transport Policy in the Metropolitan Region [J]. Sustainable Landscape Planning in Selected Urban Regions, 2014: 39 – 47.

[167] HJALMARSSON L. Biogas as a Boundary Object for Policy Integration—the Case of Stockholm [J]. Journal of Cleaner Production, 2015, 98: 185 – 193.

[168] HOWELLS J. Intermediation and the Role of Intermediaries in Innovation [J]. Research Policy, 2006, 35 (05): 715 – 728.

[169] HOWLETT M, RAMESH M. Studying Public Policy: Policy Cycles and Policy Subsystems, Oxford University Press, 2003: 59 – 63.

[170] HOWLETT M. Governance Modes, Policy Regimes and Operational Plans: a Multi – level Nested Model of Policy Instrument Choice and Policy Design [J]. Policy Science, 2009, 42: 73 – 89.

[171] HOWLETT M. Policy Instruments, Policy Styles, and Policy Implementation: National Approaches to Theories of Instrument Choice Policy [J]. Studies Journal, 1991, 19: 597 – 566.

[172] INGRAHAM P W. Toward More Systematic Consideration of Policy Design [J]. Policy Studies Journal, 1987, 15: 611 – 628.

[173] JEROEN J L, CANDEL R B. Toward a Processual Understanding of Policy Integration [J]. Policy Science, 2016, 3: 1 – 21.

[174] JOHN P. Is There Life after Policy Streams, Advocacy Coalitions, and Punctuations: Using Evolutionary Theory to Explain Policy Change? [J]. Policy Studies Journal, 2003, 31 (04): 481 - 498.

[175] JORDAN A, LENSCHOW A. Policy Paper Environmental Policy Integration: A State of the Art Review [J]. Environmental Policy and Governance, 2010, 20 (03): 147 - 158.

[176] KAY A. The Dynamics of Public Policy: Theory and Evidence [M]. Cheltenham: Edward Elgar Publishing, 2006: 25 - 31.

[177] KERR P. Saved from Extinction: Evolutionary Theorising, Politics and the State [J]. The British Journal of Politics and International Relations, 2002, 4 (02): 330 - 358.

[178] KEYTH A D. National Monetary Intervention Policy Tool: Swiss Bank Abandoning Swiss Franc and Euro [J]. Research Policy, 2015, 75: 70 - 85.

[179] KIM N. The Ecosystem Response Model Improves Water Resources Sharing and Ecological Environment [J]. Renewable and Sustainable Energy Reviews, 2013, 52: 64 - 72.

[180] KIVIMAA P, KERN F. Creative Destruction or Mere Niche Support? Innovation Policy Mixes for Sustainability Transitions [J]. Research Policy, 2016, 45: 205 - 217.

[181] KOLOZSI X. Monetary Policy Instruments and their External Vulnerability [J]. Financial Research, 2016, 12: 42 - 55.

[182] KOOIMAN J. Societal Governance: Levels, Models, and Orders of Social - political Interaction, Oxford University Press, 2000: 138 - 166.

[183] LARANJA M, UYARRA E, FLANAGAN K. Policies for Science, Technology and Innovation: Translating Rationales into Regional Policies in a Multi - level Setting [J]. Research Policy, 2008, 37 (5): 823 - 835.

[184] LEMAIRE D. The Stick: Regulation as a Tool of Government [M] // BEMELMANS - VIDEC, M - L, RIST R C, Vedung E. Carrots, Sticks and Sermons. New Jersey: Transaction Publishers, 1998: 59 - 76.

[185] LI Zhang, LIU Yingqi. Analysis of New Energy Vehicles Industry Policy in China's Cities from the Perspective of Policy instruments [J]. Energy

Procedia, 2016, 104: 437 - 442.

[186] LIAO Zhongju. Content Analysis of China's Environmental Policy Instruments on Promoting Firms' Environmental Innovation [J]. Environmental Science & Policy, 2016, 88: 46 - 51.

[187] LIAO Zhongju. The Evolution of Wind Energy Policies in China (1995 - 2014): an Analysis Based on Policy Instruments [J]. Renewable and Sustainable Energy Reviews, 2016, 56: 464 - 472.

[188] LIOTARD I, REVEST V. Contests as Innovation Policy Instruments: Lessons from the US Federal Agencies' Experience [J]. Technological Forecasting and Social Change, 2013, 127: 57 - 69.

[189] LODGE M. Regulation, the Regulatory State and European Politics [J]. West European Politics, 2008, 31: 280 - 301.

[190] LOWI T J. Four Systems of Policy, Politics, and Choice [J]. Public Administration Review Public Administration Review, 1972, 32: 298 - 310.

[191] MAVROT C, HADORN S, SAGER F. Mapping the Mix: Linking Instruments, Settings and Target Groups in the Study of Policy Mixes [J]. Research Policy, 2013, 3: 18 - 27.

[192] MCNAMARA M. Starting to Untangle the Web of Cooperation, Coordination, and Collaboration: A Framework for Public Managers [J]. International Journal of Public Administration, 2012, 35 (6): 389 - 401.

[193] MICHAEL H. What is a Policy Instrument? Policy tools, Policy mixes, and Policy - implementation Styles [M]. Montreal: McGill - Queens University Press, 2005: 36 - 45.

[194] MOHNEN P, ROLLER L H. Complementarities in Innovation Policy [J]. European Economic Review, 2005, 49: 1431 - 1450.

[195] NISSINEN A, HEISKANEN E, PERRELS A. Combinations of Policy Instruments to Decrease the Climate Impacts of Housing, Passenger Transport and Food in Finland [J]. Journal of Cleaner Production, 2015, 107: 455 - 466.

[196] ORREN K, SKOWRONEK S. Regimes and Regime Building in American Government: A Review of Literature on the 1940s [J]. Political Science Quarterly, 1998, 113: 689 - 702.

[197] PINEO H, GLONTI K, RUTTER H. Characteristics and Use of Urban Health Indicator Tools by Municipal Built Environment Policy and Decision - makers: a Systematic Review Protocol [J]. Systematic Reviews, 2017, 48: 487 -492.

[198] PROSKURYAKOVA L, MEISSNER D, RUDNIK P. The Use of Technology Platforms as a Policy Tool to Address Research Challenges and Technology Transfer [J]. The Journal of Technology Transfer, 2017, 42: 228 -228.

[199] PUCCI P. Mobility Practices as a Knowledge and Design Tool for Urban Policy [J]. Understanding Mobilities for Designing Contemporary Cities,2016: 3 -21.

[200] RICHARD C. Impact of Panel Data Policy Tools on Renewable Resources Regulators and Legislatures in the United States from 1990 to 2008 [J]. European Economic Review, 2014, 55 : 431 -450.

[201] SALAMON L M. The New Governance and the Tools of Public Action: An introduction [J]. The Fordham Urban Law Journal, 2001, 28 (05): 1611 -1674.

[202] SALAMON L M. The Tools of Government: A Guide to the New Governance, [M]. Oxford: Oxford University Press, 2002: 19 -25.

[203] SCHOT J, STEINMUELLER W. Three Frames for Innovation Policy: R&D, Systems of Innovation and Transformative Change [J]. Research Policy, 2015, 47: 113 -122.

[204] SCOTT W R. Institutions and Organizations: Ideas, Interests and Identities [J]. Thousand Oaks, 2014, 13: 124 -179.

[205] SLOVIC A D, RIBEIRO H. Policy Instruments Surrounding Urban Air Quality: the Cases of São Paulo, New York City and Paris [J]. Environmental Science & Policy, 2017, 81: 1 -9.

[206] SPICKER P. Targeting, Residual Welfare and Related Concepts: Modes of Operation in Public Policy [J]. Public Administration, 2005, 83 (2):345 -365.

[207] STAVINS R N. A Meaningful U. S. Cap - and - trade System to Address Climate Change [J]. The Harvard Environmental Law Review, 2008, 32: 293 -364.

[208] STEPHEN H. LINDER B, PETERS G. The Logic of Public Design: Linking Policy Actors and Plausible Instruments [J]. Knowledge in Society, 1991, 4: 125 - 151.

[209] STUCKI T, WOERTER M, ARVANITIS S. How Different Policy Instruments Affect Green Product Innovation: A Differentiated Perspective [J]. Energy Policy, 2014, 114: 245 - 261.

[210] TENBENSEL T. Multiple Modes of Governance: Disentangling the Alternatives to Hierarchies and Markets [J]. Public Management Review, 2005, 7 (2): 267 - 288.

[211] THOMPSON G F. Between Hierarchies and Markets: The Logic and Limits of Network Forms of Organization, Oxford University Press, 2003: 256 - 289.

[212] VEGGELAND N. Path Dependence and Public Sector Innovation in Regulatory Regimes [J]. Scandinavian Political Studies, 2008, 31 (3): 268 - 290.

[213] WALKER J L. The Diffusion of Innovations among the American States [J]. The American Political Science Review, 1973, 4: 143 - 146.

[214] YI Z Y, SHRESTHA A, WEI L Z. The Evaluation of Urban Renewal Policies in Shenzhen, China (2009 - 2016): an Analysis Based on Policy Instruments [J]. Proceedings of the 21st International Symposium on Advancement of Construction Management and Real Estate, 2017: 1419 - 1428.

[215] ZANETTI T, FRANCESCO C. The Fluctuation of Unemployment and the Impact of Job Vacancies in the MP Model [J]. Public Administration, 2011, 8: 35 - 65.

[216] ZHOU Yinxiang, FANG Wenshi, LI Mengjuan. Exploring the Impacts of a Low - carbon Policy Instrument: a Case of Carbon Tax on Transportation in China [J]. Resources, Conservation and Recycling, 2015, 139: 307 - 314.